上海
及其周边
掠影

Sketches in and
around Shanghai, etc

十九世纪末
西方人眼中的中国

【英】麦克法兰、开乐凯等 著 曾新 译

上海社会科学院出版社

译者序

上海的历史虽然可以追溯到五六千年前的"崧泽文化",上海的别称"申"可以溯源至春秋战国时期被封于此地的春申君黄歇,上海的简称则得名于西晋时期居住于吴淞江(即今苏州河)沿岸的渔民所使用的捕鱼工具"扈"。然而"上海"之名见于史籍却是从公元一〇七七年宋朝在此地设立理财官开始的。此前的几百年间,吴淞江下游的青龙镇船舶云集,连接内河及日本和朝鲜,独领风骚。但宋朝中期以后,吴淞江河道淤塞,船舶改道,停泊于今上海南市的十六铺一带,上海遂取代青龙镇成为"船舶辐辏,商贩积聚"的新兴贸易港口。航运的繁荣也促进了上海城镇的发展,到清朝中期,上海城镇街巷纵横,各种商品的专卖市场、各地客商的会所和各种行业的行会组织层出不穷,兴旺发达,已经成为中国东南的大都会。英国商人对于上海的青眼有加可谓其来有自。

鸦片战争之后,作为首先对西方国家开放的口岸城市,上海得风气之先,其租界不仅成了国人眼中的十里洋场,各种先进机械和制度的试验场,也成了全球冒险家的乐园和"东方的巴黎"。租界的繁荣与西方的经营自然是分不开的,但是在上海,中国人无疑是绝大多数,即便是在租界亦如此。上海的中国人，不论是在租界内还是租界外，都与不远千里而来的外国人有着千丝万缕的联系。于是中国人看上海租界的洋人，看租界内的各种未曾经见的事物与制度，远道而来的外国人也观察租界内外的上海，观察这里的居民和风土习俗。很多人将自己的观察结果行诸文字，在他们的文字中，开埠后的上海得以以各种角度和面貌呈现于今人眼前。

清朝人葛元熙自一八六一年起便居住在上海，为方便外省及外国人"入国问俗、入境问禁"，他于一八七六年出版《沪游杂记》一书，在他笔下，上海"自开埠以来，繁华景象日盛一日，停车者踵相接，入市者目几眩，骎骎乎驾粤东、汉口诸名镇而上之"，但也有"流氓""拆梢党豆腐党""白蚂蚁""女荐头""野鸡"等遇事生风，成群作恶者，令人防不胜防。

日本人村松梢风"想看一下不同的世界""企求一种富于变化和刺激的生活"，而要实现这种目的，"上海是最理想的地方了"，自一九二三年起，他先后六次到达上海，而上海也没有令他失望，他看到了上海"明亮的一面"，也惊骇于上海的"黑暗"，因此首创了"魔都"一词来指称他所看到的上海。

《上海及其周边掠影》(Sketches in and around Shanghai, etc.)一书，出版于1894年，本书收录了19世纪末《文汇报》发表的多篇外国人描绘中国见闻的文章，出版机构为《文汇报》(The Shanghai Mercury)及《华洋通闻》(The Celestial Empire)编辑部。

本书中的很多文章出自麦克法兰之手，关于这位作者，笔者目前所查询到的只有《北华捷报》中的一小段报道。该报道感谢麦克法兰将其发表于英文《文汇报》中的一些文章结集出版成《上海的外国租界及老城概述》(Sketches in the Foreign Settlements and Native City of Shanghai)一书，称其为上海新闻界"最有经验的记者"，该书描述了很多外国人身处其中的场景，中国人一些非常有趣的宗教仪式及社会礼仪，以及作者在扬子江上的旅程等，其细节之丰富前所未有。该报道认为，如果旅居上海的外国人想让家乡亲友了解自己生活的城市，麦克法兰的文章将是一份最好的礼物。

本书收录麦克法兰的文章，包括《中国戏园的表演》《上海城：城内街道、庙宇、监狱以及花园》《刘郁膏被追封为"平安神"》《竹镇里的马尼拉斗鸡场》《月亮的生日：夜游上海》《中国的黄包车及黄包车苦力》等十余篇。

本书序言的作者开乐凯也常常亲自持笔，具体哪篇文章出自他的手笔，有待考证。

《文汇报》(The Shanghai Mercury)创刊于一八七九年，其创办者J. D. Clark(中文译为开乐凯)为该报起这一英文名时，一取其商贸之神的寓意，二希冀该报能够像这位商贸之神一样，一朝呱呱落地，便飞速生长。如他所愿，英文《文汇报》刊行之后很快便大获成功。近五十年后，在英文《文汇报》一九三〇年归并给《大美晚报》时，《北华捷报》刊发了这一消息，并在文中指出了英文《文汇报》一次抢占先机的报道，即在义和团运动之后，抢在《北华捷报》刊发从英方拿到的清政府与西方列强签署的合约之前，《文汇报》却率先从中方的消息来源处获得了这一合约，率先刊发。此外，《北华捷报》还指出了《文汇报》的两大成功之处：一是开创了街头销售模式，二是终止了北华报馆独家获得并报道路透社新闻的局面，使得上海所有报刊均可以同样条件刊发来自路透社的新闻。由此可见当年英文《文汇报》在新闻报道和销售方面的过人之处。

事实上，《文汇报》在义和团运动后的抢先报道并非偶然，其创办人开乐凯自知西方人在中国的出现是违背了当地许多人意志的，在创刊词中就呼吁"要让当地人能够更好地理解我们，同时也可以改善我们之间的关系"，为此创办者从一开始就很重视与居住地的关系，重视对中国的观察，虽然他自知这种观察只是远距离观察，"而上海在各方面都是进行远距离观察的绝佳场所"。《文汇报》中许多文章都以上海为缩影，"关注日常生活"，与其他外文报纸相比，这是《文汇报》独具的特色。可惜这一报纸由于种种原因存世很少，本书中的文章便是其仅存硕果的一部分。这些文章的视角遍及上海及其周边的机构、企业、习俗以及人物，在"娱乐读者"之余，如开乐凯在本书序言中所说，还希望能"在某种程度上引领读者"，引领西方读者了解中国，"带着他们启航。也许，随意向河岸上东张西望瞟上几眼,他们会觉得这段航程并非一无是处"。时至今日,这些文章仍受到很多近代上海史研究者的重视,成为近代上海文献中不可忽视的一部分。

根据我国的"十三五"和"十四五"规划,上海的发展目标是建成国际经济、金融、贸易、航运、科技创新中心和文化大都市,建成令人向往的创新之城、人文之城、生态之城,基本建成具有世界影响力的社会主义现代化国际大都市和充分体现中国特色、时代特征、上海特点的人民城市,成为具有全球影响力的长三角世界级城市群的核心引领城市,成为社会主义现代化国家建设的重要窗口和城市标杆。

这一规划一方面突出了上海对外的国际性、世界性,另一方面又强调上海的中国特色和上海特点,而这正是近代以来上海作为第一批向西方开放的口岸城市的特质和魅力所在。本书的文章写作之时,正是半殖民地半封建的古老中国积贫积弱,内忧外患积重难返的时代,写作这些文章的作者们又都来自当时的西方强国,其殖民主义思想和优越感溢于言表。本书的编者对中国也不时表现出偏见。时移势易,半殖民时代已经一去不返,中国的发展也令世界瞩目,读者阅读时对于本书内容及作者的态度自然也应取舍批判。值得注意的是,本书序言中,开乐凯在比较中西文化后,说出了一段发人深省的话:"在这个电气时代,欧洲人的精神非常紧张,美国人的精神压力尤其大。中国人却不一样,他的神经绷得没那么紧,血液进出大脑的流速都更慢。天知道也许他才是对的,我们所谓的十九世纪的高度文明也许终会自食恶果,内部早已开始腐烂?"在缩小与西方经济和科技差距的同时,如何保持中国传统文化的优良特质,走出"魔都"自己的发展道路?鉴往知来,本书虽写于一百多年前,但也许可以给我们一些启示!

序言

　　这些以油墨仓促间描绘的见闻轶事，大部分都在《文汇报》上不定期发表过，有一部分已经以书籍形式进行过出版。现以全文合集形式重新出版，希望对读者略有效用，或为那些说英语的、对远东人民和社会风俗感兴趣的大众提供一些消遣娱乐。这些见闻轶事并不假意去探讨那些高深的政治问题、科学问题，而是以上海为缩影，关注日常生活。中国人可以说是多面的：毋庸置疑，中国问题也是多面的，但我们并不打算深入探讨这一点。不同于欧洲人棱角分明，中国人更圆滑世故，难以用一个个的面去定义，如果要真正了解一个中国人，需要从多个角度进行描绘。我们选取了住在条约港口的众多外国人中普通人的视角进行讲述。对于普通欧洲人来说，从内心里想象那个被中国人称为家园的中央帝国实非易事。在我们欧洲人的想象中，一提起中国就联想到柳树图案，提到中国人就会想到一张月亮脸、两撇下垂八字胡、一双眼睛吊得厉害、留长辫、头戴一顶宝塔状的帽子。中国人周遭的环境也同样新奇古怪：零星一两座宝塔、各类桥梁以不可思议的样式横跨无数水路、树上结满了成簇的蓝色果实；仕女长裙拖曳堆叠在脚踝和足间、脏兮兮的小孩光着头，在莲花池里钓鱼，一只脚习惯性地跷在半空中。这就是提到中国,十个欧洲人里有九个,脑袋里必定会勾勒出的场景。对于口岸城市的外国居民来说,即使只在中国居住了几个月,中国人看上去也不过是一个个普通人——粗俗、自私、为人一点都不干净利落。人的举止完全像是从书里照搬来的一样十足的书呆子气:每个场合他都各有一套与之相应的繁文缛节,雷打不动。在日常生活的礼数中,特别追求客套。这一番苦心孤诣研究礼数,反而削弱了他的天赋秉性;以至于连残暴的野蛮人都知道要尊重的东西,他却会公然违背,即便身居高位者也是如此。事实上,身居高位考验的不是修习已有的仪礼,不是在同级或上级面前怎么打躬作揖、匍匐跪拜,这些都是焦虑学习,而在中国这个社会,任何轻微偏离规则的行为都可能导致这样那样的重罚;身居高位考验的是绅士间应该相互给予对方的最普通的礼貌,但这样的礼貌却已几近无迹可寻,考验的是拥有表现于外的最优雅的仪态,虽然这些与奴隶般绝对服从前人先例相比,反而显得无足轻重。西方社会惯常所要求的温文尔雅,和对他人感受的热心关注,尤其女性自由交往所推动的各项进步和男女平等,在中国完全不存在。就我们所了解的中国社会而言,一点儿都看不到男女平等的痕迹,也很难将这个观念传达给中国人。

但是,我们并不打算推动中国人进行内省:我们的观点本质上是一个外部观点,我们对中国生活的看法属于远距离观察,太多的细节仍隐藏在东方乐于为自己编织的迷雾之中。

上海在各方面都是进行远距离观察的绝佳场所,我们希望能够借此娱乐读者,甚至某种程度上引领读者。本质上来说,上海就是中国的"秀"场,一个遥远的乐园,嗜财的商人和帝国阔少在这里被各色享乐所包围,享受各种制度自由,他们从压抑的苦闷中寻求解脱,而压抑苦闷是很多不坐办公室的商人和不经手生意的阔少的宿命。在这里,我们会遇到了一个奸诈狡猾的广东人,他看上去总是自鸣得意的样子,身上集结了所有令人反感的中国人的脾性,他极其自私、不知感恩,还被发现协助、教唆所有削弱外国人利益的事情,而他所得的一切都归功于这些外国人。在这个乐园还有福建人,他们非常果断,散居于台湾及其他地方,在许多方面都值得尊敬。

在上海,还有大量的浙江人,他们身材消瘦,大多出生在宁波或舟山,轻易不认错,容易受外部影响而心生嫉妒,做生意小心谨慎,可以说像是中国的苏格兰人。上海也有山西人,他们人数更多,本性逐利为人又上进,是天生的生意胚子,常被誉为"中国的犹太人"。上海也有来自长江流域的湖南人,圆圆的头,自诩为中国的灵魂,骁勇善战,拯救帝国于太平天国,现在又以爱国之名四处驱逐讨厌的外国人;追杀传教士、砍伐电线杆,还创作了《对漏洞百出的教义的致命打击》一类的小册子。从天津和北边儿还来了很多商人,他们各个高大健壮,不拘小节,不同于南方人总是一边准备做买卖,一边准备打仗,他们却不受这种困扰,和中国中部地区的人一对比,他们显得慷慨大方多了。

尽管各个省份的人性格迥异,但中国作为一个民族倒是惊人的同质化。讲一样的官话、秉持一样的宗教习俗、穿着一样的服饰、身处以家庭为单位构成的社会结构、接受同一个政府的统治,这一切都被从越南安南边境到外蒙古之间地带共享,一体同化。这些人享有一样的思维模式、社会差异和民族愿景。虽然各地都有自己的方言,但属于同一个语系,而上海的官话虽然以行话为基础,北方人听来颇不悦耳,但大众理解起来倒是方便,而且还强化了社会纽带。这也导致这里的人丧失了主动寻求外部联系纽带的原动力。不管是这儿,还是别处的中国人都非常特别,他们好像是另外一个物种一样,同时也刻意彰显自己的特别之处。中国人比其他民族都要强的地方在于,他们精于与其他种族融合,这一点即使美国的爱尔兰人都比不上。这也使得他们的优势和弱势很鲜明:在有分歧的时候能够很快达成一致,和其他种族融合时,则容易激起恶意,也会或多或少让他们变得不受欢迎。

即使是中国人的恶习,也是如此截然不同。中国人偏好鸦片,尤其喜欢抽大烟。即使干着不道德的事儿,从外面看起来仍然举止得体,好像要去给谁上课一般。租界的街道一点儿都看不到罪恶的行径;警方记录上也看不到普遍的暴力犯罪;但小偷小摸也是中国人的特性,在上只角随处可见,对来往的过客可谓是雁过拔毛。

中国人甭管自己有多脏乱差，对着卫生条件还是有一番高谈阔论；在租界中租房子住，也能正儿八经地谈论下水道堵塞、发臭，好像这辈子都没有经历过脏乱差的环境。作为一个民族，中国人并不追求讲事实；但讲到正经事，又没有一个民族比他们更谨言慎行，言出必践，因为一个中国人若是公开干出什么背信弃义的事儿，他就会声名狼藉。在日常生活里，没有一个民族能比得上他们这么不道义，在时不时高调发表的各项声明里，中国人却俨然成为道德典范，虽然他们同时又指望在自食其言、背信弃义时能够收获得盆满钵满。中国人总是对善行高度推崇。"假如你没有美德，那就假装你有美德"是一句在中国被公认、实践的格言。

我们四处闲逛；我们撰写"序言"；我们谈论这儿的一切，毕竟能够扫清障碍开始做这些已经很不错了。当然，各方还是达成了妥协，在公共租界中必须如此。我们的中国朋友赞赏我们的一些习俗，大度容忍了另外一些习俗。如果我们喜欢下午在外头待着，他们也喜欢；如果我们喜欢穿着制服，他们也喜欢。他们对我们的种族似乎有那么一点儿兴趣，总是带着一副自满的表情看我们的义工；当我们城市乐队开始演奏美妙的音乐，他们虽然脸上带笑，但看起来总比别人要傲慢一些，搞不懂比起声大又实诚的铜锣，为什么维拉骑士团更喜欢巴松管。他们会使用我们的煤气，欣赏我们的供水系统，只要用他们封建的脑袋多想想，也能喜欢电灯。但是，他们自己并不打算引入煤气，即使知道租界是如何进行治安维护的，也没有任何一个中国城镇显示出丁点儿转变。对于远道而来的外国人来说，这些都是好事儿，但是作为汉族人，他们对此毫不在意。在他们看来，这些东西花里胡哨，像昙花一现，会转瞬即逝。当罗马帝国在屋大维（罗马帝国的第一位元首）的统治时期进入了长时期的繁荣辉煌时期，中央帝国已经屹立了两个世纪之久。尽管时局动荡，叛乱频仍，朝代更迭，但是秦始皇一统江山后，帝国屹立不倒，最根本的原则从未改变。中国从来没有经历过欧洲那样的黑暗时代，罗马帝国的统治和欧洲现今的君主立宪制大异其趣，中国却也从未有过那样的文化中断。即使在短时期内欧洲的交流给中国带来了不少的改变，那又如何？葡萄牙人，虽然是最早打开中国国门的，也不比生活在弹丸一样大小的澳门租界里那些领补助金的人过得好一些。荷兰人,曾和葡萄牙人争夺帝国领土,现在早已不见踪影。美国,曾经在中国水域插满星条旗,现在也差不多放弃了那些水域。英国在一八四二年发动鸦片战争,在中国攻城略地,现在也只能屈居第二。在那时,根本没人谈论轮船、铁路或是电话、电灯。不过短短半个世纪,这些东西便如雨后春笋般冒出来,谁又能知道再过半个世纪这一切会不会都会化为乌有?

别人常说中国人不了解时间的价值。某些程度上来说是这样的,但是和所有真理一样,这种讲法筑基于大量的错误之上。中国人热衷于及时完成期货交易,这在一个高利息的国家再正常不过了,他们知道拖延的坏处。在这个电气时代,欧洲人的精神非常紧张,美国人的精神压力尤其大。中国人却不一样,他们的神经绷得没那么紧,血液进出大脑的流速都更慢。天知道也许他们才是对的,我们所谓的十九世纪的高度文明也许终会自食恶果,内部早已开始腐烂?

正如法国哲学家所言,"只要静心等待,一切终有结果",中国人已经掌握了从容自得的真谛。一代人或是两代人的时间,对过去来说微不足道,对未来也是。这是中国人最普遍的想法。李鸿章看到一艘新的英国装甲舰曾天真地问:"英国人现在还知道如何造军舰吗?"在他看来,一门迅速掌握的新技术自然而然很快也会被忘记,而三十年时间对这一过程来说足够了。我们所呈现的这些见闻轶事表面上看起来轻飘飘的没什么内容,但也许可以为所涉及的话题提供一些侧面的观察,希望能借此让我们的读者感知,我们现在正要带着他们起航。也许,随意向河岸上东张西望瞟上几眼,他们会觉得这段航程并非一无是处。

J. D. Clark

《上海文汇报》(*The Shanghai Mercury*)和

《华洋通闻》(*The Celestial Empire*)编辑部

南京路

上海,1894 年 7 月 26 日

| 目录 |

| --- | --- |
译者序	1
序言	1
中国戏园的表演	1
上海城：城内街道、庙宇、监狱以及花园	14
刘郇膏被追封为"平安之神"	37
竹镇里的马尼拉斗鸡场	48
月亮的生日：夜游上海	53
上海电话交换所	59
正广和公司的蒸汽工厂和蒸馏工厂	64
赌博成风的大清国	69
上海的中国"林荫大道"——福州路的白昼与夜晚	73

中国的黄包车及黄包车苦力	95
上海城门口的古玩货摊	104
中国独轮手推车及独轮车苦力	106
中国的印刷工	110
中国戏法：虹口码头的杂耍艺人	116
英汉混杂的招牌	123
外国租界的中国巡捕	137
中国童仆	140
中国保姆及女仆	144
清朝枷刑及"锁链苦役队"	150
中国噪声	154
上海公共租界会审公廨	159
南京路监狱	177

中国内地会	181
"公立暨汉璧礼西童公学"与"幼儿之家"	184
圣芳济学校	188
上海图书馆	193
上海博物馆	197
江苏药水厂	202
火柴厂	207
上海至汉口之长江游	210
北京印象	245
北京关帝庙	249
中国沿江西行纪	253
游船山行记	278

中国戏园的表演

中国有一个妇孺皆知的传说，唐朝皇帝唐明皇曾经带着自己的皇后、嫔妃以及随从游览了月宫，一群仙女的表演令他们心醉神迷。唐明皇的这个传说成为后世古代历史剧和现代喜剧表演的起源。在中华帝国的城市和乡镇里，到处流动的戏班子或者固定的戏园都可以为人们提供戏剧表演。聚集在国外任何角落的中国人，都有自己的戏园，例如旧金山的中国人。在上海这个人口众多的城市里，上海城厢以及租界内的天朝子民多达二十五万人，戏园是当地人极其重要的娱乐场所，也得到了非常广泛的资助。据我们所知，目前在英美租界有四个很大的戏园，法租界有一个[①]，且天天表演不断。因此当地人从不缺少自己的娱乐，外国人觉得这种戏剧表演看起来很奇怪，当地人却乐在其中。戏园几乎全天开放，从晚上七点到午夜时分，在所有场次，尤其是夜场表演，观众常常爆满。有些戏园雇佣的

---

① 译者注：太平天国和小刀会起义之后，上海租界宣布"武装中立"，因为成了较为安全的地方，江浙富绅庶民大量涌入，租界内居民的娱乐需求激增，流动戏班子和固定戏园亦随之繁盛起来。满庭芳、丹桂、金桂、天福、天仙、大观、鹤鸣、留春等著名茶园相继成立。

演员多达一百二十五个,且全部为男性,其中的头牌在自己的圈子里有些名声,也颇得赞赏。但大部分青年或者幼年演员的地位都很低下。昨晚我们三四个欧洲人带着一个中国翻译一起逛了福建路上的一个戏园——金桂轩,以下就是我们当时的所见所闻。

戏园是个很大的方形建筑,离主街有些距离,要穿过一条宽阔的胡同才能到达。沿途两层楼的商店和茶馆都灯火通明,戏园临街的一面也亮着灯。福建路上的中国人熙熙攘攘,走在其中难免与人摩肩接踵,戏园的入口都是人力车、轿子以及轿夫。锣鼓声、演员的歌唱或者说是尖叫声以及中国人的欢声笑语在入口处就传入耳中,我们的朋友都知道戏已经在火热进行中了。门厅或者大堂里有几个中国招待,售票厅和衣帽间合二为一,里面有个很大的柜台,看起来简直就像个小小的商店。一个招待把我们领到了俯瞰舞台的右侧私人包间里。这样的包间必须提前几天预定,里面的装饰还过得去。要走进这样的包间我们先要爬上一段摇摇晃晃的楼梯,从前面和右侧的楼座观众中穿行过去。正厅后座用木头栏杆围成了正方形,五排小桌子占据了其中所有空间,每一排有五六张桌子,每张桌子都足够坐四个人,座位都是木头小椅子。这一区域内挤满了中国人,从外貌看他们大多是商人,或者店主,或者其他生活至少过得去的人;他们都衣着光鲜,深紫色披风或者夹克是他们最常穿的盛装。栏杆以外,三面都有空地,那里设有便宜的座位。观众们都穿着蓝色的棉布衣服。楼座是狭长的,左手边一部分还被一两个私人包厢所占据。其余的地方则摆满了小桌子和小椅子。楼座的前部相当长。也比其他部分宽很多,那里没有私人包厢,而是摆着一排桌子,他们称这排桌子为前坐。这排桌子后面有一条过道,我们正是穿过这条过道走进包间的。过道再往后面一点地势更高,那里摆着好几排桌子。右手边的楼座主要由私人包厢组成。我们预定的包厢离舞台很近,就在其侧面大约十英尺[①]的上方。在戏园里所有的桌子上都摆放了水果,主要是梨和橘子,还有盛满了炒熟的瓜子的盘子、印着节目单的

[①] 译者注:一英尺约等于零点三米。

朱红色的纸以及绿色的茶杯，我们就用这样的茶杯像中国人一样喝茶。戏园里每两排桌子中间都留有空隙，每个包厢的前面都有一个小阳台供仆人使用。这些仆人手里拎着黑色的大茶壶不断的跑来跑去，他们用黑色的大茶壶不断地把茶倒进托盘上的绿色茶杯里，供客人喝。每一张桌子上都有一个黄铜或者银子做的水烟袋，仆人们会不断地补充水果或者纸捻儿。我们这些外国人谁也不反对像中国人一样享受。我们愿意尝试着喝中国茶吃水果蛋糕，甚至抽水烟。但是当仆人走过来递给我们一块很厚的用热水浸过还冒着热气的布头时，他却没办法说服我们包厢里的任何一个外国人学着中国人的样子，拿起一块布来擦手上和脸上的汗。

舞台是一个木制的平台，高出地面四英尺，在舞台前部的两个角落各有一根巨大的柱子支撑着屋顶。与此同时用作脚灯的原始汽灯的支架也安装在这两根柱子之上。两三个托架从柱子上伸了出来，上面安装着照亮舞台的两盏灯，其他的灯则照亮楼座以及正厅后座。剧院的其他部分光线马马虎虎，都是由汽灯照亮的。柱子不止用作汽灯的支架，因为舞台上十五英尺的高处有一根水平的棍子，棍子两头都固定在这两根柱子上，杂技表演通常在棍子上面进行。从前方看，两根柱子之间有一块大型的装饰木板，上面用镀金大字刻着戏园的名字。舞台周围没有什么布景，只有后部有一堵镶有雕花木板的隔墙。隔墙的正中有一块大穿衣镜，镜子对中国人来说是件稀罕物儿。这块穿衣镜是否只是用来招揽生意的我们并不知道。现在看起来它是有实际用处的，而不仅仅是用作装饰的，因为演员们就对着镜子换长袍和头饰，而不是退到舞台后面去做这些事情。几幅红底金字的中国卷轴挂在隔墙上，不过最引人注目的还是两口美国大钟，它们分别挂在穿衣镜的一侧，一个钟表走得比另外一个快得多。绘有装饰的木隔墙两侧各有一扇门，演员从一扇进入舞台，从另一扇退出舞台。这两扇门都是门洞大开的，上面挂着帘子，这些帘子曾经一度应该非常鲜艳，但是现在都色泽暗淡，应该好好清洗了。在钟表、镜子和装饰性木板上方挂着四幅画，这些画可以说是舞台上仅有的本土艺术品了。它们长宽大约四英尺，不算大，最两侧的画上都是花草树木，看起来一片灰白，水雾氤氲的。中间的两幅画上的众多人物与周围散布的风景融为一体,呈现的是历史场景。整个舞台中央被一块地毯覆盖,这块地毯很可能曾经铺在某个外国人家里的客厅上,如今已经破旧不堪,中间还用帆布打了补丁。在舞台的角落以及周围,零散摆放着一些小桌椅,需要呈现某种精彩的舞台效果时,它们就可以派上用场了。

乐队成员是七八位老人,他们围坐在舞台后面的两张桌子上,手拿锣鼓铙钹,笛子以及一些硬木块,能够发出不亚于地球上其他任何乐队的噪声。乐队领头的乐手坐在那里,前面是一面小鼓,固定在一个架子的顶端。鼓是一块羊皮绷紧在一个圆形的木架子上而成,直径大约十二英寸[①]。乐手用一个小小的木棒敲击这面奇怪的鼓,这个木棒看起来就像是一根筷子或者铅笔。在他用右手慢慢地敲打这面鼓的时候,左手上还拿了两块长方形的红木,这两块木头被用绳子松散地拴在一起,其中一块红木被他抓得紧紧的。他的手一晃动,这两块木头就会相互撞击发出声音。当乐曲进行到需要这位领头的乐手卖力演奏的部分时,他就会甩掉这两块木头(有点像黑人滑稽表演者手上拿的骨头),然后双手各拿一根筷子敲打那个羊皮鼓,发出雷霆一般的声音。在领头乐手的身后,站着一个敲锣的老人,他之所以站着,是因为如果坐下来,他就没办法敲锣。但是他也没有放弃任何休息的机会,只要乐曲有一两分钟的停顿,不需要敲锣,他就会坐回到椅子上。不过这位敲锣的天才显然是恪尽职守的,而且他似乎认为自己表演的部分是最需要技巧的。他总是敲得足够用力,大部分时候他好像也的确需要卖力表演,但是他也能够发出一些短促清晰的敲击声,而不是长时间的嗡鸣。他会使劲敲一下,然后把手放在锣上,这样声音就立即止住了。另外一个乐手是敲钹的,他用各种各样的方式发出一串串清脆的敲击声。四个吹手围坐在一张桌子旁边吹奏那形状古怪的乐器,声音非常的阴森凄凉。一位懂音乐的朋友认为他们整晚吹的都是同一曲调子,我们都觉得他说的是对的。有个爱尔兰人曾经说过,他不知道自己能否演奏提琴,因为

---

① 译者注:一英寸约等于二点五四厘米。

他从来没有尝试过。但是我们都觉得，任何人首次尝试都能够演奏中国式提琴，一个业余的乐手也能够演奏出宗教剧、歌剧或者舞剧的音乐来，但是在这样令人头痛欲裂的噪声中，他首先可能根本就无法靠近天朝的乐团。敲锣的乐手为了显示自己在乐队中的作用，有时候也会用手中的两块硬木发出很大的声音。另外一个老头儿拖着双脚在舞台上走来走去，有时候搬动一下桌椅，有时候又加入了乐队的表演。他的演奏也是相当考验人的智力的，他的左手拿着一块硬木，用右手拿的另外一根木棍来敲击它。这个老头儿如此无精打采地在舞台上拖着步子走来走去，尽管剧院的声音震耳欲聋，他却看起来半梦半醒。偶尔，乱糟糟的演奏会中断片刻，乐队的一些成员这时就会拿出竹子做的长长的烟管，享受半刻吞云吐雾的时光。实际上，他们似乎并不在意彼此的演奏是否同步，因为即使在演奏某些辉煌乐章时，其中一位首席琴手也会突然之间停下来，将他的烟管填满点燃后，再重新加入演奏。而我们都觉得，这反而使得乐曲听起来更加好听。如果其他人都学他的样子的话，听众无疑会更加开心愉快。

中国戏园里上演的主要是历史剧，有些要好几年才能全部演完。一部戏剧会呈现一个王朝的历史，每天的剧目只表演其中的一部分。也有一些只有两三幕的近似喜剧的东西，有时这种喜剧也会被压缩到一幕。剧本的表演完全不借助于任何外在的布景，服饰倒是费了心思的，演员们的做派都需要相当多的技巧才能够完成。对话是中国戏剧中的主要部分，观众们需要充分发挥自己的想象，以弥补布景的缺失。一五八三年，菲利普·西德尼爵士关于英国的戏剧发表了一些看法，这些看法又被约翰·戴维斯爵士用于描述中国的戏剧，显然是恰如其分的："现在，你会看到三位女士来采花，那么我们就必须相信这个舞台就是一座花园。过一会儿，在同样的地方，我们又会听到船只失事的消息，如果我们不把舞台上的东西想象为一块岩石，那么就是我们的问题了。后来又跳出来一只喷着火和烟的丑陋无比的妖怪，可怜的观众们又必须认为舞台就是一个洞穴。这时候，有人手持象征着两支队伍的四把剑和盾飞驰进入舞台，什么样的铁石心肠才不愿意把它想象成军队扎营的战场呢？"

金桂轩节目单

金桂轩上周五的剧目单非常有代表性，包括一部古代历史剧的一部分、一部庭审剧、一部喜剧、一部谐谑剧，最后以一场历史剧作为压轴戏。剧院里的演员们都来自天津，其他三个本地剧团也是同样的情况，还有一个剧团全部是苏州的演员。当我们晚上九点走进戏园时，舞台上上演的是一个谋杀案的审判场景。法官穿着一件刺绣华丽的蓝白色丝绸袍子，戴着很长的白胡子一直垂到胸口。但是不管是他脸颊，还是下巴上的道具胡子，都不是很服帖，松散地挂着，虽然从远处看，显得他德高望重，凑近了看却非常滑稽好玩。法官的头饰是一顶刺绣繁复的帽子，两边还伸出奇怪的像翅膀一样的东西。他穿着一双很大的毛毡鞋，雪白的鞋底很厚，足有三英寸，鞋尖也很夸张，仿佛小船的船头一样方正。这位老法官在舞台上威严地昂首阔步，用尖细的嗓音背诵着什么，他的随从也加入吟诵，但他们的声音却被背后乐队的演奏声淹没了。这些随从和差役的穿着与我们在真实生活中看到的地方治安官下属的穿着基本相同，他们的扮相也没有格格不入之处。六七个小男孩头上戴着红色圆锥形的帽子，跟我们看到的道台或者地方治安官出行时的随从别无二致。被审讯的犯人完全没有为自己辩护，两个差役将他按倒在舞台上，让他趴在法官面前。法官则坐在由三张小椅子和一张桌子拼成的法官席上。审判进行得很快，完全是法官的一言堂，结束之后因犯双手反绑在背后被两个差役拖走了。他就这样从舞台上的一个门出去，然后又从另外一个门进来，这意味着他被带离法庭又被带到了刑场，现在看管他的是两个身着黑衣，面带凶恶丑陋面具的家伙。两把椅子和一根柱子形成了精彩的舞台效果，延伸了人们的想象力。一个因犯在柱子上被绑了大约半分钟，然后一个行刑者，用夸张的动作劈下一把锡纸做的刀，把一个红色的袋子，这象征着罪犯的头颅，丢到了地板上。年老的罪犯便直挺挺地倒在了地上，然后被拉起来，由四个人扛在肩膀上抬了出去。在此过程中，乐声大作。

演出之间没有布景的变换，因此没有不必要的细节浪费时间。乐队的演奏也仅仅停止了片刻，一个老乐手趁机点燃了自己的烟管。然后，领头的乐手又重新开始敲鼓。于是，锣钹还有笛子又都开始卖力地吹奏起来，第二场戏的演员们也都进入了舞台。我们的朋友解释说，这场戏是喜剧，会非常有趣。舞台上首先出现的是一对新婚夫妇。他们肩并肩坐着，一言不发，相互之间没有任何交流。他们的穿着很朴素，作为演员，他们应该也不是什么名角，因为除了安静地坐着，没有其他的表演。第三个登上舞台的是这场戏的主要人物，一个职业小偷。他造访这对礼貌得体的新婚夫妻，企图从他们身边偷窃些东西。这个年老的小偷衣衫褴褛，从头到脚罩着一件已经破败不堪的黑色长袍，腰上缠着一条长长的白色棉布腰带。他的毡鞋已经破了，鞋底磨得很薄。他脸上戴着长的黑胡子，前额和下巴上涂着红色的油彩，整张脸看起来有点奇怪。他的鼻尖闪闪发亮，眼睛下面以及鼻梁上涂了一层白色的石膏。他的辫子完全看不见，所以他要么秃头，要么就是严严实实的戴着一顶无沿儿的帽子，反正在他头上看不到一根头发。而他头上的红色帽子也太小了，而且没有什么可以固定帽子的东西，感觉这顶帽子完全戴不住，总之他的样子看起来非常的怪诞。他走到脚灯的前面，在那里唱了很长时间，还一直蹦跳着灵巧地展示他那些偷窃的花招，给观众们带来了很大的快乐，他还告诉观众们，他要从这位年轻的夫人那里偷东西，而且很有把握能够成功，并且不会被发觉。然后他转向了那对安静的夫妻，又吟又唱地跟他们交流，讲述自己的故事，其中却没有一句实话。同时他却非常滑头地从那位夫人那里得到了很多消息，知道了她存放所有贵重物品，比如钱、珠宝、华美的衣物的地方。然后他转头立即告诉观众，他已经偷了她好几件东西。此后又有两个人进入了舞台，他们是这个家庭的祖先的鬼魂，是来保护这栋这房子的。说是鬼魂，却更像是海怪。他们都身材矮小，身上穿着的长袍刺绣斑驳。其中一个头发乌黑，另外一个白色的头发一直垂到了后背，但是最让人奇怪的是他们的头巨大无比，占了整个身体的一半，看起来更像海豚，而不像人类。两个鬼魂带着很奇怪的像手铐一样的耳环，右手都拿着一只巨大的鼓槌。小偷此时却假装没有意识到他们的存在，两个鬼魂在舞台上到处游走，然后用他们鼓槌上的毛球触碰这个年老的小偷的鼻子尖，这使得小偷开始打喷嚏，仿佛预感到自己即将受到伤害。领头的鬼魂从腰间解下了一条拴狗链，套住了小偷，正在面向观众歌颂自己以前成绩的小偷立刻晕倒在地上，而家中的男女主人则惊恐地尖叫起来，乐队的演奏也在此时达到了高潮。鬼魂们孔武有力地将小偷抬起来，退出了舞台，但是却很快又从入口进来，这时小偷已经有力气自己走路了。两个鬼魂召唤来其他的剧中人物，在舞台上站得满满当当，其中一个就是在前一出戏中扮演法官的演员，他在这里还是法官，却换了一套服装。乐队中打杂的乐手此时上前重新摆放桌椅，其中一条板凳又成了法官席。小偷对法官叩头，而法官寥寥数语就结束了庭审并宣判了罪行。这次小偷的刑罚是鞭笞，一个结实的小男孩身着差役服装，头戴一顶红色圆锥形帽子，手持一根又长又细的竹片走上前来。两个祖先的鬼魂将小偷脸朝下按倒在地，差役则将小偷的衣服剥得只剩裤子，并露出自己一条孔武有力的胳膊，小偷看得瑟瑟发抖。差役双手操起竹片，假装给了小偷一顿暴打，小偷则仿佛受了极大苦痛，号叫着在地上翻滚。两个鬼魂此时松开了手，小偷站起身来示意自己有话要跟行刑的差役说。两个鬼魂便退到舞台两边，小偷贿赂差役，叫他不要打得太狠，剩下的刑罚尽量轻一些，这些沟通都是用手势完成的，差役急不可耐地接受了小偷的几张纸钞，点头表示后面的事情他会安排妥当。法官则端坐一旁纹丝不动，一言不发。小偷再次趴倒在地，心中已经毫无恐惧，差役手中的竹片则在小偷身上点到为止，这一切简直就是现实中会审公廨庭审的夸张模仿，观众们也习以为常。受过这一场假模假样的鞭笞，小偷被释放，幽灵一般的法庭也休庭了。最后舞台上只剩下小偷和那对安静的夫妇，小偷按理是将他偷来的物品物归原主了，那对夫妇欣喜异常，竟然邀请小偷留下。这出有趣的喜剧就此结束，演员们退场了。

喜剧结束之后的谐谑剧似乎很受中国看客的青睐,我们曾经在广东路的戏园里看过这出戏,现在金桂轩也在上演。两次演出观众都看得津津有味,哄笑不断,但是我们却无法将其中的对话传达给欧洲的读者。剧中的人物有:一个瘸腿男人,他的大夫、奴仆、小妾及其父母,还有一些其他老年亲眷。这场谐谑剧中我们最乐意描述的是女性角色的化妆。前面已经提到过,中国戏剧舞台上的演员几乎都是男性,然而女性角色的服饰及嗓音却能做到以假乱真,让观众无从分辨。女性角色出场时演员的天足被以某种角度捆在木块上,这样观众只能看到演员的脚踝,穿在木块外面的小鞋子与穿在被拗折弯曲的最纤巧可人的"三寸金莲"上的丝质鞋子别无二致,观众看到的便是中国式的一对小脚了。演员就这样站在木桩上扮演身材比普通中国女性更高挑的女子,他在舞台上如真正被缠足的女子一样走路,摇曳生姿。实际上,他并非刻意模仿,一双天足被以某种非自然的姿势捆在削割过的木块上,他只能这样走路。这些假扮的女性穿着奢华夺目的长袍,用不甚美观的紫色布料做成的宽大裤子,还有镶有宽边的马甲,上面的漂亮刺绣看起来像艺术品。他的脸色是天然的黄色,但是涂抹了腮红,这使得他看起来像个浓妆艳抹的女子,世界各处的女人都把脸涂抹成这个样子。他的嘴唇也抹得比自然的唇色更加鲜艳,张嘴时会露出一口珍珠般的牙齿。他的假发梳得非常靠后,脑门儿看起来很大,油亮的头发中分,头饰很丰富,后面的发辫盘得很花哨,上面有镶着珠宝的发夹,耳朵上盖着玫瑰形状的黄色饰物,这些都是真实生活中中国女性的写照。这位演员显然是剧中的主角,他也的确显示了高超的演技。但是这出戏看到这里就足够了,因为后面他与剧中的老者及小妾的争吵实在没有什么趣味。

这之后是一出独幕剧,只有两位演员,他们占据舞台的时间足足有半个小时,其表演却极其乏味,但两个演员间的对话据说对当地人而言是非常有趣的。这出剧展现的是一对铁匠夫妻的生活,他们起初恩爱,后来争吵,最后又和好了。铁匠的妻子先出场,穿着朴素,一言不发坐在一个竹子做的四英寸见方的小凳子上。一把普通的木头椅子摆在舞台上,貌似外国厨房里的餐椅,离那位沉默的铁匠妻子几英尺远,谁会想到这样一件平常的家具竟会被用来做舞台布景或者道具呢？一个打杂的人递给老妇人一根竹竿，她把这竹竿在椅子下面慢慢地前后拖动，我们拼命展开想象，还是不明所以。"哦，她丈夫是个铁匠，老妇人又在他店里干活，她拖着竹竿就是在拉火箱啊！"中国朋友这样告诉我们。这个奇怪的东西来替代乡村铁匠用的风箱，铁匠的箱式炉子需要一根或者几根木棍推进拉出，产生新鲜的气流，使火苗烧得更旺。老妇人就这样重复这一单调的动作，舒缓的笛子声为其伴奏，足足五分钟之后她的丈夫才进来，在舞台上四处走动，一副歌剧演员的派头，展开歌喉唱了十分钟，如果不是时间长得让人厌烦，他唱得其实不算难听。在此期间他的妻子已经离开火炉，搬着那个道具椅子坐到舞台中央，她背对着观众，用嘴巴咬着小手指，一副心事重重的样子。唱够了以后铁匠终于下来，坐在一块砖头上。铁匠妻子起身，从桌子上拿出一个空碗和筷子，她把自己的凳子搬到丈夫身边坐下，铁匠看到饭碗和筷子之后便将右手搭在妻子肩膀上，表情愉悦地看着她。他们在舞台上做出各种吃饭的动作，然后一个乐队成员上来把碗筷收走了。之后两人发生了争吵，彼此相对着尖叫，然后同时起身，铁匠抄起他的座位，也就是那块砖向妻子脑袋丢去，但是她却身手敏捷，像棒球比赛中的接球手一样接住了，反手扔向丈夫的脚，丈夫假装受伤吃痛。这一场家庭骚乱中喧嚷颇多，却很快就平息了，两人又像没事人一样紧挨着坐下。又一场争吵爆发了，这次先动手的是妻子，她轻推了铁匠一下，铁匠在砖头上本来坐得就不稳，一推之下竟向后翻倒在舞台上。两人争吵之际一个穿得像商贩一样的男子上场了，铁匠为自己买了一套新衣服就退出了舞台，他的妻子也随之从容不迫地下场了，两人都没有再上场。

在这场戏演出期间，舞台上也在进行后面一场大型历史剧目的准备工作，这是当晚的压轴戏。乐队将他们的桌椅从后面移到右手边，以便给一幅大布景腾出位置，这可以算是整晚最好看的布景了。观看表演时我们已经注意到舞台角落里的那堆木头框架和帆布了，一直满心期望它们能被派上用场。一些乐队成员和打杂人员终于开始动手拼装这些木架子，敲锣的那位乐手放下手中的乐器，爬上一张桌子，把一口美国大钟的时间往前调了一刻钟,调到了十一点,跟另外一口钟保持一致。在乐队成员的帮助下,戏园的木匠及其助手搭起一个木头框架,这框架看起来跟演木偶戏的框架一模一样,后来他们又搭起两三个稍小一些的架子,跟前面的框架并排摆放。每个架子都有四个或者更多个垂直的立柱,数不清的横杆和托架。这些框架从前面看来大约都有十英尺长,八英尺宽,正面都蒙上了墨绿色的帆布,上面点缀着颜色浅淡的人物花卉。可是在我们看来两三辆人力车上用的绿色防水布搭起来的布景也不会比它差。然后这些框架顶上被固定了一个像鸽舍一样的盒子,框架另一头都放上一根粗大的杆子,这些杆子高高地从木头框架和框架外面的帆布上伸出来,矗立在舞台上。这些工作全部完成已经让工作人员颇费了一番力气。后来又搭了一个方方正正的框架,高度超过原来最大的类似演木偶戏的框架,新的框架最前面的横杆上有一根拱形的竹子,从这根竹子上挂下一幅帆布,这样一个宽大的窗户或者门廊就算完工了。另外一个罩着帆布的框架被放在最前面,可能代表一段楼梯,或者是阳台,也可能代表花园或者其他的东西。那个类似木偶戏框架的上半部分自始至终都半开着,一块帆布松松垮垮地挂在上面,显然也是代表一个窗户或者门廊。这一堆摇摇欲坠的木头框架和帆布到底代表什么?啊,原来是宫殿,而且是皇家的宫殿。搭建工作完成之后,上一幕喜剧的演员正好退场,乐队也在新的位置安顿下来,发出更大的噪声(他们现在的位置正好搬到我们包厢前面),出演压轴戏的演员们也一一登场。我们被告知这出戏是历史剧,但是这出戏的第一部分却根本与历史无关,而是各种杂技、摔跤、跟斗、舞剑、打斗与歌唱等的大杂烩,我们在其他历史剧中也看到过同样的表演。最先登台的是四个杂技演员,他们做了很多动作,摆了很多姿势,其表演看起来类似于苏格兰里尔舞的某种动作,做这些动作时他们一直在唱。然后就开始翻跟斗,其中一个主要演员就是前面那出谐谑剧中演小脚女人的,他这时仍然踩着那双人工做成的木头小脚,他翻了跟斗后还能稳稳地站在那个代表女人小脚的木桩子上,显示了高超的技巧。另外一个演员双手拿着一块可能做过砧板的木板出场,做了一些奇怪的旋转动作,弯腰将木板倾斜着放在宫殿前面的舞台上,起身做一个亮相，跨过了木板。他身上的衣服很亮丽，是各种色彩的组合，脸上带着白色面具，还戴着胡须。他在表演些什么我们完全不懂，他跨过木板的动作意味着什么，我们都花了很久才弄清楚。杂耍演员退场之后，四个年轻人扛着另一个人走上舞台，上场时他们也跨过了这块神秘的木板，然后走向宫殿前面，将肩上扛着的人塞进木偶戏框架般的窗口，这窗口不够大，那人通过时险些把整个框架都掀翻，不过他还是很快出现在窗户后面，然后又从他半分钟前被抬进舞台的门口走了出去。那个带着白色面具的老者捡起木板也跟着走了。我们此时才明白这木板代表的是一座桥！另一个杂技演员又上场做踢腿动作，他的腿踢得很高，脚尖都碰到了头，他就在舞台的一个角落里踢了半天腿，故作姿态，手臂胡乱挥舞，冲向舞台另一个角落，然后又重复这一套又跳又踢的动作。之后又有四个杂耍演员上场，他们在舞台上四处游走，翻跟头，从彼此身上跳过，那个扮演小脚女人的演员又一次出场，以手支撑倒立着在舞台上走动，赢得了满堂喝彩。舞台左右两边柱子旁此时又各叠放了两张桌子，四个演员平分成两队走了过去，爬上了桌子，又爬上了固定在两根柱子之间的横杆，开始展现十八般武艺，一个接一个后空翻着重重地落到舞台上，几乎把舞台震塌。他们接着又在舞台上放了一张小桌子，四个人都冲了过去，翻着跟斗翻过了这张小桌子，丝毫没有碰到它，之后这些演员就退场了。好吧，这一切作为杂耍表演都不错，可是跟皇宫又有什么关系呢？我们急切地想看到所谓的历史剧，但是现在已经是晚上十一点半左右了，乐队的演奏也让我们头疼难忍。带着白色面具的演员又回来，郑重其事地放下了那块木板。跟在他身后的四个人跨过木板，爬到宫殿前面，从屋顶钻了下去。其中一个又从屋顶出现，在一个大柱子上挂了一个布袋子，这表示一个人头，然后在宫墙上翻了个跟斗，他的同伙则从宫殿那个像木偶戏盒子一样的地方钻了出来。其中一个人抱着一个头发凌乱的女人，她被用拴在他的双肩上的绳子捆着。这一切看起来像场游戏。就在几个人潜入宫殿时，乐队老者及两位舞台上的人不得不上前扶稳木头框架，否则这个皇宫都会倾覆。偷走一个女人的恶棍从一个门出去，又从另外一个门进来，如此反复数次，其中三个手持锡箔做的剑，抱着女人的那个恶棍被他们护卫着,却看不出身负重担的感觉,仿佛他抱的只是一捆破布。另外四五个手持武器的人也来到宫殿前,看到柱子上挂的红色袋子,一个人爬上去将袋子扔下,随后翻了个跟斗。其他几个冲入宫殿,又冲出来,大呼小叫着追赶前面一群人去了。最初挑起事端的一群又回到舞台上,带着白色面具的演员放下木板让他们通过,随后又撤去木板以防别人追到他们。他们的追兵增加了人手,不断在舞台上进进出出,有时会有六七个人舞弄着剑和矛,投入战斗,在舞台上横冲直撞,哄闹一番。杂耍演员则在敌对双方中间翻跟斗,这一切如此冗长,我们看不出任何危机出现的征兆,于是在十一点三刻离开了戏园,让他们自顾自表演了。

上海城： 城内街道、庙宇、监狱以及花园

对于外国人而言，倘若有个对上海无所不知的中国朋友同行的话，逛上海城是件极为有趣的事情。尽管在这里的多数外国人都曾经逛过一两次上海城，很少有人有资格说自己看遍了城内所有值得一看的东西，因为很多人只是懒洋洋地逛过城内的一些街道，随手捡起地摊上的某些古董玩意，然后，因为对整个地方感到厌恶，一找到出去的路便拔腿离开，有时候想要抽身离开还真难做到，于是，便发誓再也不进上海城了。

一个星期日的下午，我们凑了一群人：三四个外国人，两个中国朋友。其中一位中国朋友对上海城内迷宫一般的街道了如指掌，就好比伦敦的双轮双座马车车夫熟知从齐普赛街到皮卡迪利大街的路线。而另一位担任我们翻译的是个非常聪明的中国绅士，在美国耶鲁大学受过教育，而且以拥有美国公民身份而自豪。我们进城的时候是下午两点半。这一天，天公作美，碧空万里，马路干燥无泥。一直以来，初冬就是到上海老城内探幽访古的最佳时节，因为在这个季节，城内的卫生环境不像酷暑天时那么令人恶心。从各种兆头看，这一天都很吉利。这一天是中国人的农历十月十七

日，中国人的黄历上是不是写着适合出行，我们并不了解。不管怎么说，我们当时可没有考虑那么多。但是，根据观察，我们确信，对于中国人，这一天是个很特别的日子，因为整个城内一片节日的气氛。即便你去逛二十次上海老城也没有我们这次看到得多，虽然此次远足也就持续了两个半小时。我们从"新北门"进入上海城，随即朝着被称为"湖心亭茶楼"的地方走去。在去"湖心亭茶楼"的途中，要穿越大约十条窄窄的街道。这些街道，有的向南延伸，有的向西延伸，有的向东，实际上这些路伸向四面八方的都有。我们先是走过一条两侧布满商店和仓库的长街，然后行走在一条肮脏的死水小河旁，小河的一侧有店铺。过了一座桥，沿着狭窄的街道继续前行，木质或帆布招牌以及装饰性的牌匾从街道的一侧伸向另一侧，密密麻麻，遮天蔽日。然后，又过了一座桥，继续穿行于狭窄而拥挤的街道，直到我们来到河水旁边一片较为开阔的场地。这里有一群一群的持有行乞许可证的乞丐：有男人、有女人、有老人、有残疾人、有盲人。他们每个人都将手里的篮子伸出，篮子里放着一些铜钱。这些可怜的人向每一个过路人乞讨。每次有外国人经过的时候，这些盲人便能听出来，因为外国人脚步

湖心亭九曲桥

声很重，脚下的靴子都有硬硬的后跟，走在粗糙的花岗岩石板上会有响声，而中国人则穿着毡底鞋走过石板，所以经过时盲人也听不出来。据我们观察，这些乞丐从来没有从当地人那儿讨到一分钱，而如果有外国人给了他们钱，这个人逛古城的过程中肯定会被几十个乞丐一直尾随着。至少目前为止，我们没有犯错误招惹乞丐。这里的场地较为空旷，在小河的两岸，中国的杂耍艺人、演杂技者、算命先生以及赌徒们都能找到自己的空地。可是，再往前走，当我们来到环绕"湖心亭"的一个大水潭①的时候，我们发现了一个很大的集市广场，准确地说，当地人称之为"豫园"。此时此刻，每个角落都是人，其热闹喧嚣的程度与法定假日中的伦敦汉普斯特德公园不相上下。我们只能走马观花地看一看，但对于我们而言，这已经足够了。第一个引起我们注意的表演艺人是一个老头儿，在他身边围观的大约有五十个中国人，有老有少，有男有女。这个老头儿占了小河边一小块场地，热切的观众从四面将他围得水泄不通，只留下了有限的一小块场地供他施展。这位卖艺人似乎已经年过五十，他的头发已经灰白，留着一条珍贵的小辫子。老头儿上身赤裸，下身穿着破烂的蓝色棉布裤子，原先的颜色早已经洗掉，现在只是补丁摞补丁的一片，宽大的裤子足以用作两三个人的衣料，脚上穿的毡底鞋破旧不堪，裹在脚上的破棉布做的袜子鼓鼓囊囊，让他的脚踝看上去简直就像大象的粗腿。他在自己的场子内走来走去，像疯子一样挥动着双臂，用右手猛击自己的胸脯，再换成左手，然后又伸出两只胳膊并握紧双拳，绕着围观者走了一圈，放下了双臂。接着，他双手垂下再次绕着场地走，同时急切地观察围观者扔进来的钱币。然后，他卖力做了一个动作，这几乎是他的看家本领了，只见他举起一个铁门栓，任何一个孩子都能举起的那种东西，随后将其插入土中，接着老头儿又绕圈走起来。他根本就是个江湖骗子，尽管这些中国人愿意整天看着他这么糊弄人，他也不太可能挣多少钱。这个场地的旁边是个棚子，确切地说，是个用竹子和帆布搭建的帐篷，里面大约坐着六个中国人。摊子的主人是个算命先生兼骨

---

① 译者注：荷花池。

相学家。这个看起来德高望重的老江湖骗子坐在帐篷的深处,其背后的帆布上悬挂着一些中国名人的画轴肖像,面前则摆放着一张小桌子,上面放着笔墨纸砚、神香以及其他算命道具。他的周遭是热切的围观者,一个个聚精会神地聆听此高人给当地的一位富人算命,观察着算命先生的一举一动。只见那算命人将手指搭在顾客的头盖骨的隆起处,然后装出一副严肃而高深莫测的神情,说出一串哲理深邃的名言。此后算命先生伸手收起顾客放在桌子上的卦金,而这个顾客又不惜血本地在桌子上放了五枚铜钱,要算命先生继续给他算命。我们从算命先生身边走过,看到了"豫园",大多数的表演正在那里进行着。这里有六个西洋镜表演,一个装饰性的大匣子放在一张桌子上,通过匣子上的小孔中国观众可以窥见世间的奇妙景观。其中几个匣子一看就是外国货,因为安装在匣子上的玻璃盒子很显眼,上面有宫殿的图片或者国际展览馆的照片,但是我们没有拐过去一探究竟。然后,在一堆流动水果商和糕点小贩中,我们看到一个老头。他的小游戏有点古怪,顾客押注换他的烤栗子。老头手中拿着三根竹签,每根大约六英寸长,其中一根的一端系着一根红丝线。可是,这些竹签牢牢握在他的手里,要想猜准系着红丝线的那根竹签,其概率跟玩三牌赌皇后得胜的概率一样小。为了让我们看懂,老汉拿起一枚铜钱,将其放在其中一根竹签上,赌这根签子上系着红丝线,但是他将竹签抽出,上面却没有红丝线。他反复做了几遍,有时候将钱币放到系着红丝线的竹签上,有时候则放错了。每次重新开始游戏他都会反复调换竹签的位置,直到无法确定是哪个。这个游戏规则显而易见,让中国人付几个钱碰碰运气,如果运气好,他能得到几个烤栗子,如果运气不佳,唉,遗憾了,他就得不到。

在这个中国式的"名利场"里,有五花八门的货摊:有的出售甜食糖果、梨、橘子、烤红薯;有的货摊放满了玩具;有的摊子上摆满了古典文学书籍;还有卖古董的摊子,摆放着各种东西,从珍贵的玉石装饰品到旧钉子、香槟酒盖子,不一而足。整个园子游荡着数以百计的上海本地人,其中很多人都去光顾"孔中窥景(西洋镜)"。从放在桌子上一摞摞的钱可以判断出,卖糖果、糕点和甜食的小贩生意似乎也不错。但是,聚拢了最多当地人的地方，要数表演杂技的开阔场地，这里没人强迫观众付钱，因此投进场子内的钱寥寥无几，驱散人群最有效的方法就是绕圈收钱。在"茶楼"所在的湖东侧，靠近一座小寺庙的地方，有一群人。我们探头望去，原来吸引这帮人的是骨牌赌博游戏。在他们旁边，还有一个人数要多得多的人群，这些人围着几个杂耍艺人。只见这些杂耍艺人走来走去，摆着古怪的架势，显然是为某些需要力气的功夫动作做热身准备，他们翻来滚去，双手玩着杂耍，或者某些混江湖的花招。他们跟前面描述那一位老汉极为相似，只做花架子，根本没有真功夫，所以我们只瞥了一眼而已。在这个"名利场"中，偶像的身价似乎也下跌了，因为在这座小庙内神龛上焚烧的红色蜡烛寥若晨星，而除了看管此地的老头之外，我们没有看到一位虔诚的进香人。

　　于是，我们将注意力转向这座古老的"茶楼（即湖心亭）"及其人造湖，这样的一潭死水，这么一小丁点，这么肮脏不堪，居然被称为什么人造的景观湖！这一小片脏水，水面漂浮着绿色的水草，四面被刚刚到地面高度的围墙包围着。这条湖，这潭水，或者说这一池水，大约有三十平方码①。水池的中央矗立着"湖心亭"公共茶楼。此茶楼处于一个与其他建筑相对隔绝的位置，也许可以被称为上海老城中最好、最通透的茶楼。然而，这茶馆处于恶臭死水的包围中，并不能让人感到神清气爽，就算它置身于狭小的街道，四面被厨房夹挤，境况也不会比在此处差多少。通往茶楼的是一架长长的弯弯曲曲的桥梁②。据说这座桥是一千五百年前建造的。每段桥基由两个灰色的花岗岩柱子支撑，柱子的间距约为三英尺（约零点九米），在两个柱子的上面铺着一大块横向的石板，这些石板已经承载了上千年的重量。两块相邻的横向石板之间铺着三块同样古老的巨大条石，这样就形成一个狭窄的通道。整座桥配有用结实的木头制作的低矮的扶手栏杆，这肯定是后人加上的。花岗岩巨石也是茶馆的地基，不过茶楼的历史并没有

---

① 译者注：此处可能有误，因为三十平方码大约为"二十五平方米"。《世博中国网》上有如下记载："豫园荷花池已有四百五十年历史，水池面积两千六百八十八平方米，水深一点二至一点五米。池底原为泥底，'文革'期间改成水泥板底。原来的淤泥底拥有自净和自身循环能力，而水泥底的构造使得池子如同一个封闭大水箱，治理条件先天不良。"

② 译者注：九曲桥。

桥那么年代久远。此茶楼是中国建筑的杰出范例,虽然规模小巧。茶楼面积非常有限,有两层楼的高度,楼顶雕琢繁饰,极为富丽堂皇。茶楼的底层除了柱子之间的窗户之外一无所有;窗格子上透光的是一种半透明的物质①,在西方国家的玻璃引入中国之前,中国人所有的窗户都用这东西,就是现在很多情况下,他们还是选择使用这种东西。这种采光物质镶嵌在小小的木质方格内,在阳光照射下,发出半透明的白色光芒,使得中国人的窗户煞是好看。茶楼内如果点上古代的灯芯草红蜡烛,其照明效果肯定会很美,整个古老的茶楼就会成为一个巨大的灯笼。显然,这次我们游"楼"不当其时,因为茶楼关着。于是,我们沿着蜿蜒的桥梁出去从"湖泊"的东南角一直走到西北角,然后走上一条窄小且肮脏的小路。这是一条土路,即便是在今天这样干燥无雨的天气下,小路上也到处都是泥坑。好在走了几步,我们便走出"豫园"中令人讨厌的这块区域,走进了一条小街。途中一家店铺的摆设让我们感到很好笑。那像是一家正规的戏曲道具店,就像我们在英国伦敦的德鲁里巷附近看到的那种道具店,只不过这里陈列的戏装和道具是中国的,而不是"蛮夷民族"的。店里的古代兵器应有尽有,有的是真兵器,有的则是锡箔仿制品,还有各种面具、假发以及可以用于化妆舞会或业余戏剧表演的奇装异服。向导继续在前面带路,我们当时以为行至此时已经把中国人"浮华世界"的娱乐项目全看遍了,但是大错特错,因为他将我们领入了另一个"园子"。这个"园子"在茶楼和人工湖水略微靠西的地方,但是先前却一点儿也看不见。在这里,生意和娱乐浑然一体,这是一个地地道道的集贸市场。在某一处,数百只鸟笼子一排排地摆放着,一只摞着另一只。知更鸟出现最多,另外还有很多能学人说话的鸟儿。在这儿,数以百计的漂亮小鸟被关在小巧的木笼中,尽管我们说不出它们的名字。如果让它们一个接一个展开歌喉的话,其叫声定然十分悦耳动听,但是,它们此刻一片嘈杂,强烈地让我们想到了英国老家的鸟类展上的鸟儿,抑或伦敦肉类市场鸟类摊位上乱叫的鸟儿。离开此处,我们看到一个小型

---

① 译者注:此处指的应为明瓦。

的公共茶楼,茶楼的底层门窗洞开,桌前坐着很多顾客,几乎每张桌子上都摆放着鸟笼子,整个茶楼看上去俨然一个有模有样的鸟市场。在市场的别处,其他买卖正在进行着。在那里,在地上铺的席子上摆放陈列着大量的商品,既有玩具,也有实用又美观的木头雕刻的物件。导游看上一个小木盒,圆形的,带一个玻璃盖子。他花了十八文铜钱买下这个盒子。在另外一个货摊上,所有的玩具都是用铅做的,小巧玲珑的家具物件、茶具、汽轮、中国平底帆船以及其他很多微型物品,全都是当地人制作的,其中很多物件的工艺十分精湛。蒸汽轮船和中国平底帆船的造型我们倒是能够轻而易举地认出,但是有一个造型怪异的物件让我们实在摸不着头脑,那东西是椭圆形的,长着很多奇奇怪怪的腿,大约有六只腿,既没有脑袋,也没有尾巴,只有身子每一侧伸出的三四只茸角一般的东西,背上绘着彩色的条纹。于是我们向卖家询问这是什么物件?得知是铅做的螃蟹。于是,同行的一位朋友向玩具商建议,在每个玩具上贴上标签,以便让顾客知道所雕为何物。但是,我们的中国玩具商并不欣赏这样的提议。紧靠玩具货摊的地方,在一个通道的两侧,有很多糕点糖果商摆的货摊,整个一天他们都会占据这块地盘做生意。与此同时,流动的厨师也会在这里停留片刻,招待想吃饭的中国人,然后又挑着他的"小餐馆"到别处招揽生意。这里也有书摊,其中一个摊子上摆出的与其说是文学作品,不如说是绘画作品,因为尽管书摊的主人有很多小册子,他的专长却是出售满族人的绘画,就是那种白纸上画的水彩画。干燥的地面上摆放着各种各样的当地作品,绘画的四个角用石头压住,防止被风刮走。这些图画最寻常不过,不值一文,我们觉得不管是向中国人还是外国人兜售,卖画人都卖不出去多少。在广场的同一侧,有两三群人正在围观杂技艺人亮出的把式。在其中一个场子内,有四个表演的艺人,但是没有一个能亮出真功夫来,无非是踢踢腿,让靴子头触到自己的手。另一个老头儿则想着弄出点轰动效果,只见他手里一边敲响一面锣,一边早将六张座椅排成一个四方形,以便让前来光顾捧场的观众坐好。而此刻,观众席上几乎座无虚席,老汉一边向前走、向后退,一边继续敲着锣,但是除此之外,没有半点迹象可以预示他到底要表演什么真功夫。还有一个小男孩走到座位上的观众群里,手里拿着一包缝制的裆裤,中国人腰间挂的长裆裤。他向观众兜售裆裤,但没人买。这些坐在长凳上的人看来不是来花钱的。而且我们猜想,如果表演的艺人要求观众出点钱帮助他支付开销或者养活他的妻儿老小的话,这些人会马上起身离开,到别处去看露天的免费表演。不过至少目前他们似乎很享受,坐在那里一声不吭地抽着长长的竹子旱烟斗。此时此刻,除了往烟斗内不停加烟丝外,别的任何事情都引不起他们的关注,而他们的烟丝吸两口就要重新添加。他们看上去属于较为贫穷的阶级,很可能是苦力。如果我们出五分钱让其中的一位为我们拿包裹的话,这一群人会一哄而上抢着要给我们服务的。

离开了集市上的那些杂技艺人和货摊小贩后,我们继续穿行于上海老城的大街小巷。但是没有走出多远,我们便来到一个街道的拐角。此处有个木雕的作坊。我们朋友中有些人因为是初次逛老城,所以他们渴望见识见识木雕,然后带几个回去作为这次旅游的纪念品。这个小小的街角作坊两面敞开。在前面的柜台上摆放着一个小小的玻璃陈列柜,里面盛放着精美的稀罕物件,这些都是店里雇佣的当地艺人的工艺作品。有些手艺人此时正技法娴熟地雕刻一块木头,物件上的图案风景如画,表面雕饰繁杂而细腻,既费时间又费劳力,整个成品却只能卖到几分钱。在那个玻璃陈列柜内,摆放着几枚用橄榄核雕刻的装饰品,其余的装饰玩意则是象牙雕刻、竹子雕刻以及核桃壳雕刻。这些物件中大多是佛陀的雕像,也有用橄榄核和竹子雕刻的微型中国平底帆船。核桃壳上则雕满了中国山水画,庙宇、宝塔、神仙,一应俱全。其中所有木雕作品的售价都在十五分到二十五分不等。我们中的一位朋友跟雕刻人讨价还价,花五十美分买到一尊神像、一艘中国平底帆船、一个核桃壳雕像,而其他人也买了一些新奇的玩意。做了这么一笔大买卖,雕刻人似乎很高兴。我们当时在这个街角的小店只逗留了几分钟,可是我们周围已经围了一大群当地人,于是原本狭窄的街道一下子被堵住了。一个当地的老人正好从集市回来,他手里拿着一些玩具——一个拨浪鼓和一辆微型黄包车。他挤过人群有点费劲,于是,他将买的玩具高高举过头顶,唯恐和他一样浑身油腻的人们把玩具挤坏。如果小鼓被弄碎,家里的小男孩骚扰邻居的快乐可能就被剥夺了。我们还没来得及从这一群人中脱身,流动卖饭的小贩就从街上走了过来。在这样狭窄的街道,如果遇到抬轿子的,或者苦力担着两桶水或者两坛子酒的,那就真够倒霉的。但是,如何遇到了将全部家什全挑在肩上的流动卖饭郎,那就更难通过了。上海本地人当然都见过流动卖饭郎或者卖糕点甜食的卖货郎,但是为了那些从来没有见过这些小贩的英国读者对此有所了解,我们将他的装备高度概括为:竹子、陶器、木炭、烹饪用具,他用扁担挑着这些东西。扁担厨房看上去有点滑稽可笑,但是,这是中国人奇思妙想的杰作。扁担厨房的支架是四根竹子,就像长凳的腿,四根竹子两两成对,在顶部与另外一根(第五根)竹子相连。在正前方,同样的几根竹子形成了一个扇形的托架,上面放着一个箱子,箱子内放着一个陶土火炉或者火盆,火炉、火盆的前面有一个口,用于吹风煽火。木炭是燃料,箱子内能够容纳一天用的燃料。在火炉箱子的上方是一个巨大的锡制厨具,可以用来烹饪任何食物。在厨架的后面,另外几根竹子被朝上拧着,形成一个类似于前面那样的扇形托架,在这些竹子上放置着一个可容纳四五个抽屉的架子。整个架子上方则是一个双层架子,用于盛放饭碗、杯子和碟子。在前面支架的火炉下厨师存放着一些柴火。在后面的抽屉内,放着一只空桶,用于打取新鲜的饮用水。在抽屉内,他放着大米、马铃薯、水果等所有烹饪必需品。"厨房"架子的四条腿之间的空间很开阔。当流动卖饭郎开始流动时,便把右肩膀放到固定在厨房四条腿顶部的扁担下面,将卖饭的整个家伙轻而易举地挑起来,然后沿街而行。他一边走,一边敲打一节空心的竹筒,用来招揽生意。这竹筒固定在流动厨房支架的前腿上,上面有个纵向的口子,其作用相当于铜锣。每次敲打,竹筒都会发出嘹亮而肃穆的声音。在上海"老城"和外国人的居住区,有很多这样的流动卖饭郎,而且对于从业者而言,这个职业似乎很不错。从流动卖饭郎身边走过后,我们继续前行,直到我们中间一个从事医学的朋友被一家小店铺门前的摆放的东西吸引住了。几个托盘内盛满了人的牙齿,这是牙医店陈列出来的牙齿。于是我们走进店里去看看他是如何做生意的。牙医把他用以给当地人做手术的仪器拿出来给我们看,那双铁钳笨拙不堪、锈迹斑斑,我们真是见所未见。这根本不像是什么医用的铁镊子,倒是像铁匠从小马蹄子上拔钉子用的家伙。毫无疑问,只要他拿起这把家伙,任何一个当地人嘴里的最大牙齿他都能拔出来,但问题是,他有可能一下拔出两三颗牙齿来。他说拔一颗牙向当地人收取五十分到一百分。如果陈列在托盘里的一摞一摞的每颗牙齿他都这样收费,而接下来的一年内他还能拔出那么多的话,这个牙医将会发大财。在店铺的一个角落放着一张宽大的方形沙发睡椅,看上去有点像中国人抽鸦片时用的长躺椅。很可能在牙医本人牙疼的时候,他会躺在那个睡椅上吸食鸦片,尽管这种情况不常见。另外,当牙医用那一把笨拙的铁钳子给病人动手术的时候,他很可能会要求把病人捆绑在睡椅上。见到我们一行人对他的专业很感兴趣,牙医很是高兴。当我们与他道别的时候,牙医一再客气地说"请慢走,请慢走"。我们慢慢悠悠地朝着城隍庙走去。城隍庙是我们这一次逛上海老城的主要目的地之一,而我们现在离庙宇已经不远了。在我对这座寺庙进行一番描述之前,只有一个人我们要提一提,那是个和尚。当我们穿行于其中一条又脏又窄的街道时,我们看到了这个可怜的人形活物蜷缩在一块路边石上。他身着泛黄色的长袍,让我们立刻意识到他是个和尚。当我们走近的时候,发现他头上戴着黄铜箍子。他蓬乱如麻、缠结不清的头发遮住了头顶的箍子,但是在他的前额部分,黄铜边缘发出锃亮的光芒,这是他身上唯一好看的地方。他蹲坐在排水沟内,长袍将双腿完全遮住。但见那和尚双臂交叉,两只手放在膝盖上,他面色憔悴枯槁,五官的每一处都布满了痛苦和凄惨的烙印,他到底多久没有洗脸了,只有老天才知道。但是,如果洗一把脸,把下巴上的胡子刮掉,他也许会焕然一新,其相貌还算不错呢。在靠近空白的白灰墙的一侧,摆放着两排印刷好的佛教小册子,从和尚蹲坐的肮脏处延伸出去几米远。他用铜钱压在小册子上,以防被风刮走,而这些钱几乎是他的全部家当。但是在一个角落,当然是最靠近他的一角,还摞着一些钱,这可能是他卖佛教小册子的收入,也可能是有些路人施舍给和尚的。虽然同样是人,盲人乞丐和残疾人乞丐倒不如这个贫困潦倒的佛陀信徒值得可怜。

当我们来到"老城庙",即城隍庙的时候,我们是从侧门进去的,有三四条大道通向此庙,走侧门我们就能直接来到神龛的前面。但是我们在此也会描述这里的建筑本身以及它们奇异的附属建筑,就好像我们是从正门进入的。此庙宇是为上海的庇佑神建造的,或者说是献给那些主神的,据说这些主神管理着所有化身为上海百姓的其他神灵。上海老城的城隍庙历史极为悠久。城隍是上海精神王国的领袖。不管是个人私事或是公家大事,上海当地人都会前来咨询请教,以求从城隍这里得到神谕。这座寺庙维护的还算可以,当地居民每年都要向地方官捐献一定的钱用于庙宇的开销和修缮。寺庙建筑占地面积约为三十码①宽、一百码长。外面大门的顶部极具观赏性,三四层屋顶,仿佛一层摞着一层。底层的倾斜屋檐伸出去的最长,其他各层依次缩回,到顶部的时候伸出的部分只有一点点,但是所有的屋檐都美观堂皇,屋檐角高高翘起,砖瓦上刻着雕塑。大门本身是个庞然大物,很笨重,有两扇门,上面画有中国人物画②。外门外的墙十分宽阔,确切地说,在拱门的两侧各有一座房子。在这个入口和正门之间有个小小的庭院,我们拾级而上,走了一两个台阶便上去了。此处的建筑在庙宇的地面上向两侧延伸,向上拔地而起,高度相当可观。门口特别宽敞开阔,门、屋顶以及其他一切跟外门廊处大同小异。下层肯定有几个房间。从主庭院看去,建筑的最高层是一个开阔的舞台,在城隍庙举行庙会的时候用于戏曲表演。极其精美的屋顶是舞台的华盖,演员们在台上表演的时候,直接面对的就是里面供奉神龛的寺庙主建筑。主庭院十分宽敞,整个场地铺着花岗岩。庭院的两侧,在建筑的低矮房顶下,是一些极为朴素的建筑。庙宇的主体建筑不甚宏伟,占据了东边空间,其两侧各有一个小建筑。主建筑是一个相较之下宽敞高大的殿堂,殿堂内从地面到屋顶都是塑像和匾额。从外表来看,此建筑的风格属于普普通通的中国式建筑风格,

---

① 译者注:一码约等于零点九米。
② 译者注:门神。

屋顶精雕细刻十分华美,飞檐四角上翘。在门的上方以及建筑的正面有很多鎏金大字的题词。只是因为我们也是到此匆匆一游,所有没有时间让随行的中国朋友给我们翻译题词的内容。一走进庙堂的大门,我们首先看到是右手一侧靠墙的地上的四座塑像,塑像前点着红蜡烛。这些塑像代表着"城隍"的信使。这些信使五短身材,但脑袋硕大,身体油漆成黑色,脸部通红发亮,上嘴唇被小心翼翼地描成黑色,眉毛很完整,纤毫毕露。尽管雕刻很笨拙,但这些塑像也不是特别丑陋。在我们头顶上方,从庙宇的顶棚上悬挂下两艘平底战船,从船舷来看,是平底式中国帆船,作为中国式平底帆船的模型,这两艘船的比例尺寸勉勉强强还算比较精确。船身油漆成黑色,看上去很脏,毫无疑问,船的甲板上也积累了厚厚的尘土。这就是"城隍"的中国式平底帆船。在我们前方,一个巨型的宝座上,巍巍然坐着城隍的巨大神像。巨大无比的宝座上四面都装饰着红色的牌匾以及鎏金汉字(题词),布幔、字画卷轴自顶部垂悬而下,所以要想一睹城隍的真实尊容,有点难度。只有一点可以看出来,城隍的脸上涂着红色的油漆,脸庞宽大,天庭饱满。城隍宝座的四遭用约莫五英尺高的栅栏围住。在栅栏内,城隍两侧各有三尊庞大塑像,紧挨栅栏的那尊塑像大约有六英尺(约一点八米)高,挨着这一尊再靠里的那一座则更高,距离宝座也更近,而第三尊又大了一号,身子都靠近了城隍正襟危坐的宝座。另一侧的三尊塑像也站在相似的位置。这些塑像是城隍的护卫人员。塑像黑得不能再黑,肩膀上落满了尘土。在栅栏内,正前方的位置,有个高高的台架,显然是用铁棍做成的。台架上点着红色的蜡烛。台架的顶部是由三四个铁棍组成的一组一组的台面,一层一层地升高,每一层上都有很多插蜡烛用的钉子,钉子上沾满了红色的蜡烛。有个老头站在栅栏内负责看管这些蜡烛。在栅栏的前方有个装饰精美的硕大香炉。在香炉的前方的地板上铺着一个长长的垫子。当我们进入庙宇殿堂的时候,除了管理人员,并没有一个香客。但是,后来进来了一个老年妇女。她在垫子上跪下,把头垂得很低,尽管她没有能够严格按照磕头的标准去做(磕头要求把前额碰到地面),因为她不能将头伸到垫子和香炉之间。老妇在那里跪了三四分钟,然后拿起放在香炉旁边的一个大竹筒，开始使劲摇动竹筒。这个空心的竹筒内放着大量的又细又长的同样长短的竹签，每一根竹签上都写着中国文字。老妇人选择了其中的一根竹签，向寺院助理付了四枚钱币，然后将抽到的竹签递给寺院助理。助理人员从另一个竹筒中抽出一张对应的黄色求签纸条，然后将上面写的文字念给这可怜的香客听。这些文字正是城隍对老妇人抽到的竹签上所写问题的回答。可怜的老女人再次跪下，又将求签竹筒内小小的细长竹签摇晃了一通，然后从竹筒内选了一根竹签，又付了四枚钱币，然后又通过寺庙助理领教了一次城隍的指点。这些小小的细长竹子棍上都标着数字号码，每一个号码跟数量庞大的黄色纸条上的某个号码相对应。这些黄色小纸条每一张宽度在两英寸左右、长度在十英寸左右，由寺庙助理保管。这些黄色的求签纸条上写着中国古代诗人的名言警句。不管抽签人在哪个问题上想得到神谕，只要求签之人抽到的签纸上写着吉祥的话语，这就可以看作是城隍肯定的回答。生意也好，家事也罢，只要想做什么事，香客便会求助于城隍的指点，根据抽到的竹签和相应黄纸条上的文字来指导调整自己的行为。香炉旁边固定着一根口径很大的长竹筒，这是个用来求捐的功德箱。在中国朋友的建议下，我们一行中的所有外国人都往功德箱内投了钱币，算是捐助了一点。看到这个场面，寺庙助理表现出似乎很满意的样子。我们在庙里的行踪被外面一些无所事事的中国人看到了。在他们往庙里挤的同时，我们认为该撤了，因为不希望引起任何混乱，影响到在城隍神龛前正在祈祷的老妇人。

离开城隍庙的主建筑内的殿堂，我们来到了一个占地面积很大的开阔庭院中。在靠近庭院中央的地方矗立着一尊巨大的青铜香炉，据说这香炉已有三千年的历史。此香炉用来焚烧贡献给城隍的金元宝和银元宝，其实是用纸做的马蹄铁形状的银锭。香炉的高度为六英寸左右，主体部分是一个中空的大球体，上部留着一个开口用来焚烧纸钱。香炉的上部则是另一个体积较小但装饰精美的球体，下面大球体开口的边上有几个向上伸出翘起的托架，上部的小球体就靠这些托架支撑着。下面硕大球体的四周都铭刻着数以千计的汉字，字迹依然历历分明。在青铜大香炉的不远处是一个精美如画的建筑,建筑物的大理石柱子上满是雕刻,石柱上建筑正面的石板雕刻得富丽堂皇。小屋顶也是精雕细琢、层层装饰。这座大理石建筑内阴森恐怖,里面放着一块石碑,石碑上面用小小的汉字小篆镌刻着城隍的生平。这座建筑中所有使用大理石的柱子以及其他构件上面的雕刻都很精美,其中有几个蹲伏在基座上的图案奇形怪状的,像希腊神话中的神兽狮鹫,或者斗牛犬和狮子的杂交产物①。在大庭院的其他部分,在主建筑的前面以及各个门的前面,也都可以看到这些野兽蹲伏的石像,显然是非常古老的雕刻作品。大庭院简直就是一个热闹的集市广场。实际上,庭院就像一个特殊的集结地,汇聚了流动卖饭郎、卖水果的小商贩、流动补鞋匠以及其他形形色色的叫卖小商贩。在庭院的边上摆满了货摊,生意人一整天都把那里占为自己的地盘。一个卖饭的摊子占了一大片地方,生意火爆,老板让一个伙计忙着在木炭火上烧烤红薯,而另外一个人在另外一个火炉上的一口大锅内烤着栗子,锅里放着说不出来的某种黑色东西、沙子和糖浆。各个门口几乎被这些小商小贩堵死了。紧靠供奉城隍牌匾的大理石神龛的前方,被一个怪异老汉的摊子占着。他售卖水果的货架很小,但是他用来吸引当地人的主要东西是个"幸运轮"。这东西有一些特别的中国独有的设计,值得详细描述一番。在一个小木板上,他把一个圆分成大致三十六个部分,每一个部分都是一个细长条,将其交替油漆成红色和白色,而在内部一端标着点数,相当于刻在多米诺骨牌上的点数。在整个圆圈上,有三个各不相同的部分(区间)。在圆的中心部位,有一个与小木板垂直的立杆,以此立杆为轴心,立杆上是一根长横木,长度与圆的周长相等,转动起来时,此横木正好略过圆的整个半径。在横木的一端系着短短的一根细铁丝,铁丝上悬挂着一根针。在中心部位立杆的周围放着很多小巧玲珑的瓷器玩具和奇异的玩意。这个小小的游戏是这样玩的:打比方

---

① 译者注:Griffin(狮鹫),希腊神话中一种鹰头狮身有翅的怪兽。据记载,狮鹫的身体比八个狮子还要大,高度比一百只老鹰还要高,有很长的耳朵,豹子嘴,脚上有爪,大如牛角。据但丁描述,狮鹫的鹰头部分是金色的,狮身部分是白色的。有人认为狮鹫代表恶魔,有人则认为它是基督的标志,因为在《语源学》一书中曾有这样的解释:"基督是一只狮子,因为他有着统御的才能和巨大的力量;基督也是一只老鹰,因为他在复活后可以升入天堂。"

说吧,一个老实巴交的当地人在标注着三个多米诺骨牌点数的区间放了三枚钱币,然后转动横木。当横木停下来的时候,如果垂悬在横木一端的针正好停在三个区间中任意一个刻着三个点数的区间,这个当地人就算赢了这场游戏,而那一摞三枚钱币所在区间对角线方向摆放的瓷器物件变成了他的战利品。当然,他也可以加钱,在不同的区间分别放上四枚钱、五枚钱、六枚钱,一直到十二枚。游戏人得胜的概率是十二分之一。

从上海老城城隍庙出发,我们继续向知县衙门,即地方官莫祥芝的衙门走去。我们此次逛上海老城有一个特别的目的,那就是参观关押死囚的衙门附属监狱。在进入衙门的外门之前,我们发现在衙门外一角有个小小的囚牢。大约有六张人脸紧贴在粗大的横木上,而这些横木正组成了这笼子一般小牢房的正面。他们通过横木的缝隙窥视外面,观察着过往的中国同胞的一举一动,以缓解被囚禁的单调苦闷,这也是他们唯一能够做的事情了。这些人犯的都是鸡毛蒜皮的轻罪,在这里也就是关上几天而已。对于他们最大的惩罚就是让他们暴露于众目睽睽之下,可是看起来,最让他们享受的倒是莫过于此。进入宽敞的外门,我们来到一个宽阔的大院,从正面往前走,再进另外一个大门就可以到达衙门的主要建筑。右手一侧是一些小房子,住着衙门的差役和仆役。左手一侧是一排小房子的一部分,后来我们进去走了一遭。衙门第二道大门的木质部分装饰着图画;入口处张贴着很多题字和文告;在大门的每一侧,柱子之间都有一根晾晒衣服的绳子,上面晾晒着蓝色棉衣和灰色衬衣。对于一个坐着轿子进内院的中国人而言,如果要从这些衣服下面通过的话,这些东西确实不是什么雅观漂亮的彩旗。我们这次参观监狱,事先得到了掌管监狱的中国人的同意。所以,我们首先去他的住处找他,但是他不在家。不过,他的一个仆人知道我们得到了许可,于是他领着我们到了一个"贼头"住的一个小房子。而这个"贼头"带着我们参观了监狱内部。所谓"贼头",就是最"老"的犯人,倒不是年纪最大,而是在监狱内的资历最老。在擢升为"贼头"并且以"贼头"这样的身份执行高级看守的职责之前,他因犯事被判刑,在监狱中关押了很多年。他人到中年,身体很壮实,看上去很和善。"贼头"穿着一身普普通通的蓝色棉布衣，外面是黑色的外套，头上戴着黑色的无边便帽，浑身上下没有丝毫当官的派头。这一点让我们感到失望，因为我们满心期望着"贼头"会穿着某种特有的制服，或者至少在他的背后有个圆形的布块，表明他的高级身份。前文提到的大院左侧的一排房子就是监狱，监狱靠前的部分住着监狱长、看守和衙役。"贼头"便住在这些前排房间的其中一个。他接待我们后便领着我们穿过一条通道来到这排房子的后面。在这里我们看到很大的一片地方，被方方正正的小房子占据，囚犯们按二十到三十人一组被关押在这些小房子里面。我们被领去参观的第一个牢房内关押的是被判长期徒刑以及死刑的囚犯。"贼头"刚把牢门的锁具打开让我们进入，我们便听到了沉重的镣铐发出咣当咣当的响声，而接下来呈现在我们眼前的场景将永远不会从我们的记忆中抹去。我们眼前是一个方方正正的小空间。进入这个空间时我们身边是一堵矮墙，在我们的前方和两侧，有一些小房子。矮墙和房子围成的院子中大约有二十个犯人。其中的一个正忙着修补一件破烂的衣服，他把衣服摊在靠近院子中心的一条粗糙的长凳上。另外一个犯人则在撕扯这件旧衣服的棉花衬里，显然想重新利用它做成一件冬衣。还有几个犯人用草编织草鞋、绳索和穿铜钱用的麻绳。这些可怜的囚犯们中很多人什么也不做，只是走来走去的；有些则待在自己的牢房内。所有的囚徒都是镣铐加身，即使身上刑具最少的犯人脚踝上也戴着沉重的铁环，两脚上的铁环被一根六到十英寸长的链条连在一起。那些正在劳作的囚犯自然手上没有刑具，而那些闲着来回走动的都戴着枷锁，有的身上戴的要比别人多、比别人重。多数囚犯都手上戴着沉重的手铐，脚上戴着脚镣，手铐和脚镣用一根锁链连接着。有些犯人手上和脚上都戴着链条，身上还捆绑着长长的链条，一头系在手脚上，另一头缠在脖子上，一根长度在十二英寸左右的铁棍固定在从犯人脖子处垂下的链子上，一直横过他的前胸，让他十分不舒服。这些枷锁让他们的自由得到限制，犯人只能迈着细小的步子走动。还有一个犯人以一种十分艰难的方式做着苦役。他的手上、脚上、身上、脖子上都捆绑着锁链，右脚上用一根短链子绑着一根沉重的大约五英尺高的木头，这根木头的上部则用一根较长的链子捆在他的脖子上,这样木头距离脖子的距离也就只有一只胳膊那么长。所以,他被迫用另一根链条把木头拉到肩膀上,因为一旦它掉下来,他自己也就被拽倒了。这根木头很结实,也很沉重,显然是一颗新近砍伐的树干。这根直径约为五厘米的木头,白天他必须弄在身上,晚上睡觉也必须戴着。他是监狱的新犯人,同在他之前的其他犯人一样,必须身负木头走这个"服水土"的过程。有些囚犯看上去相当开心,他们可以在院子里自由地抽烟,而我们当时就看到很多人在抽烟。我们想看看九个月前在"大马路"①茶馆内杀死上海江湖骗子的那两个山西人,但是毫无结果。他们向被谋杀人的父亲支付了一百五十大洋,满足了后者的要求,而到底他们花多少钱收买了清朝官员,我们则不得而知。但是,有个事实却是臭名昭著的:只要囚犯的亲戚朋友还能榨出一点油水,这些囚犯就要被关着;只要交够一定的钱,就可以获释;如果很不幸,既没有钱也没有亲朋好友,那就要被问斩。据说,多数的中国官员都是这样处理犯人的,而"大马路"一案明显地说明,在上海亦是如此。关押在监狱这一部分的犯人包括杀人犯、抢劫犯、盗窃犯、通奸犯,还有一些被判处其他刑罚的犯人。这些犯人中的一些人在这个世上的时间只剩一周了,因为自从我们这次参观后,当时见到的四个囚犯已经在上海老城南大门外被处决了。我们认为,他们就是我们看到的坐在那里编织稻草的那些犯人。其中一个是海盗,他在闵行地区犯下了谋杀罪和抢劫罪。他的头颅将会被悬挂在犯罪现场,以儆效尤。另一个被处决的犯下了不可饶恕的罪行,他入室抢劫,抢了当地一家中国人。另外两个据说是强盗,他们九个月前在英国人租界打劫一家鸦片店。大约有十二名来自湖区的强盗参与了这场抢劫,但只有两名强盗被抓。他们现在坐在一堆稻草上,慢慢地干着活,白天看上去就这般可怜、痛苦,晚上又该是多么难熬啊。他们的监房是个长长的狭窄空间,铺在地上的肮脏稻草中放着四把小凳子。这样破烂肮脏的地方,给驮畜当马棚都不配。他们白天一整天就是忙活着编织稻草,晚上便整夜躺在发着恶臭的稻

---

① 译者注:即南京路。

草上。但是，白天这种单调无聊的苦役他们只能做四次，晚上睡的那个污秽不堪的牢房也只能住四次，直到一天凌晨牢头给他们送来特殊的一顿饭，对于赴刑场的犯人而言，这是一种奇怪的通知方式：他的大限已到。就在第四天，关在里面的两名罪犯吃到了最后一顿饭，然后被押送到上海城"南门"，被刽子手用砍刀斩首。当这两位离开后，其他人肯定焦虑不安，这也不是没有道理的。过了两天后，另外两名犯人也被处以斩刑。

处决犯人依照大清王朝的刑部处决令执行。被收监关押的犯人被判有罪后，上海的知县大人便将判决上报上海道台，道台再报请松江抚台大人，抚台则报请北京的刑部。然后，自上而下，皇帝的圣旨传到刑部，一层一层曲曲折折往下送达，最后传达到知县手中。在接到处决令之前，知县大人不知道该如何处置犯人。但是，一旦接到处决该犯的处决令，地方官必须在两三天内执行处决。直到执行处决的凌晨时分，地方官不得让任何人知情。所以，外国人是几乎不可能在犯人被处决前得知消息的。我们得知，有时候，在执行死刑前的两三天，地方官会给犯人送去烧酒，这是暗示他死期已到。无论如何，在决定命运的那个凌晨，有个确定无疑的暗示，地方官会给即将赴刑场的犯人送去特殊的一顿饭：一份爆炒猪肉，一份煮羊肉或羔羊肉，还有三碗米饭。虽然犯人准备把所有的饭菜都吃掉，但因为过于激动，竟然一个饭菜也无福消受，甚至来不及去吃，因为囚犯很快就被拽着押赴刑场，背上插上一支旗子。如果囚犯不肯走，就会被绑到一根竹竿上，然后被苦力抬走。在行刑现场，有当地文官也有部队军官。这些官员的人数一般在二十个左右。他们全都骑着马过来，然后在刑场上绕圈跑开。马蹄声夹杂着马铃声，他们就是要尽量弄出声势，直到最后追魂炮响起。听到这个信号，刽子手手起刀落，一下子便将囚犯的人头砍下。

在我们参观的第一个牢房内，我们给了犯人们一点赏钱，因为被告知，出于习惯，有幸到这个地方参观的外国人一般都会这么做。那个身上背负着铁链和木头的"苦役"代表其他人接收了赏钱。他代表的不仅是这个牢房中的犯人，还包括其他牢房关押的犯人。苦役收到钱后赶紧把钱交给"贼头"，贼头则顺手把钱交给其中的一个手下。我们得到"贼头"的保证，说犯人们会得到好处的，要么是一些美食，对于犯人而言能吃上美食实属罕见，要么是烟草。我们离开的时候，犯人们向我们一行人道别，连声说"请慢走，请慢走"，有些人还用中国人的招呼方式向我们抱拳拱手。尽管戴着手铐，他们抱拳拱手的姿势仍很标准，实际上，这种道别的方式他们做起来非常自然。往牢房另一处走的途中，我们经过了一些房子，房内有一些衙役和其他人员，有的正在玩骨牌，有的正在玩其他的赌博游戏来打发时间。我们也看到了一个神龛，这是犯人用来供奉他们的神仙的。我们参观的第二个监区跟前面描述的很相似，也是一个方方正正的小空间，这个空间有一部分被很多小小的牢房包围着。同样，这个小院子里也有犯人懒洋洋地来回走动，脚踝、胳膊和脖子上或多或少也戴着枷锁。跟前面监区的那个难友一样，有个犯人的右脚上也用锁链绑着一根折磨人的原木，但是这个囚犯的身上没有戴那么沉重的镣铐锁链，这根原木也没有那根重。这根原木只有一头绑在脚踝处，另一端并没有绑到脖子上，所以他不得不一直抱着，以免原木拖在地上。对于自己滑稽可笑的处境，他似乎完全了解，而且毫无疑问认为这根原木碍手碍脚非常折磨人。当他抱着原木走动的时候，其他的犯人会冲着他笑，因为他们现在用不着受这份罪了。跟前面所述的那个监区的难友们一样，这里的很多囚犯也忙活着编织草绳、草鞋或者从事其他劳动。建筑的一个地方有个伙房，那是个隔间，相当大，但是看上去里面空空荡荡的、幽暗肮脏，地面是土的。有一个用砖垒砌的锅台，但是灶火已经熄灭，几乎看不到任何做饭的厨具，在远远的角落处坐着神情沮丧的厨子，因为他本人也是身陷囹圄的囚徒。他坐在椅子上，抱着双臂，两腿收起，但是还是可以看到两腿的脚踝处被绑在一起，看上去很不舒服。监狱中的这个伙夫显然很痛苦，至少他看上去不怎么高兴。跟其他监区的犯人一样，这里的囚犯身上穿的不是什么统一的囚服，而是最为离奇的一团一团的碎布和补丁，在他们身上几乎看不到一块超过六英寸见方的蓝色棉布。这些补丁都是随处可见的蓝色棉布，但是每一块补丁都因为经历的岁月长短不同、经受的磨损程度不同而呈现出不同的颜色。补丁的针脚也是最为粗糙的那种。似乎每个囚犯都必须给自己做裁缝。他们必须使用大量的线头才能把衣服缝在一起，他们的衣服和裤子上到处都露着乱糟糟的棉花填料。他们似乎都穿着很多衣服。很可能，他们必须白天晚上一直穿在身上，因为对于有些犯人而言，如果每天早上都要将这些破布片绑在一起，以便把它们勉强披在身上的话，那实在是费劲。第二个监区有个小花园。那是个仅仅几米见方的小花圃，四周环绕着并不太高的一堵墙。这是整个监狱中最令人舒服的地方，因为这里一大片黄色的菊花正在盛开。犯人们将这个花园收拾得井井有条，对于那些比较有知识的囚犯而言，这也许会给他们一个研究植物的机会。我们只参观了上述这两个监区。然后我们向"贼头"告辞，感谢他带着我们参观牢房。他很客气，当我们告别时，只见他后退三步，然后向我们鞠躬作揖。

从知县衙门出发，我们折回到城隍庙，然后继续向只向清廷官员开放的"私家茶园"走去。途中，我们被一件见所未见的事情吸引了。这事情，在此值得一提：在一条街的一家门前，一个中国人在洗脸，很多同胞围着他，满脸惊诧的神色！这个"茶园"绝对是整个上海城中最令人满意的地方。茶园美丽绝伦，不是一般的美。那些假山、池塘、精美的建筑，那些树木和花卉，赋予了茶园一种迷人的景色，在夏日树木葱茏的时候尤其美艳动人。即便在万物萧索的寒冬腊月，茶园也自有其迷人之处，因为与上海老城中的主干大街相比较，这里完全是迥然不同的洞天福地。夏日，对于那些能够常来此地的人而言，这里肯定是个很让人享受的休闲之所。据我们所知，这个为清朝官员服务的私人茶园每年只有一天向上海市民开放。这一天就是中国农历三月十五，我们曾经在这一天参观了这个美丽的花园。那一天，园内人头攒动，挤满了上海城内的各个阶层的市民。吸引他们前来的是类似于西方人所说的花卉展。只不过这里的花卉展很独特，因为展出的只有一种花卉——兰花。这种花卉的主要特点在于它有很多品种。但是除了那些对中国植物很了解的人之外，一般人根本辨别不出这些花卉品种之间有任何差别。这种花卉有几片草一样的绿叶片，形状很是别致优雅，一根花梗从嫩绿的叶片处伸出。要想观察出这些品种的精妙之处，需要极为敏锐的洞察力。对于中国人，尤其是那些喜爱植物的人而言，观赏兰花是莫大的乐趣。但是，花卉展上的大多数人很可能对植物学一窍不通，他们只是出于好奇才来到这里，因为毕竟每年只能来一次。我们记得，在兰花展的每一个台架前都黑压压地站满了中国人，他们正热切地观赏小花盆中优雅的绿叶花卉。花卉展的那一天，前去参观的人黑压压一片，谁也无法看清茶园到底什么模样。在石头拱门下、小桥上、高低不平的花岗岩石板台阶上，狭窄的小路堵塞不堪，随处是身着蓝色棉衣和丝绸衣服的中国人，每个人手里都拿着一把扇子，叽里咕噜说着什么，所以那天我们觉得最佳选择就是赶紧撤走，暂且将茶园记在心上，改日前来细细品赏。

为了此次前往茶园游览，我们事先获得了批准，于是我们将茶园列为这次下午远足的最后一个项目。从此前已经描述过的环绕古"茶楼"的那个公共园子出发，走过一些曲曲折折迷宫般的小路，便是此私家花园的入口。我们的导游轻车熟路，就好像他就住在此处，但是如果让同行的其他任何一个人找到归路，几乎是不可能的。我们是从花园外墙上的一个非常狭窄的小门进入的，此门洞高不过六英尺，宽不过二英尺。我们的向导敲了一下门，里面有人应答了一声，然后我们的向导和看门人叽里咕噜说了简短的几句。接着，门被打开，我们看到眼前出现一个瘦弱的老头，老头欢迎我们参观此地。进了园子，老人将园子门锁上。接下来的足足半个小时，我们独享园中的美景。首先进入一个亭子，其造型跟一般庙宇的主建筑并无二致。亭子只有一个大开间，前面敞开着。坐在里面，园子的大半景物尽收眼底。这里摆放着很多桌椅，可以静静地坐着品茶。墙上装饰着中国山水画、精美的雕刻嵌板以及镌刻着中国文字的匾额。后墙上有个神龛，里面盛放着一张笔法拙劣的城隍水彩画像。亭子的顶棚上悬挂着很多美轮美奂的灯笼，这些灯笼用外国玻璃制作而成，配有雕花的外框，有些还垂挂着珠子流苏。在亭子前，园中美景一览无余：巨大的假山山脊上，长着棕榈树、柳树还有其他树木。假山山岩的缝隙中冒出蕨类植物和梭镖形状的杂草，假山最醒目的位置以及山脊上长满了树木，尽管树上的叶子已经落尽，另外还有从远处看像是粗糙的石柱的东西，其实那是树木的化石。在山脊最高的一角耸立着一个小小的八角形亭子，亭子四面通透，木头柱子支撑着装饰精美的八角屋顶。八角亭再过去是一排小房子,房子的正面是制作精美的一排排门和窗户。我们离开亭子,从亭子的一端开始绕行。发现这里还有小小的一方池水,池水边缘的墙造型奇妙,由被水磨光的岩石垒砌而成。但是,水面上覆盖着绿色水草的浮渣,所以当我们被告知水池内有很多奇异的鱼儿的时候,我们只能祈祷上天庇佑这些鱼儿了。池塘边长着高高的芦苇。拐角的小路上铺着小小的鹅卵石和瓷器碎片。我们看到左手一侧的墙上都留有壁龛,壁龛的外侧包着玻璃板,壁龛内放的是白色石膏做的格子,而在每一个菱形、正方形、八角形的格子内都摆放着用蓝色胶泥塑造的微型塑像,其中很多玩意非常有趣。在这里,用一点点的蓝色胶泥,他们就会给你塑造出一个皇帝和他的三个士兵,或者是一座庙宇、一座宝塔、一些僧人,或者骑在马上的清朝官员、一位吹奏长笛的老者。作为陪衬,每一件塑像边都有风景陪衬,一座山脊、一棵树或是一架桥。小路上的另外一处值得观赏的是一个小小的岩石拱门。那些石头似乎是从大河的河道内捞出来的,因为这些石头都被水侵蚀掏空了,它们层层堆叠,叠得很高,各层之间用胶泥加固,整个拱门造型奇妙,令人叹为观止。穿过拱门我们来到一个宽敞的设有座位的房间,此处被布置成一个饮茶的大厅。在这个大厅附近是一堵带檐的白色围墙,墙上镶嵌着几块匾额,有些是燧石匾额,其余的是板岩匾额,上面都写着密密麻麻的汉字,其中有些牌匾上面刻着捐钱建造这座园子的捐献人名录。然而,这堵墙的大半部分被一幅巨大的壁画占据,这是从上海老城到龙华的全景图。令人伤心的是,这幅壁画现在遭到了毁坏,有些部分的石膏已经像鳞片一样剥落,而在其他一些部位一些无礼且没有修养的外国人用黑色铅笔写下了他们的名字,有的签名是用硕大而潦草的字迹写下的。这是外国人,尤其是英国人一贯的可耻可恶的做法:在任何游客罕至难以到达的地方或者旅游胜地,一有机会,他们就会胡写乱画留下自己的大名。虽然壁画受损严重,但是,仅从残留的部分来看,此画也足够珍贵。在左手的一角,用粗线条画着上海"城墙"的轮廓,在背景处绘着缓缓流淌的黄浦江,江上航行着三四艘船帆宽大的中国式平底大帆船,在右手一侧,是整个全景图中最完整的景物——龙华宝塔。全景图的前景很显然是上海原先的老城郊区，以及上海老城与龙华之间的田野，但是，这幅东方画家的作品遭到亵渎，这一部分几乎完全被毁。欣赏完壁画，我们沿着一段坑坑洼洼的花岗岩台阶拾级而上，登上假山的顶部，台阶两侧是高低不平的石头垒砌的围墙。就在此地，这个小小的亭子内，我们稍稍歇了歇脚，吸了一根烟。在我们细细观察的有趣景物中，有一根石化的圆柱，大约有十二英尺高，显然是一棵石化的树木，因为树的纹理依然清晰可辨；另外一根是孔洞如蜂窝的岩石柱子，是由鹅卵石镶嵌在淤泥中形成的，现在看上去像是白垩，鹅卵石掉得到处都是，圆柱的表面因此坑坑洼洼，一片凹凸。另外一个地质奇观的造型像一个巨大的圆形石头，这石头已经被水磨得圆润光滑，而且在水的侵蚀下，石头上已经穿了一个孔洞。我们轻轻叩击这个穿孔的石头，石头发出肃穆但悦耳的乐声。在这些奇石旁边，还可以看到其他类似的珍奇景物。这个静谧的小花园有花、有树、有岩石、有亭子，如果将它搬到"水晶宫"的话，定会绚烂夺目，因为它巧夺天工的人造假山胜过了西德纳姆的任何人造景观①。在这个茶园内，你看不到四周的上海老城的肮脏，无论如何，我们一行人认为此地很是值得一游。鉴于上海老城弯弯绕绕的街道，游玩结束后，从这个园子到"新北门"的途中我们尽量走直线。这次午后远足用时恰好两个半小时，我们见到了上海城墙内那么多奇怪的景观、场景，对城内中国人的生活也有了一些了解。

---

① 译者注："水晶宫"是一座展览馆，专为一八五一年伦敦海德公园内举办的第一届世界工业产品大博览会而设计建造。是英国工业革命时期的代表性建筑。因其大部分为铁结构，外墙和屋面均为玻璃，整个建筑通体透明，宽敞明亮，故被誉为"水晶宫"。1854年，"水晶宫"被迁至伦敦南部的效区西德纳姆。

刘郇膏被追封为"平安之神"

一八七九年九月十三日星期六,上海市举行了隆重的"平安之神"祠堂奠基仪式。清朝光绪帝颁发圣旨,追封前江苏抚台、一八六零年担任上海知县的刘郇膏[①]为"平安之神"。为此,刘大人任期内所在地方的满清官员和当地百姓必须为他修建祠堂,用以纪念这一位忠于职守、为民谋利的官员。作为地方长官,他秉公执法。虽然他本身只是一介文官,却驰战疆场,战功赫赫,声名远播,难道不是他英勇无畏,率领所部团练奔赴浦东,打败了叛军太平军吗?在太平天国叛乱的整个过程中,他的行动表现出绝对的爱国情怀以及对百姓无限的热爱。在生前,他的功绩并未被视而不见,他也曾因功受赏,被擢升为江苏省抚台大人。几年前,就在抚台任内,刘公英

[①] 译者注:刘郇膏,字松严,太康常营人,一八五一年任江苏娄县知县,后调任上海县知县。刘郇膏就职上海时,曾严重打击了绑架中国贫民的西方人贩子,但清廷却因为怕得罪洋人而借故革去了刘郇膏的职务。太平天国运动爆发后,刘郇膏又被清政府起用,官复原职,在上海危急时与之共存亡,此后高升至江苏巡抚。出任江苏巡抚期间,他又不动刀兵平息了一起叛乱。刘郇膏任职期间,执法公正,明断疑案,不畏强暴,关心百姓,深受众人好评。刘郇膏于同治四年告老还乡,同治五年病故于家乡,清廷追赠他为右都御史。

灵西去。但是，正如其他很多伟人的遭际一样，他的美德在其死后方才得到世人的完全认可。然而，这也不算太晚，因为通过讲述刘公光辉人生及其英勇事迹，其英名难道不是可以代代相传吗？刘大人在中国"名人堂"已经获得了一个牌位，因为，按照中国人做事的简易方法，"肩负统治世界大任的天子"只需要下一道"圣旨"，刘郇膏便可以被追封为"平安之神"。刘郇膏生前热爱和平，尽管在战场上他也表现得十分勇敢。而作为"平安之神"，刘郇膏必须在生前担任高官的上海市有个祠堂，这样，他热爱和平的精神对于统治者和当地居民将会起到良好的影响。对于这个新近被追封的神而言，有一点很奇怪："平安之神"必须将就着被安放到一个二手祠堂内，因为清朝官员为该公选择了西城门附近的祠堂，这里原先叫茅山殿。前些时候，茅山神的塑像被搬到上海城内一个不甚宽敞的庙内。茅山神为什么变得如此声名狼藉，我们不得而知。总而言之，原先的茅山殿被出租，很快就变得破败不堪。得到皇帝的批准后，清朝官员决定彻底修缮此庙，将其奉献给"平安之神"。所以，在星期六举办了一场声势浩大的奠礼仪式，到场的有该地区的所有清朝官员。

这一天奠礼程序中的主要亮点是甚为壮观的游行队伍，该游行队伍穿行于上海老城的街道，也行经了一部分外国租界区。我们决定去看看游行队伍。我们可以选择完全不同的观看视角，要么在相对开阔的法租界街道上观看，要么在狭窄的上海城内街道上观看。我们选择了后者，因为这样更有感觉，尽管这样有一个缺点：无法以全景视野看到游行队伍的行列。在午后大约一点半，在一名翻译和一位向导的陪同下，我们经由"新北门"进入上海老城。我们跟在向导后面，穿过新北门和城隍庙以及茶楼之间的迷宫一般的狭窄街道，左拐右绕，右拐左绕，直到同行的人中除了向导谁也根本不清楚我们到底是往北走还是往南走，是朝着东走还是朝着西走。不过，走了好久之后，终于渐渐地发现我们被带到了一条狭长的街道上。从沿街的店铺来看，显然这是上海城内的一条主干街道。毫不夸张地说，这条街上真是熙熙攘攘、摩肩接踵。这条街正处在游行队伍通过的线路上（游行队伍首先在"城隍庙"集合整队，取道"新北门"走出上海城，绕行过法租界周围的几条街道，然后经由大"东门"重新入城）。我们避开人群，站到一家大药店内。这是一座很结实的建筑，高高的砖墙，房子临街的一面只有一个大门，没有窗户。门很宽大，门的外立面是用大方砖浇灌混凝土垒砌而成的，此建筑显然四处都具有防火的功能。我们的向导好像跟药店的店员或老板是熟人，反正我们受到了欢迎，获准在店里站着等待游行队伍的出现。店里出现外国人，这足以引起上海当地人的好奇心，于是药店内很快就挤满了当地人。在大约两点半，游行队伍走了过来，原先拥挤不堪、几乎无法通行的街道中央现在空无一人，全都站到了街道两旁开阔的店面前，或者任何可以挤进去站一站的空间内。成百上千的人在同时吆喝、叫喊、叽叽喳喳、哈哈大笑；老人小孩都慌忙奔跑，急于找个地方让出路来。马蹄在街道石板上发出的踏踏杂沓声由远及近，欢快喜庆的马铃声叮当悦耳。响声越来越大，观众的兴致随之也越来越高涨，直到壮观的游行队伍的前锋很快骑马而过。这是上海道台的骑兵队。骑手们骑在配有装饰华丽的马鞍和马具的高头大马上，身着气派十足的刺绣丝绸制服。这一队骑兵，一排二十人并排行进。他们勉强可以并列通过狭窄的街道，但是马队行进十分缓慢。骑兵后面是六个步行的兵卒，他们抬着红色的牌匾，上面刻有说明伟大的刘郁膏官阶和职位的鎏金汉字。接着走来的是骑在矮小马匹上的另一队骑兵，在他们的身后是一位头戴水晶顶珠，身着制服的清朝官员，即道台骑兵队的指挥官。另外还有一些人懒懒散散地抬着道台大人其他的红色牌匾。接下来是头顶缀有镀金顶珠的清朝小官吏，他们骑在普通大小的中国矮马上，一个接一个鱼贯而行，每个人都高举着一幅卷轴，卷轴上是色彩绚丽、富丽堂皇的刺绣文字以及刺绣装饰；每个官员身上都佩戴着宝剑，但是他们的宝剑都没有抽出剑鞘，也没有悬挂到身体的左侧，而是插在剑鞘内，横放着系在束腰带的后面。接着看到的是很多骑马的旗手，不过，跟前面的官员身上佩戴的宝剑一样，他们的小旗子也是别在束腰带的后面。接着，游行队伍停顿了好久，游行人员行进迟缓，街上的人群再次变得拥挤。然后，突然传来惊慌奔跑和喊叫的声音，伴随着哒哒哒的响亮马蹄声，四个清朝官员骑马全速疾驰而过。在这样狭窄的街道上他们这样纵马疾驰竟然没出事，实在是令人惊讶。游行队伍出现了中断，然后后面的才走上来。但这时走来的小马驹是按丧葬队列排列的，两位清朝官员每人背上都系着一个巨大的圆形物，确切地说是管子状的盒子，这些盒子是深红色的，上面有鎏金装饰。我们被告知，这些盒子作战时是用来盛放信号旗的。接下来的两位清朝小官举着小小的红色方块旗帜，每一面小旗子的中央都有一个黑色的汉字。行进再次中断，街道被苦力堵了一阵子，直到两个刽子手驱马疾驰，才扫清了道路。这两个刽子手的穿着阴森可怖，但是与他们身后的两位骑马人相比较，他们的服装在设计上并不见得更阴森、更恐怖。我们的翻译一开始将这些人翻译为"记者（reporters）"，这使我们想到这是敢想敢做的当地报社的记者，其策略不逊于伦敦的某一记者——为了能够妥善地报道伦敦市长的就职游行的进程，这位记者将自己的脸涂黑，骑在大象头上，从市政厅一直骑到威斯敏斯特行政区。但是，现在这些人，魔鬼一样的家伙，根本不是什么记者，而是战场上传递战况战报的信使的扮演者。这些人，连同前面那些刀斧手，都是扮演的。刚才我们的中国朋友也解释说，游行队伍中的好多人仅仅是扮演"平安之神"衙门中应该具有的那些随员和下属。这些角色是由同意参加本次游行的本地商人和其他人扮演的。他这个解释正当时，因为就在那些信使策马疾驰过去之后，游行再次中断了好长时间，直到一群"衙役（runners）"走过来，不过他们并不跑，所以用"runner"称呼他们属于用词不当。他们中的几位手持对犯人施行笞刑及杖刑时用的竹板。竹板的一头拖在花岗岩石板上，发出类似于拐杖在石板地上发出的那种刺耳的刮擦声。这其中的深意实在是难以猜测。接下来是两个象征性的骑在马上的名人，扛着长长的系着丝绸的棍子，其形状既不像是旗子，也不像是横幅，而且是惊鸿一现，我们也就只能瞥上一眼。这些人是奔走于皇帝和"平安之神"之间的信使。很快，我们听到了远处传来的鼓乐声，乐声并不远，因为音乐声并不响亮。我们的中国朋友告诉我们这是道台大人的乐队要过来了，而且还告诉我们此乐队曾经受到过一位法国乐队指挥的指导。他们走过来，没头没尾地反复演奏着一支中国曲子，乐器包括四个小小的军鼓、两把军号、四只喇叭。接着是道台的"卫队",或称为"精英部队",跟"格兰特将军(General Grant)①"莅临金利源的时候我们见到的是同一伙人。道台大人的卫队人数大约在二十或二十以上,他们步履沉重、无精打采,每人都扛着一杆上面带着小小的三角旗的棍子或者长矛。接着我们听到了武装人员铿锵有力的步伐,根据声音判断,他们显然穿着沉重的大头靴子。这些士兵两人一排并肩行进;步枪上装着刺刀,斜扛在肩上。这些精英部队穿着宽松的蓝色外套、宽大的裤子;衣服上是宽宽的红色条纹和镶边;头戴草帽,上翘的帽子边沿露出丝绸衬里,帽子四周是一条黑色的宽丝带。前面十到十二个单列的士兵经过时行进有序,且步伐整齐,但是其余的士兵却左顾右盼,眼睛滴溜溜地乱转,不是瞅一眼这家商店,就是瞄一眼那家铺子。当他们看到人群中有落单的外国人士的时候,好奇心实在是按捺不住。于是,这些精英部队停下来盯着看我们,一脸的笑容,有些人干脆来了一个"向左转",直到他们肩膀上斜扛着的刺刀几乎刺到街道对面围观人群的脸上。于是,后面的士兵便推搡着他们前进。但是,一旦有人好奇地朝我们看上一眼,整个部队在通过的时候必然都要跟着回头,朝着药店的门口张望。走在道台卫队后面的是他们的指挥官,一位骑在马驹上的清朝官员,戴着水晶顶珠。至此,我们已经见到了配有外国武器的中国最精锐的部队。紧接着来了一伙人,他们扛着各式各样奇奇怪怪的古老兵器。有的兵器跟"捕猎的杆子"很相似,其中有戟、矛。还有一种我们觉得特别古怪的兵器,用黄铜打造而成,形如人手,这只紧握的、比真人的拳头要大的拳头处于一根长棍子的末端,拳头内握着一只大笔,大笔与长棍成直角②。接着经过的是一柄巨大的丝绸华盖,上面刺绣着极为秀美的图案。可惜我们只来得及匆匆一瞥,无法对其进行细节描述。相隔不远的是一柄尺寸小

---

① 译者注:一八七九年五月到七月,美国卸任总统尤利西斯·格兰特(Ulysses Simpson Grant, 1822—1885年)来华,受到清政府和在华西人前所未有的盛情款待。格兰特夫妇一行从香港出发,先后游历广州、澳门、上海、天津、北京等地。五月十七日下午一点半,格兰特所乘之炮船抵达吴淞口。欢迎仪式就在外滩金利源码头举行。

② 译者注:这应是中国古代十八般冷兵器中的"抓",又称挝。抓头形似手爪,一般绑在长绳或装在木柄上,在民间流传很广,主要用来撕裂敌人的肌肉和勾住敌人的兵器。

一点的红色伞盖，很精美，但不是十分富丽堂皇。紧接着又出现了第三把伞盖，这是一把用土褐色的棉布制作的破旧伞盖，与前面装饰华丽的伞盖有着天壤之别。接着看到另一位骑马的清朝官员，他身着官服，也有水晶顶珠，只见他骑在低矮的中国小型马上，慢慢悠悠，一走三晃荡，马具上的铃铛发出叮当叮当的悦耳声，而他则气宇轩昂地端坐在硕大而笨拙的马鞍上。他缓缓前行，不像前面的其他人那样在这样狭窄的街道上纵马疾驰，他可不想拿着自家性命和他人的生命冒险。接下来是另外一群步行的衙役，后面跟着一个手持伞盖者，这是一柄粉红色丝绸伞盖。然后，我们听到了人群发出的大喊声，我们判断肯定是有什么好戏要上演了。只见一个传令官在前面高声吆喝着开道，接着便出现了苦力的身形：八个苦力抬着一尊美轮美奂的祭坛。祭坛的外形恰似一顶轿子，却是用来焚烧佛香的器物。祭坛上的图案精美，是黑檀木制作的，或者是黑檀木的仿制品，鎏金饰面富丽堂皇，雕刻工艺极为精致细腻，整个祭坛就是一件精妙绝顶的工艺杰作。祭坛内正焚烧着檀香木和佛香。接下来出现了一些富含寓意的造型，先是骑在马上的一个童子，童子和马的身上都披着装饰物和刺绣，随后是一个骑马的男子，他扮演着古代某个人物。接着出现了一队奇怪的人马，每个人都伸着右胳膊，胳膊肘以下裸露着，十来个黄铜钩子直接钩在两只胳膊裸露的皮肤上，钩子上用四根绳索挂着一个沉重的香炉，整个重量大约有三十磅[1]。这些人表情扭曲，但是他们自认为有一种超自然的力量会干预万有引力定律，某个神仙或者神灵会承担着香炉的重量，这些钩子伤害不到他们的肉身。游行再次中断。接着，又过去很多人，斗大的草帽几乎遮住了这些人的脸面。他们是烧香人，手里拿着各式各样的香炉。我们的中国朋友告诉我们，他们必须在游行队伍途经的任何一座庙宇前磕头膜拜。很可能就是他们的沿途叩拜仪式造成了游行队伍的中断，因为他们刚过去，街上马上就被挑着蔬菜、白酒的苦力占据了！当然，这肯定不属于游行的内容。几分钟后又走过来一队烧香人，他们在某一处膜拜而耽误了

---

[1] 译者注：一磅约等于零点四五三公斤。

时间。然后,另外一队刽子手、另外一队拿着竹棍的衙役、另外一个手持红色伞盖的人徒步匆匆而过。接下来又出现了一位骑着马、戴着水晶顶珠的清朝官员,他身后的两位骑在马上,手中举着装饰华美的旗子和横幅。这些旗子是上海当地人献给"平安之神"的,旗子上的文字称他为神。接下来出现了一顶气度非凡的伞盖,这一柄华盖的基底是深红色的布料,修饰以刺绣、流苏,华美富丽。在四周的荷叶边上是成百上千用蓝色丝线刺绣的汉字,这些都是捐钱打造此华盖奉献给"平安之神"的捐主名字。华美的伞盖之后出现的是一个少年乐队。这是个只有四个顽童的乐队:两个童子吹奏长笛,一个敲打一枚中空的竹节,还有一位敲击一个三角铁,或是类似的什么东西。然后,很多衣衫褴褛的衙役匆匆而过,一边跑一边嘴里吆喝喊叫着,因为后面有好戏要上演了。过来的是一辆龙车,车内焚烧着檀香木,龙车形似一顶轿子,由八个苦力抬着。接着传来咚咚锵咚咚锵的嘹亮的敲锣声,游行人员队列紧随其后,快步向前。这一面铜锣实在是太大,拿锣的男子几乎没法不让它触到路面。这样的锣声的确适合奉献给神。接下来是一群手持牌匾的衙役,随后是身着做工考究的马褂,骑在马上的清朝官员。接着抬过去四顶轿子,里面乘坐着清朝官员的秘书或官印保管人。紧挨着过去的是另外一个童子鼓笛乐队、又一群衙役、又一顶轿子、又一群苦力、又一群敲打竹节的、伞盖手、两个吹长笛的男孩以及一些烧香人陆续通过。然后,我们看到一个看起来很时髦的丝竹乐队,这是个属于某个清朝大官的私人乐队。有近十二个乐手手里拿着弦乐器和长笛,但是当他们这样毫无秩序地一群一伙地通过时,队伍中只有一位老者在用微弱的声音吹奏长笛。另外一些衙役和其他人匆匆而过。接着是另外一个华美的丝竹乐队,他们卖力地吹奏着一支中国曲子。接下来的东西让参加游行的人更为感兴趣:一个木板上放满了甜食糖果,这不是卖的商品,而是供游行者自己食用。这个长长的精彩纷呈的游行活动的最后一项是一顶巨大的轿子,轿子上饰有雕刻、遍布鎏金,每个细微处的雕饰都达到了中国美术和工艺的最高境界,这就是"平安之神"的轿子,轿子内部是镌刻着他的姓名以及官职级别的牌匾,而这个牌匾之后就要供奉到他的祠堂内。这一乘轿子由八个苦力抬着，在他们后面紧跟着跑来跑去的上海市民，还有成千上万的人跟在颠簸摇晃的游行车马队列的后面继续前行。

我们在街边上的药店站着观看了一个多小时的游行。当浩浩荡荡的游行队伍完全过了这条街后，导游带领我们去参观新落成的"平安之神"祠堂。他向我们保证，能够在游行队伍之前早早地赶到祠堂，因为这个庞大的游行队伍（包括骑马的清朝官员、清朝士兵、衙役、撑着伞盖的伞手、抬着八抬大轿的苦力、军乐队、丝竹乐队）必须穿行过很多街道才能完成行程、到达祠堂。在起初经过的街道上，我们跟在游行队伍的后面。店主们恢复了生意，为了让游行队伍的巨大华盖顺利通过，他们将招牌匾额摘了下来，现在他们正往回挂。在店铺前开阔的场地上，所有的手艺人，铁匠、铜匠、梳子制作匠、象牙雕刻匠、灯盏制造匠、刺绣艺人、做鞋匠人、棺材匠，开始忙活起来。很快街上的人群变得形形色色，不是整齐划一跟着游行队伍，而是东来西去，或有公干，或找乐子，每个人都按照自己的老习惯办事，平和、安静、没有恶意。与外国租界区中国街道上出现的一群一群的中国人相比较，这些街上的中国人整体上衣着要讲究得多，看上去也可敬得多。我们跟随中国导游穿过一道又一道狭窄的街道，左拐一下，右拐一下，走过横跨一滩脏兮兮的死水的小桥，穿行过气派非凡的店铺，鳞次栉比的街道，行走过两侧遍布不宜居住小屋的街区。我们一边不停地走呀走，一边不耐烦地询问"平安之神"的祠堂到底在哪儿。最后，终于进入上海城西部，我们知道很快就会来到那里。在途经的大多数街道上，没有任何迹象表明城内正在发生着一件不同寻常的大事。只是偶尔能够在狭窄街道的远处以及街道的尽头看到骑马通过的清朝官员，或是似乎挡住了去路的巨大伞盖，或是听到与戏剧舞台上一样如雷的巨大锣鼓声。从远处看到游行队伍朝着偏离祠堂的方向行进，而我们则是以每小时三英里[①]的速度向祠堂靠近。我们沿着一条小河边上的狭窄小路前进，而在小河另一畔的花园内，一长排一长排的长凳上坐着很多妇女，她们在耐心等待奠礼的开始。在我

---

① 译者注：一英里约等于一点六千米。

们的右手一侧,已经看到了祠堂,但是,我们不得不走一条迂回曲折的小路,经由一座石桥跨过小河,然后七拐八拐走近路穿越了空旷的田野和花园,这才来到原先的茅山祠堂、现在的"平安之神"祠堂。从西侧的围墙来看,该祠堂是上海城中最宏伟的建筑之一。其外墙原先是暗淡肮脏的橘黄色,现在则粉刷一新。山墙上翘起的房檐、屋顶以及其他所有的外部看上去都很好,漫不经心地一看,似乎崭新如初。当靠近祠堂的时候,我们发现祠堂周围有一群一群的中国人,衙役们已经把牌匾靠在墙上,数以百计的抬轿的苦力和衙役拥挤在一起。当地的清朝大员没有参加大游行,他们此刻正坐在祠堂的建筑内。这里的中国人主要是陪着这些大员们自行前来祠堂的随从和家丁。

祠堂是按照普通衙门的样式设计的。前端是一座高大的门廊,入口很开阔。走进大门,我们来到大庭院。在我们正前方是祠堂本身,两侧则是长长的门廊。祠堂前端敞开,用石头或砖头垒砌的地面比院子的地面高出几个台阶的高度。祠堂的两侧各有两间宽敞的房间,内墙没有任何装饰,这些房间显然还没有完全收拾好。在这些房间内,在靠墙一侧的长凳上,坐着几十位清朝官员,各个身着富丽华贵的刺绣丝绸官袍,佩戴一串串珊瑚和宝石串成的朝珠;头戴轻巧的蘑菇状草帽,官帽上插着孔雀羽毛①,缀着标志着各自级别的顶珠。在场的最大级别的清朝官员是上海道台刘大人②。我们也认出了上海知县莫祥芝以及在"大马路"谋杀案中作审判官的我们的朋友陈大人。此处没有必要把他们的名字一一道来。一言以蔽之,上海地区所有的高级文官武将以及很多暂且没有任何职位的"候选人"济济一堂,满室生辉。大院内停放着几十乘轿子,都是这些官员的轿子。道台的轿子是绿色布料,其他的则是用深蓝色布料做的。在大院门廊的周遭、屋檐下都悬挂着精美的彩灯,这些灯或为八角形,或为七角形,外面是

---

① 译者注:顶戴花翎。
② 译者注:即刘瑞芬(1827—1892年),清外交官员、藏书家。安徽贵池(今池州)人,历任两淮盐运使、苏松太道、太常寺卿、大理寺卿等官职。刘瑞芬还曾受命出使英、俄、法、意、比等国家,在维护国家尊严和领土方面作出了贡献。

玻璃做的灯罩，装饰着缀着彩色珠子的穗子。铺砌过的室内地面、墙壁、柱子、屋顶，一切修缮得新如初建，如果祠堂的大部分确实不是新建的话。因为我们此前从来没有参观过此地，所以当初祠堂内供奉着茅山神像的时候祠堂是什么模样，我们不得而知。不过，可以肯定的是，为了改造原先的祠堂，以便供奉新的神位，当地官员可谓不惜成本。我们尚未登上通往祠堂的台阶，便发现两侧各有一堵小墙，墙是用砖垒砌的，而墙壁的粉刷面白净无瑕。此墙大约八英尺高，下半部分是实心结构，上半部分是格子结构，在格子内摆放着用蓝色胶泥塑造的精美塑像，人物、动物、群像，有些塑像确实不失为极具观赏价值的艺术佳品。

进入祠堂，在正前方我们发现了一个高度在五英尺左右的巨大供桌，在供桌最靠外的边缘处放置着两架巨大的烛台。烛台上正在燃烧的红色蜡烛长约十八英寸、直径约为一点五英寸。供桌内侧的台面上还放着两架小烛台，上面插着普通的红色油脂蜡烛。供桌的中央是一个巨大的方形青铜香炉，里面盛放着土，垂直插在里面的两根长长的佛香正在燃烧。屋顶下悬挂着很多小型八角玻璃灯，还有另外四个体积很大的正方形玻璃灯。支撑着屋顶的柱子装饰华美，上面悬挂着刻有鎏金大字的牌匾。墙上和屋顶上也挂着很多牌匾。到处是颂扬伟大的刘郁膏大人美德、讲述其生平事迹的鎏金文字。在我们正前方的墙上，有一个雕刻华美的清漆木质框架，这便是神龛。神龛内部蒙着猩红色布幔，一副绿色帘子则横着从神龛上端拉了过去。这就是"平安之神"牌位的安放之处。在前面的香炉供桌和祭坛之间有一张桌子，上面摆满了一盘盘的点心、栗子、红枣、坚果、糖果；在这张桌子右面摆放的另一个四条腿的架子上，横陈着已经宰杀并收拾干净的一只羊，而在同一张桌子左侧摆放的另外一个架子上，则摆放着已经宰杀并收拾干净的一头猪。两样供品都以一定的角度斜放着，而它们的头都指向神龛的方向。这些水果和甜食以及那些更有营养价值的羊肉和猪肉是奉献给"平安之神"的，但这些东西都是不会动一口的。在"平安之神"牌位前摆放三天后，这些美味将变成祠堂守护人的额外赏赐。

在不到五点的时候，游行队伍到了祠堂。因为人太多，游行队伍无法接近祠堂入口，不得不被引导到祠堂周围的庭院内。当地的清朝大员们从祠堂内走出来，站在外门廊与祠堂的台阶之间的空地上，排成了两排。当行进在游行队伍最后的"平安之神"被一顶八抬大轿抬着通过外面的人群后，又在两排官员之间通过。所有的官员，从道台、知县再到其他官员，都按照级别依次向牌位鞠躬，向他们新的神灵致敬。于是，牌位被放到了此前描述过的神龛内。然后鞭炮声大作，乐队开始奏乐，祭神庆典延续了整个晚上。祠堂和门廊的蜡烛全部点亮，清朝官员的宴席上觥筹交错，时髦的私家丝弦乐队以及老式军乐队乐声袅袅，直到深夜时分，"平安之神"的祠堂奠礼就此结束。我们无法整个下午等在那里观看奠礼的整个过程，所以后半部分的细节描述是由一个知情的中国人提供的。当我们离开"平安之神"祠堂朝着西城门走去的时候，途经一座古老而破败的建筑，它坐落在道路的左侧。中国朋友告诉我们，这是战争之神——关帝的庙宇。从外观来看，这座关帝庙显然已经破败不堪。从祠堂的美观程度而言，"战争之神"显然无法与"平安之神"相提并论。

竹镇①里的马尼拉斗鸡场

在上海这个国际化的城市,有那么多的民族,和不同的时尚风俗,在这里什么都有可能会见到。在英国,城市管理条例被纳入了治安管理处罚条例。但是在一个几乎包括了地球上所有种族的社会,英国的治安法或其他国家的相似法律,只能部分地得到遵守。我们必须允许中国人奉行其风俗,只要不妨碍外国人的利益。但是西方人执行的许可证制度就是对中国人一些陋习的限制,比如,严令禁止吸食鸦片的公共沙龙和赌场、在家赌博的下层人会遭到缉捕,但是租界管理者对于大型俱乐部的赌博游戏却视若无睹。在这里定居的其他国家的国民,在得到自己国家领事许可,显然没有受到"工部局"的干涉,坚持着英国治安法不可容忍的民族娱乐游戏。我们这里要特别关注的是来自马尼拉的西班牙后裔延传至今的斗鸡游戏。斗鸡游戏是马尼拉人最主要的一项娱乐活动,每个星期五他们都会如期在美国租界西北部的竹镇举行斗鸡比赛。在观众群里,除了马尼拉的西班牙人外,还有很

---

① 译者注:竹镇,原文为 Bamboo Town。

多葡萄牙人、中国人以及其他国家的人。不久前我们去参观了一下斗鸡场，想去看看那是什么地方。竹镇中遍地都盖着小房子，那种令人感到压抑的、不宜人居的、破旧不堪的小房子，建筑用料主要是竹子，这就是竹镇名字的来源。要去斗鸡场，可以取道天通路（通向天堂的大路！），漫长的途中要经过很多狭窄、肮脏的街道；另外一条路线没有这么复杂，取道闸浦路[①]，一直走到竹子城的西侧，取道两排小房子之间的狭窄小路；接着拐弯进入一条狭窄的巷子，在这里行人只能单行列队行进；然后来到其中一排房子的背后，此处有一条小河，死水表面覆盖着绿色的水草；小河水面上只能看到一个极不牢固、不能称之为"桥"的搭建物，要想过河，也只能由此通过。这个搭建物的柱子只有竹竿充数，竹竿上架着四五块厚木板，没有任何多余的嵌固件；靠岸的地方先是一截厚木板，接着并排铺着两截，接着又是两截。如此搭建的"桥"，承受不住两个人同时通行。在小河的另一侧，在一块狭长的空地上，就是马尼拉人设立的斗鸡场。所谓的"场"，其实就是一个凉棚一类的竹子建筑。凉棚的顶部由竹竿支撑，只有西面被栅栏和屏风围着，用以遮挡午后强烈的阳光，其余三面皆通透敞开。竞技场周围是低矮的栅栏，在这个矮栅栏和西侧的高栅栏之间围着小小的一块空地，可能是要摆放一个大看台，或者是私人包厢。观众们围在四周，一个个俯身趴在栅栏上。在东侧有一个架在竿上的平台或者舞台，舞台距离地面有五英尺，可以登梯子上去。有的观众站在这个纤巧的建筑上，其余的则蹲在下面。除此之外，旁边还有更为宽敞的斗鸡场地：是个开阔的四方场地，四周摆放着座位，这些座位是用竹竿横向固定在短桩上做成的。过了这个场地，在一个用竹子和席子搭建的棚子下，有另外一块空地，是关斗鸡的地方，这些斗鸡被拴在地上的小桩子上。在两场斗鸡赛的间歇时间，观众们坐在四周的座位上，比赛开始时再起身观看。我们去参观的那一天，据说斗鸡赛很无趣。斗鸡场里只有18只斗鸡，还有几只没能够参加比赛，正是公鸡脱毛的季节，所以出场的公鸡很少。我们被告知，有时候，一天会

[①] 译者注：乍浦路，原文为 Chapoo Road。

有接近一百只公鸡被带上斗鸡场,进行很多次搏斗。斗鸡的主人们坐在长凳上,相互高声谈论,彼此挑战或者打赌。他们主要使用西班牙语交流,但也使用大量的洋泾浜英语。这些马尼拉人身着节日的盛装,色彩鲜艳,格子布的图案"极为艳俗"。其中一个很显眼的运动员穿着一身很特别的服装:他是个帕西人①,身穿一袭暗灰色粗花呢长袍,造型怪异的遮阳软帽斜戴在脑后。远处的角落坐着一个安安静静,对周围一切无动于衷的观众。他是个马尔瓦尔人,身着白色长袍,头巾也是白色的。马尔瓦尔人旁边还有一位白须老者,头戴一顶没有流苏的土耳其毡帽。他身上的蓝色棉裤和外套表明他是一个老水手,所以他更有可能是个爱尔兰人,而非土耳其人。另外还有几位是英国商船上的爱尔兰水手和海滩流浪汉,他们在上海港得到许可后下船,在这里已经闲逛了很多个星期了。

我们在这儿只待了很短的时间。在此期间,上演了几场比赛,但是只有一场勉强值得一看。战书下达之后,斗鸡的主人便将斗鸡并排放于一个开阔的场地内,看双方的斗鸡有没有要一比高下的意思。随后,主人都将自己的斗鸡抱起来,伸到对方的鸡跟前,如果斗鸡脖子上的羽毛竖起,表现出强烈的斗志,双方则同意开始比赛。斗鸡的主人,连同双方的帮手便着手为斗鸡绑刀片。斗鸡不是在自然状态下进行的,而是要在公鸡的右腿上绑上一枚长长的铁刀片。这些刀片的长度根据斗鸡的个头而定,具体长度为从鸡爪到鸡腿的关节部位。刀片的平均长度为二英寸,如同一把小刀的刀刃,最尖端处形如鸟喙,其锋利度不逊于标枪。有些斗鸡的主人身上带着一箭筒这样的刀片。他们从衣服口袋内取出皮革箭筒,从中选取一只,然后把它安装在斗鸡腿上。刀片上都配有双柄,两只柄被放在斗鸡腿的两侧,就在斗鸡天然生长的距②的旁边。然后,斗鸡的腿被结实的长绳子捆起来,直到把刀片捆扎得结结实实。因为被捆绑得结实,被放到地上后,这些斗鸡的右腿动弹不得。在此期间,鸡腿的刀刃用护套罩着。当双方的斗

---

① 译者注:印度拜火教徒。
② 译者注:"距"是公鸡腿上的突起,打架时,公鸡常常跳起来,再用力把脚拍下去,让距刺入对手体内。这里作者描述的就是斗鸡的主人把刀片通过两个柄绑在距的上方,增加杀伤力。

鸡准备就绪后，主人将它们带入竞技场。竞技场栅栏的外围满是观众，场内则是十来个为比赛结果下了赌注的马尼拉人。在我们观看的一场比赛中，双方的斗鸡在场内初次接触后便各自跑回。另一场比赛，其中一方的斗鸡在第一个回合就投降了。第三场比赛延续了大约十分钟，这种情形很不寻常，据说一般在开始的一两分钟内比赛结果就会揭晓：不是一方的斗鸡被杀，就是一方投降。但是这一场比赛异常惨烈，胜负不分。因此大约有五分钟的时间，下了赌注的那些人叫喊着押注，而斗鸡的主人站在竞技场的中央，手里抱着各自的斗鸡。赌注大约为十二银元，还不包括场外的赌注。一决胜负的最后时刻终于到来，两只斗鸡被放到一起，然后开始相互啄击对方的脖子。如果斗鸡不发起攻击，其中一方的主人还来得及就此罢手，挽回自己的赌注。但是，双方的斗鸡都好勇斗狠，于是下了赌注的围观者兴奋地吆喝起来，一方面指望着能看到一场精彩的好戏，一方面期待着可以赢得几个银元。竞技场内开始清场，最后只剩下两三个人，赌注保管人将墨西哥银元扔到地上，然后用一枚硬币在每一堆银元周围粗略画了一个圆圈。接着，裹在斗鸡腿上的铁质刀片上的护套被拿掉。双方的主人都亲了亲自己的斗鸡，然后将鸡放到地上。当两只斗鸡开始惨烈的生死搏斗的时候，观众群里发出兴奋的喊叫。其中一只斗鸡是灰色的，另外一只是褐色的，两只鸡都是年岁不大的天津公鸡。只见它们弯身低头，脖子周围的羽毛竖立起来，就像是伊丽莎白女王时代的飞边皱领①。然后，其中的一只朝另一只扑过去，试图扑打对方。错过之后两只鸡再次转身，再次扑向对方。它们跳来跳去，几乎跑遍了竞技场的每一处，两只斗鸡身上被啄下来的羽毛在空中漫天飞舞。后来，灰色的斗鸡抓住了褐色斗鸡的脖子，将对方的头拖到地上，但是未能压在对方身上。褐色的斗鸡成功地从地上爬起来，揪住了灰色斗鸡。于是，双方纠缠在一起，用自己的喙叼住对方的后脖子。有很长一段时间，双方就这样紧紧地缠斗在一起，绕着圈子

---

① 译者注：伊丽莎白一世在位时，英国贵族阶层的流行服饰中有一个非常显著的特征：在衣服领子上有非常烦琐、复杂、奢华的飞边皱领。这一皱领被称为"伊丽莎白时代的飞边"。

躲闪腾挪，每一方都企图获胜。最后，灰色的斗鸡将褐色斗鸡扔了出去，将其仰面甩到栅栏上，然后向褐色斗鸡发起了两三次进攻。这一轮攻击结束后，褐色斗鸡胸前的羽毛已经被啄光，伤口很深，鲜血淋漓。两只斗鸡都已筋疲力尽，接着，它们来到竞技场的中央，好长一段时间内，双方静悄悄地相安无事。灰色斗鸡还将头伸到褐色斗鸡的翅膀下，而褐色斗鸡则用喙轻轻地啄着灰色斗鸡的后背，这样持续了半分钟的时间。然后，灰色的斗鸡将头抽出来，向着对手飞过去，对方也随后飞起来。眼看又一个回合的战斗要爆发，不知为什么，灰色的斗鸡再次奇怪地将头伸到褐色斗鸡的翅膀下，于是比赛再次中断。最后，经过近十分钟的激烈打斗，灰色斗鸡疯狂地扑向褐色斗鸡，它飞到对方上空，同时将那一柄长长的刀片刺入对方的脖颈。褐色斗鸡转身逃命。它的主人却将它抱起，然后将它再次放到灰色斗鸡的前面，褐色斗鸡再次逃跑了。最后宣布比赛结果：灰色斗鸡获胜。灰色斗鸡的主人以及在它身上押了赌注的那些人都赢了几个银元。褐色斗鸡伤势严重，似乎已经毫无用处，只配做咖喱鸡肉了。而灰色斗鸡看上去却没有任何重伤。以上就是对令人震惊的残酷斗鸡游戏的如实描述，那些来自马尼拉的西班牙后裔们却美其名曰"体育运动"，而且定期举行这样的比赛。但斗鸡的血腥场面着实令人厌恶，有些欧洲参观者中场便悻悻然拂袖而去。

月亮的生日：夜游上海

趁着中国农历八月十五,被中国人奉为月亮生日的这一天,我们夜游了上海城,因为这天晚上很特别,在上海市的街道和公共场所,中国人都要膜拜自己的神仙并焚香祈祷。城门一直开放到半夜,而除了除夕夜,一年中其他时间各个城门在晚上十点便要关闭。中国人之所以将这一天称为"月亮的生日",是因为据传说,明太祖,也就是明朝的第一个皇帝,有一次在外随军打仗,当时军中粮食严重匮乏,明太祖因此压力重重,于是在农

南京路夜景

历八月十五这一天派出队伍搜寻粮草。起初天色漆黑,搜粮队完全看不清道路,不知道去何处才能找到粮草。但是后来,月亮突然大放光明,在月光的照耀下,明军得以到田地里收割庄稼,以充军粮。可是,他们为什么不在白天去找粮食呢?这个故事没有说明。也许是为了编故事,这个问题也就被忽略了。据传说,因为在这样吉利的时刻月亮奇迹般地大放异彩,明太祖龙颜大悦,下诏将这一天定为"月亮的生日",此后每年都要举行庆祝活动。现在依然盛行的一个奇特风俗起源于这位皇帝的这一支搜粮队的故事:在农历八月十五这天晚上,人们可以到田间或农民的家中随意拿走任何食物,粮食、蔬菜或者其他任何种类的食品,来去自由,无人阻拦。在那个具有历史意义的晚上,明太祖的搜粮队发现了一种特殊的根茎,烧熟品尝后,他们发现这种根可以食用,而要想让人们喜欢吃羊排,这种根不可或缺,这就是马铃薯。面对这样的传说,爱尔兰人无权说马铃薯发源于他们那片古老的土地上。至于搜粮队是否也同时发现了美国薯虫祖先的踪迹,该故事也没有讲。根据另外一个有趣的传说,在农历八月十五这一天,唐朝的"唐明皇"在秘书、妻妾嫔妃、仆人、近臣的陪同下造访月宫,在那里他们看到一队未成年的妙龄少女正在弹奏乐器、表演静态舞台造型和古代戏。于是,人们便把中国戏曲的起源归于这一传说。

  这些故事是一位中国朋友给我们讲的。当时,我们正穿行租界区朝着上海城"老北门"走去,由此开始了一段探寻之旅。外国人很少愿意踏上这样的旅程,然而它也不是毫无趣味,讲述出来也许会让人听得饶有兴趣。对于上海这座老城厢,住在租界区的外国人总是退避三舍,敬而远之。他们中的多数人可能出于好奇心曾经去过一次上海城,只是想看看是不是真的像人们所说的那么糟糕,结果他们发现城内没有任何可爱之处,只有很多令人恶心的东西、狭窄的街道、污浊的死水池和小河。对于很多外国人而言,去一次就受够了。他们去的时候也都是白天。好吧,既然大白天的都没有什么值得一看,那么是什么东西让我们着魔一般地要晚上去逛上海老城呢?答案是:好奇心。我们并不期望在此次夜间远足中会看到什么值得一看的东西,不枉我们途中遇到的麻烦和花费的时间。我们越过护城河上的那座桥,跟着导游走过一条不长却蜿蜒曲折的小路,路的两侧摆满了成堆的水缸、苏州浴缸以及当地的其他质地粗糙的大型瓷器。白天的时候,这条小路人来人往,很是热闹,现在却几乎空无一人,在护城河桥和大门之间只有几个游荡者。那些"古画"卖家、古董摊子的摊主,白天可以看到他们以及他们在路边摆放着的那些一文不值的收藏品,现在也收了摊子回到城内的破烂肮脏的小窝。我们通过了第一道拱门,确切地说是外大门,然后便进入以天为穹顶的圆形塔楼,就是在每个城门前都可以看到的那种圆形塔。在我们的正前方就是守门人的房子。顺便说一下,这些把守门的卫兵跟道台的"精锐部队"差不多属于同一个级别。有个卫兵站在房子前的开阔处,但是他的站姿不是哨兵或者卫兵应有的姿势。他最喜欢的姿势极有可能是躺在那里,叼着烟枪安慰自己,借以打发无聊的时间。我们眼前的这一位虽然是站在那里,却让人看不出执勤的样子,即便在这"月亮的生日",一个隆重的纪念日的夜晚。只见他站在那里,伸出双臂,打着哈欠,好像刚刚从睡梦中爬起来,想着按平常的时间晚上十点就可以关闭城门了,但是今天是个特殊日子,他还要守候两个小时,在此期间,他要看着夜晚在外游荡的人们进进出出。这个守门人也在依礼隆重庆祝"月亮的生日",他的屋子前放着一张桌子,桌上摆着两架巨大的烛台,烛台上燃烧着硕大的红色蜡烛,在两只烛台之间有个罐子,罐子内插着一把燃着的檀香,正在慢悠悠冒着袅袅青烟。中国人拜佛用的是檀香,气味跟吸食鸦片时烟枪内冒出的烟味一样难闻。那天晚上我们闻到大量的檀香烟味,还有肮脏的街道散发的其他难闻的气味。因而,我们采取了防范措施,一路上我们也不停地"烧香",不过我们烧的"香"是马尼拉生产的雪茄。过了第二道拱门,即"内城门",我们便沿着与城墙平行的一条又窄又脏的街道朝着"新北门"的方向继续行进。这条街上全都是破败不堪的贫民房,大多数只能勉强算是栖身处,而其他的则是小作坊、小饭店和小茶馆。几乎所有的店面都还开着,道路两边的店里都点着灯烛,但那些灯烛的光亮却摇曳而微弱。有个店主在自家店里点了六根蜡烛,邻近店铺都因此而显得黯然无光。所有房屋里都点着檀木香,虽然有的只点一两根而已。有一家店铺的陈列不同寻常,一捆一捆的檀香、各种各样的剪纸旗子和人物装饰、一堆堆的各种颜色的糖果,这些都是出售的商品。卖家的货物摆设得不错,但是,他自负成本焚烧一堆一堆佛香和蜡烛的做法,不过是一种广告宣传的手法而已,是为了吸引市民们在这个吉祥如意的夜晚来买祭拜月神的必要用品,可惜现在时间已经太晚了。我们继续往前走,在另外一家店铺前,看到了另一个更大的"噱头",如果让卖佛香、纸钱的那一位店家自己掏钱来做的话,他可是做不起的。这个噱头在一家小公共茶馆内,小小的桌子周围坐着很多当地人,他们一边喝茶、抽烟,一边听着一个乐队弹唱粗俗音乐。为了这个特别的节日,店主花高价雇了这个乐队,而这个乐队也确实成功地制造了可怖的喧嚣声。在这家店铺的前面,摆放着两个台子,上面放着很多小桶,桶内插着高达三英尺的一捆捆檀香。其中一捆檀香已经烧完,只剩下一堆闪着火光、悠悠冒烟的烟灰。另一捆檀香刚刚被点着,应该还会燃烧几小时。在狭窄的街道上,借着微弱的烛光,只有稀稀落落的一些人还在游荡。在鱼鳞一般的天空中,月色羞赧,半遮半露,街上的光线十分暗淡。月光下的那些贫民窟的破败小房子不堪一睹,不过可悲的惨状被惨淡的月光遮去了一半。

　　从"老北门"出发,我们走了相当长的一段路,方才来到由"新北门"延伸过来的街道。此处有一片开阔的场地,场地内有三四口新近挖掘的消防专用水井,水井四壁是用砖垒砌而成的。然后,我们便随着向导穿行于上海城内的一些主要街道,而城里最好的店铺都坐落在这些街上。所有的买卖都暂停了两三个小时,但是很多店铺的前门依然开着。店面前各式各样的灯一片通明,檀香烟雾袅袅,将令人作呕的气味奉献给中国人膜拜的神灵。在一条街的角落,我们看到一堵墙上有个壁龛,里面有各种各样的装饰物。壁龛内点着几根蜡烛,还有那种无处不在的檀木佛香。在壁龛内,"福神"的画像前,还摆放着用小盘子盛放的糖果和水果。这些贡品是献给"福神"的,被烧的檀香上用汉字写着进献给"福神"的献词。我们继续前行,走公共大道,穿越肮脏的广场,跨过小河,就这样一直走到城隍庙附近。我们的注意力首先被"夫子庙"所吸引,却发现庙门紧锁,而且门前没有照明。附近唯一的活物就是一条饥肠辘辘、将鼻子尖儿贴到地面四处寻觅晚饭的野狗。在围绕"湖心亭茶楼"的死水池("荷花池")四周,几乎看不到一个人的影子。当我们经由侧面的或后面的入口进入城隍庙的时候,看到的情形也让人感到失望,环顾四周,我们甚至看不到一根焚烧的油脂蜡烛或点燃的檀木佛香。只有一些淘气的儿童正在享受难得的晚归不咎的权利,在城隍庙的主庭院内玩得不亦乐乎。往年的时候,上海当地人都会捐出二三百两银子,用以给月神祝寿。不过,我们打听了一下,得到的解释让人感到很满意,解释表明,今年比往年使用捐款的做法更加明智。从我们的导游那里了解到,往年上海公民用于城隍庙照明的捐款,被上海知县作为专款划拨,用于建造我们刚刚在"新北门"看到的消防专用水井,同时用于增加上海老城内各处的消防用大水缸。正因为如此,我们也注意到在城里的各处都放置了新的大水缸。无须争论的是,这样的防火措施值得称道,其效果也会得到证明。就在今年,上海城已经发生了多起火灾。令人惊诧的是,这些火灾居然没有酿成更大的灾难。离开城隍庙不久,我们便来到最近发生过火灾的一处。火灾中大约有一百所房子被毁,那一场大火,远远超出了上海市民的应对能力。令人惊奇的是,上海城居然没有因此整个沦为废墟。

在接下来的行程中,我们看到了二三个很特别的节日展演,不过规模都小得可怜。在一个活动中,人们点燃了一排排红蜡烛和一大捆檀香,用以祭拜"财神爷"。另一处活动在小桥附近,靠近天主教小教堂的地方,那里摆放着一个台子,上面放着燃烧的檀香。这是贡奉给茅山神的,这位神灵的塑像原先供奉于上海城"西城门"附近的一座庙里。后来为了给"和平之神"的牌位让位,最近才搬到了这个小河附近的不怎么宽敞的房子里。在所有的街道上,店主们都不事张扬地呈献着他们的节日献礼,人们懒洋洋地走来走去。孩子们在街上玩耍。我们观察到一群孩子拿着自己的照明装置,这些装置的设计很奇妙。只见一个七八岁的中国小孩拿着的东西类似某种动物的造型,里面有灯。我们的导游不遗余力发挥想象力,说那是一只兔子,可是把它说成是一只海龟也未尝不可。这种灯的框架是用竹子做的，框架上裱糊着彩纸，框架内放着一只点着的蜡烛，整个动物造型下面安装着轮子。当小孩拉着"展品"行进在几乎空无一人的街道时，打断沉寂的只有同伴们发出的欢快的吆喝声。我们最终来到了地方官的衙门前，走到这里终于认路了，这里有大量的檀香在燃烧。衙门外面是衙役们居住的房子，还有用以关押被判轻罪的犯人们的肮脏牢房，周遭都是原始的从不熄灭的红蜡烛为光源的照明设施。在衙役头目的住房前，有三四捆粗大的檀香正在燃烧。导游和中国朋友向我们读了尚未点燃的檀香上由莫祥芝知县大人书写的给狱神的献词。穿过衙门小吏居住的一些开阔庭院，我们便转身开始往城外走，路过很多狭窄的街道，转了很多奇奇怪怪的弯，终于来到上海古城的"新北门"。很高兴终于走出了上海城，来到法租界更为宽阔的街道上，接着到了上海黄浦滩，在这里再也不会闻到檀香味了。我们认为这次行程的收获实在不值得花费这么长时间，而上海的"月亮的生日"过得实在是冷冷清清、凄凄惨惨。

上海电话交换所

  位于四川路的电话交换所①始建于一八八一年。当时电话局的名称为"东洋电话公司",总部位于伦敦。现在的"中日电话有限公司(China and Japan Telephone Company Limited)"是其一个分支,而"大北电报公司(The Great Northern Telegraph Company)"则是其代理商。"东洋电话公司"在印度、澳大利亚、新西兰、马六甲海峡各国以及锡兰②均设有电话局。起初该公司被迫与当地的一个强大的对手竞争。为了赢得公众的支持,双方激烈竞争,结果在短短的时间内,电话服务费由最初的每年一百五十美元降为五十美元。大约在开始运营的五个月后,"东洋电话公司"买下了竞争对手的所有股份,成为电信领域的唯一霸主。电话年费直到一八八六年才改为大清五十两白银(Tls. 50)。

---

① 译者注:这里的电话交换所是磁石电话交换所,关于磁石电话交换,下文有详细描述。据其他可靠资料,上海第一个电话交换所是丹麦的大北电报公司,建立于一八八二年二月,次年大北将交换所卖给英商东洋德律风公司,德律风即 telephone 音译。这一过程与下文关于两家电话公司竞争的描述有出入。

② 译者注:今天的斯里兰卡。

大北电报公司机械部

　　该公司于一八八五年斥资两千五百美元用于提高此前不能令人满意的服务效率。因为在此之前，公司一直按照"法庭审案"一样的模式运作，几位用户共同使用一根电话线，每个人都能听到其他用户的通话。因此公司认为应该架设更多的电话线，现在每个用户都有各自独立的电话线，只要他愿意，可以向电话连线上的任何一个办事处打电话。这样一来，他在跟朋友讲的私密话就不会被敌人听去，也不会被人攥住把柄，从而受制于人。

　　上海电话服务的功劳和优点我们不必去歌颂，对于知情人士，这些都是显而易见的。但是，对于一般大众而言，电话除了让我们能够在白天或晚上与外国租界区不同地方的人在电话上谈论公事，还有其他的额外便利和好处。

　　如果遇到入室行窃，或者夜间遇到盗贼，用户不仅可以拨打"中央捕房"的电话，还可以向电话局的接线员提出要求，立刻与离住所最近的"巡捕房"直接通话，无论用户住在英国人租界区还是美国人租界区。用户还可以每天免费接收到从"徐家汇天文台"通过电报发往电话局的准确时间。夏天的时候，如果用户要求，可以通过电话在家或办公室免费接收到"城市乐队"演奏的美妙曲子,再花几个小钱,便可以让电话局把袖珍王冠听筒安装到他的头部上方,这样一来,在用户优雅地斜躺在沙发上阅读的同时,还可以欣赏"城市乐队"那俘获心灵的乐曲。倘若用户的房子不幸着火,只要呼叫电话局并告知接话员具体地址,各个租界的消防队和捕房在几秒钟内便可以接到通知。最后,倘若用户本人或家里的成员遇到严重的意外事故(因为众所周知,即便是最为顺利的家庭也会发生意外),或者用户家中的任何成员突然得病,用户可以向租界的任何一个医生打电话求助,这样一来,即便医院的四五个医生都不在医院,用户还是可以在很短的时间内与某个医生直接取得电话联系。

目前电话公司拥有二百二十三个用户。在一八八一年,公司最初的用户为二十五个。在一八八二年,在解决掉竞争对手之后,用户数达到六十五个。截至一八八三年六月三十日,用户数为七十二个。至一八八四年六月三十日,用户数增加到八十四个。截至一八八五年六月三十日,用户已达到一百三十个。可以看出,随着时间的推移,电话局越来越得到人们的了解和喜爱,当然它也受之无愧。在"法庭审案"系统没有被取代之前,用户会听到不是针对他这个"听众"的通话,于是投诉源源不断。而现在,每星期的投诉平均不超过几起。电话局接话员昼夜接听的电话数量每月高达一万六千次,也就是每天超过五百次,共三个中国接话员接听电话。晚间接听电话的接话员将一个开关连接到隔壁他睡觉的房间,这样一来,每次当"一个号牌"掉在接线总机上(这是个信号:有用户想跟某人"闲聊")的时候,功率强大的磁石式电话振铃便接上电路,放在接线员附近的电铃响起,马上将其唤醒。我们猜想这个接线员有时候会用中国式的咒语诅咒用户,因为用户吵醒他,搅扰了他的美梦。我们认为,诅咒时候应该"诅咒不出声,只在内心骂"。公司雇佣了十五个当地员工,从事户内户外的工作。但是一旦有了新建设的公司就需要更多的人手。当然了,这些接线员必须懂英语,所以他们的薪水必然也很高。

"东方电话公司"已经获得了"爱迪生公司及贝尔公司"[现在的"联合电话公司"(The United Telephone Company)]授予的在世界各地使用其专

利的权利。我们的当地公司持有爱迪生公司的三项专利、贝尔公司的两项专利以及授予"电话建设及维修统一公司"的"高尔—贝尔"专利。

该电话局使用的接线总机非常值得端详。在接线总机上安装着所有用户的各式各样的电话线，其粗细跟"意大利瓦隆布罗萨①秋天的叶子"不相上下。每个用户的电话线，无论是从住所还是办公室接到接线总机的，两端都会接地，完成一个回路。在接线总机上每个用户都有一个信号牌，也就是电磁铁，电磁铁正面带有黄铜板，黄铜板遮住了下面的电话号码，当电流通过磁铁的时候，黄铜板被放开、掉下，露出电话用户的号码。与这些信号牌对应的是相同数量的标有号码的孔眼，总计有四十个连线用的插头。这些插头由两片黄铜构成，这两片黄铜用于插入孔眼，由一根用丝绸包裹的柔韧绝缘金属线连接在一起。当用户拨打电话的时候，该用户的磁石电铃响起，将电流送往分配给该用户的电话局的电磁铁，使得该用户电话号码前的信号牌掉下。接线员马上将接线插头插入，比如，二十号，这就使二十号这条电话线与接线总机设备连接上，同时与地面断开连接。于是接话员向用户打招呼："你好！"然后，二十号线路的用户也许会说，"请接五十号"。接线员将接线插头的另一端插入五十号线路的孔眼，这样，五十号电话线路与地面的连接断开，而二十号与五十号的连线也就完成。与此同时，接线员将总机上的一个键摁下去，然后将磁铁转动几圈，这样，五十号用户的电话铃便响起。然后，五十号用户摇动磁铁的摇把，摇响二十号用户的电话铃，这表明五十号用户准备与二十号用户通话聊天。于是，双方手拿话筒，同时将听筒贴在耳朵上，开始进入正题。"闲聊"完毕后，他们将听筒放回原处，然后将电话机上的磁铁上的摇把再摇上几圈。与此同时，接线员拉动一个小小的拉杆，使得接线总机底部的另一个信号牌掉下，这标志着双方的通话已经结束。接着，接线员马上将两个插头拔出。对于其他用户而言，同样的过程也在不断重复着。经常出现的情况是，三四十个用户在同一时间通电话，当然了，每一对通话人使用的都是各不相同的

---

① 译者注：瓦隆布罗萨为意大利中北部村镇。建于十一世纪。著名的修道院所在地和避暑胜地。

插头。

时间信号是按照下面的方式发送的：从"徐家汇天文台"用一根电话线发送出的信号流经接线总机，几个信号牌掉下。很快，局部电路被插入，并到达电磁铁，于是电磁铁将电枢拔起来，并将大铜锣上的锤子放开，致使锤子掉下。紧靠大铜锣的下面是一个普通的送话器。此送话器与一块黄铜板相连，此黄铜板上插着大约八十个插头，这些插头插在不同的用户号码上，即申请了报时服务的那些用户的电话号码上。在中午十二点前几秒钟，用户从支架上取下话筒，便可以通过电话接听到准确的时间，可以准确到秒。

正广和公司的蒸汽工厂和蒸馏工厂

"正广和公司"于一八九三年开始向上海市民众供应气泡水和纯净饮用水,其注册商标为"Aquarius"。[①] 该公司厂区宽敞,设备完善,可以确定无疑的是,在世界各地的同类公司中,它属于设备最为完善的公司之一。公司厂区的主体部分是五栋宏伟的建筑,这五大建筑又由以下几部分组成:锅炉房、工程师车间、发动机控制室、蒸馏房、充气装瓶仓库、楼上蒸馏水储藏阁楼、实验室、楼上化验室、产品储存仓库、瓶盖及标签室、瓶子仓库、办公室及经理住所。公司位于熙华德路[②]延伸部分与百老汇路[③]交叉口,其地址恰到好处,令人羡慕:将公司建在此地段,一方面远离了污染源

---

① 译者注:一八六三年英国商人麦克利格和考尔特伯克合伙在上海开办了一家从事洋酒销售业务的酒业公司,该公司名为"广和",总部最初设在香港,不久就迁至上海四马路,即现在的福州路,并更名为"正广和洋行",一八八二年又改名为正广和有限公司。1893年,正广和洋行在上海虹口兴建的汽水制造工厂——泌乐水厂(俗称正广和水厂)落成投产,运用当时远东唯一的蒸馏水机器设备,生产汽水。意为西方天文星座"宝瓶座"的"Aquarius"是该厂的注册商标。
② 译者注:今大名路。
③ 译者注:今长治路。

和中国人居住区,同时距离各租界又很近,能够从公司位于福州路四号的中央仓库将纯净水及时快速地运输出去。厂区的建筑设计十分适合厂内进行的工作:结实的砖瓦结构,内部则由结实粗大的木材支撑着。厂房外观看上去干净整齐,内在坚固耐久,给周边地区平添了几分紧张生产和忙碌生活的气息。蒸馏、充气、装瓶、捆装等各个流程环节都是在宽敞通风、光线充足的建筑内进行的。正广和公司处理自来水的流程简而言之分为两步:首先,把自来水处理为绝对纯净适合饮用的水,然后给纯净水充气。不过在了解生产流程之前,先简单描述一下工厂使用的机器设备是有好处的。蒸汽由两口精致的科尔尼斯钢铁锅炉①提供,每一口锅炉都能在每平方英寸的面积上产生高达九十磅的压力,总功率可以达到六十马力。锅炉的动力则是由一部莱德式横向管梁发动机提供的,其功率可达到三十四马力。此发动机是由伦敦最优秀的工程公司之一生产的。"正广和公司"的大型水库建有非露天蓄水池,蓄水池内容纳了两万五千加仑②自来水厂供应的水。水库中的水泵是双缸旋转式的气泵,配有六个青铜活塞。蒸馏房内的机器是最有趣的部分。此设备为最近的专利蒸馏设备,号称"改良专利三重淡水蒸馏器"。这是迄今为止上海引进的最复杂、最完美的机器之一,也是迄今制造的该型号的第一台机器。此蒸馏设备每天可以生产三千五百多加仑绝对纯净的饮用水。蒸馏器是由三个大蒸发器和四个小蒸发器组成,这些蒸发器内充满了数不清的用纯锡块铸造的管子,水便是以水蒸气的形式通过这些锡管的。如果没有见过普通的水在这些蒸发器内所经过的彻底纯化的过程,如果没有看到过那些令人惊叹的明亮、清澈、闪着银色光辉的液体流过这些蒸馏器的管子进入该建筑楼上部分的纯净水接收槽的过程,那么,普通的水在我们看来总体上是不错的。蒸馏器内的供水状态是由安装在每个大型蒸发器上的很多相同的调节器显示的。大容量的蓄水池是由砖块和混凝土垒砌而成,用波特兰硅酸盐水泥厚厚加固,

---

① 译者注:是十九世纪初期的一种单烟道锅炉。
② 译者注:一加仑约等于四点五升。

而且建有顶棚。自来水厂的水由一根标准的消防水龙头引入。这些自来水一旦经过了蒸馏的过程，便流进由纯锡块铸造的管子，用以确保纯净水绝对不受污染。大容量的蒸馏水蓄水槽放置于建筑的高处，尽管建筑内的通风设施极为有效，这些蓄水槽还是需要遮盖防护，用以杜绝任何灰尘侵入。蓄水槽由从英国进口的威尔士班戈石板修砌而成，用最精良的波特兰硅酸盐水泥厚厚加固。所有的导水管，其实，应该说是每一根"正广和"水流经的管道，不是用铜铸造，再用厚厚的纯锡将管道内壁加固，便是完全用纯锡块铸造而成，因而完全避免了有害金属颗粒进入纯净水中的可能性。有关净化设备说了这么多，我们现在或许应该简短地谈一谈充气的环节。为了生产出绝对纯净的饮用水，厂家细致入微，无所遗漏。"正广和公司"厂区的清洁、有序的生产环境彰显了公司在规划、布局方面所表现出来的远见和谨慎态度。蒸馏水从储水槽流入充气装置，在充气装置中蒸馏水同在改良过的气箱内制造的二氧化碳气体混合在一起。机器的部件都有多个备用件，所以即便其中的一个部件出现故障，也不会致使整个流程中断。

正广和洋行泌乐水厂蒸馏车间

在进入充气机之前，二氧化碳气体在一个新型气体过滤器中得到过滤。一旦蒸馏水被充入二氧化碳，其余的流程便很简单，由两部蒸汽装瓶机自动完成：瓶子被机器推出、灌水、加盖，以备捆扎打包。最后一步操作也可由机器完成，而不是通常的手工操作。公司最关注的是清洗的环节。首先用来装蒸馏水的瓶子在自来水公司提供的普通水中浸泡二十四小时，之后，再放入热水中在非常高效的旋转机器中清洗一遍，然后用刷子刷洗，接着被固定到黄铜活塞上，强大的蒸馏水喷雾喷射过活塞，将瓶内普通水的所有痕迹统统冲刷掉。制作加糖饮料的程序也非常完善。用以勾兑柠檬、姜汁啤酒、姜汁汽水的糖浆盛放在大瓷罐内，用银质盖子盖着。在糖浆的制作过程中，纯净度最高的化学物质才会被用于生产过程。糖浆的制作是在楼上的一个一尘不染的洁净实验室内进行的，只有工厂的经理一个人可以进入此实验室，只有他一个人与这一生产环节有关。中国员工与该公司产品的生产过程没有丝毫关系，中国人对于干净卫生以及小心操作这些琐碎的细节要求毫不在乎，了解这一点的人就能够体会到这一防范措施的良苦用心。工厂没有一个角落不是干净清洁的。主建筑的地面是用水泥混凝土修造，由中央向四角倾斜，因此可以每天冲洗。对于生活在这样一个国家的人而言，忍受尘土和恶臭是家常便饭，这样生产出来的饮用水定然能够受到他们的青睐。对于该公司送出的饮料，公众大可以放心，因为该工厂以及蒸馏厂处于经验丰富的欧洲人的控制中，而且他们接受当地医学界一位重要人士的专业指导，饮料都要送交该专家由其检测审核。该公司的蒸馏水饮料早已名噪四方，所以，以合理的价格便能买到如此纯净的饮料，其好处无法估量，我们也没有必要在此赘述。而且，在上海夏季有时霍乱猖獗，所以，大众能够得到绝对纯净的饮用水是极其重要的。任何过滤器都不可能将不纯净的水变为纯净水，只有蒸馏可以做到这一点，而"正广和公司"采用的"三重蒸馏流程"是目前最完美的工艺。普通的水中包含一些硅石、石灰之类的无机物质以及在溶液中肉眼不可见的其他矿物质，将水煮沸并不能将这些物质清除干净。然而，这些无机物或矿物质经过"三重蒸馏流程"处理后却会沉淀下去，换句话说，当包含这些物质的水变为蒸汽后,这些物质被留在了蒸馏器内。事实证明,"正广和公司"所从事的是造福于我们东方人的事业。该公司为上海人制造了当地人至今见过的第一批饮用纯净水。该公司使用这样的注册商标极为妥帖,因为那是水瓶座的符号。

赌博成风的大清国

　　折磨中国人的最大罪恶不是他们对于具有抚慰效果的鸦片的爱好，而是他们对于赌博根深蒂固的痴迷。指出这一恶习在中国人中的广泛性和普遍性几乎没有必要，因为无论阶级、男女、老少，人人都不能幸免。这一恶习无孔不入，可以堂而皇之地进入男人的行会、议事厅和茶馆，也可以悄然入侵妇女的内室。赌博无处不见，其毁灭性的后果我们天天可以看到。我们敢说，与其他任何国家的人相比较，将投机带到各种事务的做法，在中国人当中更为普遍。也许正是受到中国人这种痴迷赌博风气的不断浸淫，居住在中国的西方人便成了其种族中最疯狂的一类人。对于那些居住在中国人当中的外国人而言，与中国这样遍地赌徒的人群交往，时间久了，必然对其思想、习惯以及思维模式产生明显的影响。中国的法律并未给予赌博更多的支持，相较之下，处于衰败期早期的古罗马，或者马丁路德发动宗教改革前的英国倒是从法律上更支持投机。中国人现在最明显的特征就是娘娘腔以及缺乏尚武精神，其根源或许正是因为，对于骨牌、纸牌以及所有赌运气的游戏，普遍有着无节制的爱好。英国国王亨利五世曾经颁布法律"鼓励英国民众保持射术、杜绝赌博",因为他发现他的臣民投掷骰子的技艺一旦提高,其身体就变得笨拙,"弯弓射箭"的技能就随之下降,因此他颁布了严峻的法律禁止此前的陋习。中国武力的衰落在某种程度上也可以归于上述原因,因为在这样的一个国度,整个一年都可以恣意玩乐,人们可以纵情赌博而不会受到法律制裁,他们既没有时间也没有兴趣从事武术或者更为狂野的运动。在中国,试图通过玩纸牌和投掷骰子赢钱的不

马路边的赌徒

只是那些有钱人,倘徉于中国的任何一个城市或外国人租界区的任何一条街上,你都会发现贫困的中国苦力也在以同样的热情祈求变化无常的幸运女神对自己加以青睐,只不过他们压的赌注较小而已。就连刚学走路的孩子也染上了这一恶习,学会了押上一两枚钱,跟流动食肆的老板赌一些糖果或者糕点,而不是直接花钱去买。卖糖果的小贩在自己的随身用具上钉了一个粗糙的微型赌盘,赌盘上面有一根可以旋转的细长针,而他年幼的客户试图让这根细长针停在一个幸运数字的上面,那样他就可以赢到相等于赌注两三倍价值的东西。如果运气不佳,细长针停在了非幸运数字上,他就血本无归了。然而,面对败局,小孩的表现就像一个豁达的哲人,能够以摩洛哥蒙特·卡罗大赌场老赌客才有的泰然和雅量,欣然接受失败的赌局。那些劳累了一天的劳工也一样,他们不用钱直接买晚饭,却更乐意以相同的方法与流动卖饭郎赌一把,希望能赌到自己的晚饭。他从一捆竹签内抽取一根,根据抽到的竹签上的数字决定自己能否免费获得馒头或是米糕。即便赌博者仅仅是那些家有余财,不会押上身家性命作为赌注的人,

这种情况也够糟糕了。可是，在中国，不仅是乞丐将善心人施舍给他们的几个钱作为赌资挥霍掉，被关押在竹笼内的囚犯也会将同情他们的人接济的几口饭菜和几件破旧衣服拿来下赌注。简而言之，所有的中国人都宁愿饿死也不愿放弃赌博带来的快乐。我们认为，很明显，中国人只有到了三餐不继，或者无可下注的地步，他才会自杀。在鞑靼人的北京城外，在南面中国城的入口处，有一座桥被俗称为"乞丐桥"，那才是真正的"叹息桥"。在这里，可以看到最凄惨困苦的人类苦难场景，场面之惨足以让每天守望着来来往往悲苦生命的花岗岩巨龙掉下眼泪。残疾人、麻风病人、盲人以及长相极为丑陋、极为令人厌恶的人群，成堆成排地蹲在桥的两侧，哀号不止，乞求过路人发发善心，接下来，他们却拿着乞讨到的少得可怜的一点施舍去赌博。结果自然有的输有的赢，这是难免的事，但是随后这些处境凄惨的赌徒之间的争吵则难免让这里的场面显得更加可怕。在中国人的首都找不到私人赌馆，但是，在每条街道或者巷子里，晚上都有向老顾客开放的私密去处。在外国使馆附近以及通常被称为台基厂的街上，距离海关住所不远处，在路的东侧可以看到一座院墙又高又长的王府。宅子的入口位于一条同外国使馆街平行的街道北侧。这是北京城内某个大人物的府邸。即便是这样的府邸，也常常被当成普通赌馆，而外国使馆的门房也被中国工作人员神不知鬼不觉地改为地下的聚赌场所。在北京城内的高级官员和贵族的宅邸和院子内，或多或少都有公开进行的赌博，入场资格受到守门人的控制，只有圈子的内部成员方可入内。有时候，北京城的宪兵队也三心二意地准备到这些聚赌场所将赌客当场抓获，但是，赌徒们的情报系统相当完善，这种行动根本没有结果。据我们所知，在上海，就连我们的警察也很少能够将这些赌客现场抓获。中国的法律过于宽松、软弱，无法对付正在吞噬中国人心脏的这种邪恶，而这种邪恶对于中国的危害比从印度的马尔瓦、巴特那以及贝拿勒斯运进来的所有鸦片有过之而无不及。清朝官员、商贾、买办、银行家、生意人以及家仆，所有的人都想玩几把纸牌或骨牌。各个省份以及各个省份的各个地区都有自己独特的赌博形式。外国人对中国当地人的家庭生活和社交了解甚少，但是，即便如此，在他们在中国的见闻中，中国人赌博的话题总是不断出现。今天是某一个银行的货币鉴定员因为一场大赌出了问题携带十万卢比跑掉，明天是某个人家的童仆或者厨子在"番摊"或者"豹子"玩法中失算或者不走运，结果中了圈套。到处都是同样的故事。在中国人沾染的所有积重难返的恶习中，靠运气取胜的游戏以及各种形式的赌博最为严重，从上层到下层都深陷其中不可自拔，其危害胜过世界上所有的令人昏昏欲睡的毒品，这一恶习将最终榨干这个民族的精髓，分散他们的精力，使其不去踏上更为合法合理通向繁荣的道路。

上海的中国"林荫大道"——福州路的白昼与夜晚

　　西方文明在大清帝国遇到的最大阻碍恐怕莫过于在企图改变中国人的社会习俗的过程中遇到的阻力。这没有什么好奇怪的,因为都知道,如果有

福州路街景

人劝说我们接受一些风俗习惯,而这些习俗与我们已经从小习惯、并且一直视为祖先遗产的那些习俗格格不入的话,我们也会很不情愿。而想让这个国家的内在生活产生彻底变化必然是难上加难,因为这样的变革不亚于一场革命。这个国家声称是世界上最古老、人口最多的国度,而且迷信思想根深蒂固,这对于变革形成强大的阻力,所以,"西方蛮夷民族"发动改革让其脱离原始的社会习俗的尝试,看上去似乎全是"黄粱美梦!"中国人声称他们的习俗发端的年代比已经确定的圣经中所说"大洪水诺亚方舟"的年代还要早,他们对其古老传统习惯的执着是亚洲其他任何民族都无法企及的。

在中国,没有任何其他依据条约开放的港口像上海这样,在中国人逐渐接受西方社会风俗方面,可以提供如此丰富的研究领域。上海可以称为社会改革运动的先锋城市,原因很明显:这不仅是因为上海是一八四二年《南京条约》签订后不久便向外商开放的通商口岸之一,而且因为,在不到半个世纪的时间内,上海自身也从一个不起眼的中国三流小城市一跃成为名声与财富兼备的世界主要商业中心之一,成为汇聚一个省才能拥有的各种财富的中国"花园"。在上海通商口岸的境内和辖区内所积累的财富可谓是巨大的,随着财富而来的豪华风尚也在这里安家落户落地生根,与我们有权夸耀的租界区的外在绚丽的"上流社会生活"交相辉映,相映成趣。即便是漫不经心的一瞥,人们也必然能够看到中国人显然已经接受了我们的一些社会习俗。"信奉异教的中国人"沿着前进的高速路前行,缓慢却毫不动摇。而从西方滚滚而来的文明巨浪,浩浩荡荡,声震天宇,在这个疆域最为辽阔的帝国,在帝国每一处太阳能够照耀到的地方,涛声清晰可闻。

在中国人看来,福州路就是我们租界区的主干大道,此路完全有资格被称为上海的"林荫大道"。一位英国乡下的小伙子第一次来到英国大都市的一条主要大街时,必然感到惊讶、手足无措,第一次来租界区的中国农民的感受有过之而无不及。他接着也被带到了时尚的中国人居住区的林荫大道——福州路。

当然,这条最近才命名的街道与巴黎的林荫大道没有任何可比性,这就好比"美国远西区"雨后春笋般后发兴起的某一城市的前大街与泰晤士河畔的斯特兰德大街①之间至少在建筑方面没有可比性。但是，话又说回来，建筑的外观不足可以用内部的布局装饰来弥补，至少按照中国人的思路是这样的。鉴于福州路的长度，路上没有几座像样的半中国式建筑。与上海的其他普通路一样，福州路狭窄得只能让两辆四轮马车同时通过。但是，另一方面，福州路有个很大的优点：像箭一样笔直，这样直的街道在我们的租界区很少见。偶尔到此的人定然会对道路两侧鳞次栉比的中国人开的酒店留下深刻的印象。有的酒店除了挂着中文招牌外，还挂着对应的英文招牌，比如"Bowling Alley""Billiard Rooms"。另外还有很多中国糕点糖果店，橱窗内展示着他们的西方糖果糕点师最受"赞誉"的美味；还有专营西方"体面绅士"餐桌上食品的店铺；出租各式各样车辆的车马出租店，以及其他很多店铺，这些我们稍后再说。如果可以从空中俯视的话，那将是一幅多姿多彩、精彩纷呈的全景图。

伦敦大桥每天行人如织，川流不息，但是，与福州路的交通相比较，那就是小巫见大巫。

在午后五六点的时候到远近闻名的龙云台球馆旁边站上大约半小时，你的辛苦就会得到慷慨的回报。瞪大眼睛观看，所见所闻绝对不会让你感到无聊。四轮马车一辆接着一辆在你眼前经过，就像某个显赫贵族的迎亲队伍。在这个时段，作为个人交通工具曾经垄断街面交通的轿子明显看不到。但是当夜色渐浓时，四轮马车的辚辘声渐渐淡去，你会看到无数的轿子来来往往。轿中乘坐的大多数是服饰最为艳丽、性感的杏眼美女。她们要去哪里？这是福州路上的一个谜团。

只有身体强壮的人才能忍受这些四轮马车发出的震耳欲聋的聒噪声，哪怕只忍受片刻的时间。然而，四轮马车上承载的那一群群乘客有多美丽迷人！她们乘坐的这些车辆又是多么的奇特！比如，有一种四轮马车，我暂且把它称为中国式的"敞篷四轮马车"。从方方面面来看，这四轮马车都是东西方马车工艺合璧的结晶。这种"轻便马车"可以乘坐大约四位乘

---

① 译者注：又名河岸街。

客，车架上有个用彩色棉布制作的盖子，跟伞盖的形状极为相像，只不过体积有点大而已，这个盖子可以随意开合。这一交通工具最大的优势就是便宜，花上几个铜钱中国人便可以乘坐一英里以上的路。当然了，很明显，只有"二等贵族"才会乘坐这样的四轮马车。就其状况而言，套在这种马车辕上拉车的蒙古马与那些给法老拉车的瘦骨嶙峋的母牛别无二致。这些蒙古马行动呆板，其步态与木偶戏中的木马相差无几。前些年，这些纯种的蒙古马被人们寄予希望，指望它们在上海的"德比赛马会"或者"妇女银袋赛"上能够得奖。可糟糕的是，上场一试，原来这些蒙古马都是一流的"假货"，于是，这些马以每匹马十两银子的价格被当作弃物出手。听！难道你没有听到那沉闷的轱辘声？这是远处传来的闷雷声，还是重型炮兵部队通过木桥发出的声音呢？瞧！四轮马车过来了，从远处看，很容易错把它看成是一架灵车。原来，这是一辆中国人乘坐的"巴士"。与英国国内的公共汽车相比较，中国的这一辆要小得多，只能乘坐八个乘客。公交车没有上面的一层，所以中国的花花公子们不能像西方国家的花花公子们那样瞪大眼睛张望沿途的花花世界。至于车上的舒适度，准确地说应该是不适度，中国人的公交车跟我们放在家里的车模几乎在同一个层次。但是，接着过来一艘极品"船只"，跟往昔久远年代的中国运茶快船同样整洁匀称，但其实这是辆四轮轿式马车，这些马车多数情况下属于私人财产。马车上的主人代表了中国精英阶层中的精英，可能是丝绸或者茶叶大商号的当家人。坐在后面的男主人和女主人，是中国贵族的典型代表，给人以营养富足、衣着华贵的感觉。男主人带着一副大大的玳瑁镜框眼镜，眼镜遮住了眼睛。笨重眼镜的边缘约有四分之一英寸宽，镜片的厚度与厚板玻璃相差无几，给护目镜增加了大约五盎司的重量。在"老头子"的对面坐着他们的子女，全都身着花团锦簇、珠光宝气的刺绣丝绸衣服。毫无疑问，这些少女穿着节日的盛装。她们的脸上涂了脂粉，要不然就是她们的脸在特精"金门"面粉袋子里蘸过。甜美的樱唇得到精心呵护，被染成苏格兰农民诗人罗伯特·彭斯所描述的"红红的玫瑰"。中国妇女为什么要涂抹口红呢？对于这个问题我们经常冥思苦想，不得其解。当然肯定不是为了引诱中国的多情骑士轻吻她们甜美的樱唇,因为众所周知(至少据我们了解),天不怕地不怕的人间"天国"的子民们不用这种罪恶的方式表达男欢女爱、两情相悦的感情。对于中国人而言,如果轻信的话,一个轻吻便会令人被爱情所欺骗,但这种欺骗转瞬即逝,他们也没有这样的经历。可是,我们该如何描述这些中国"尤物"的头饰呢?事实上,这可能吗?如果有人要我们将她们头上的盘发解下,那么我们深陷的处境比亚历山大大帝本人当年遇到的困境要严峻得多。她们的头饰上缀着大量的妖娆多姿的花朵,一般都喷了香水,让我们误以为自己来到了马里亚·法里纳的科隆香水生产厂。至于头上的花饰,其格局式样,变化无穷,精彩纷呈,足以为静安寺路①的花卉展平添风景。然而,也有一个缺点,那就是,这些汉族人家娇美的千金小姐跟"远西地区"(即"西方")的夏娃家的美丽娇女有个共性:对于所有"发光"的东西都情有独钟。她们对金子的热爱显然不亚于"黑色大陆"非洲黑皮肤美女对金子的青睐,那些非洲尤物因为没有真正的金子饰品,只好用廉价、艳俗的几乎乱真的假货打扮自己。路上又过来一辆很时髦的四轮马车。车上坐着两位年轻的"尤物",懒洋洋地斜躺着,脸上满是冷漠的贵族气质。她们可能是"前程似锦"的名门闺秀,身上裹着丝绸;精致玲珑的嘴唇上,流露出魅惑的笑意,其迷人效果堪比希腊女神喀耳刻的笑容;杏眼流盼生辉,含情脉脉,将怀春少女的目光投向路过的英俊小伙子。两个女孩子的对面坐着两个年长的保姆,看上去高贵、稳重,她们身着普通的蓝色棉布长袍,每个人手里都拿着白合金烟斗。这两个"导师"用最苛刻的眼光观察着受托看管的小东家,即便是带着刚孵出的一窝小鸡初次外出的母鸡,对于雏鸡的万分呵护,也根本比不上这两个老妈子对她们的"宝贝"所操的苦心。当"前程似锦"的小姐完成像走路这等有难度任务的时候,两个保姆便同时充当了拐杖,小姐走路无异于走钢丝,需要技巧才能保持平衡,而其步态就像鸭子走路,步履蹒跚。在这一乘马车的后面,瞧!

"谁来了!

---

① 译者注:静安寺路(Bubbling Well Road),即现在的南京西路。

他高大魁梧、身穿骑士服。

请看此骑手,请看这服饰!"

是的,在他身上我们看到了中国公子哥的身影。

然而,就"行头"而言,这与西方纨绔子弟实在是大相径庭!如果人们常常纳闷西方那些调戏妇女的公子哥是如何将四肢塞进紧绷绷的衣服内的,担心一不小心那衣服就会破裂,那么,中国纨绔子弟的装扮则恰恰相反,如果一阵大蒜味十足的微风从街对面吹来,根据"丝质大袋子"内的氢气的受热程度不同,这位中国公子哥的衣服就会像热气球一般,时胀时缩。中国的堂吉诃德一袭长袍随风飘逸,其胯下的坐骑则是一匹瘦骨嶙峋的纯种蒙古马,其美貌,应该说是其丑相,并没有因为欧洲人的调教而得以改善。白马驹一般受到这些中国公子哥的偏爱,这种毛色的战马即便不是中国人全然不了解的东西,却也实在是稀罕货。如果他们养的小型中国白马可以称得上是"白色的"话,那么暹罗的粉红色神圣大象大概同样有资格被描述为白象。据我们猜测,那是因为主人疏于给马清洗,致使中国马原先的毛色都看不到了。有两件东西会让中国公子哥很自豪:一是自己头上的辫子,二是他胯下坐骑的尾巴。他的辫子能够拖到地上,而坐骑的马尾巴肯定也与此相配。当然,辫子越长,越是有贵族派头;与此同理,马的尾巴越长,马的贵族派头也就越足。一时间,骑马人与坐骑屁股后面的"附件"同时随风飘逸,甚为滑稽。中国公子哥一般都戴着一副护目镜,颜色多样,显然是为了跟衣服搭配。至于这些镜片的颜色对视力有没有危害,他们似乎认为那是无关紧要的事情。骑在马上,一只手拿着马鞭,另一只手夹着一根"马尼拉雪茄",这就是马背上中国浪荡公子的模样。

与这些乘坐四轮马车和骑马的人同样有趣的是来来往往、人流如织的步行者。在这些步行者当中,人们定然会被很多妇女所吸引,因为她们当中绝大多数可以称得上颇有几分姿色。西方的规律是"虫子总会挑最好的水果下嘴",中国在此方面也不例外,这里的"水果"指的是从良的妓女。这样的妇女在福州路人数众多。这些被玷污的女人在社会上的地位并不像我们一般人所认为的那么不光彩。这些妇女中的很多成为男人的姨太太，并从此被视为"贞妇"。在福州路上，厨师们大声吆喝，向路上行人推荐自己的糕点和饭菜，尽管从他们煎锅内冒出的气味并不像晚风中饱含的南方特有的潮湿气味那么难闻；带着小作坊随处招揽生意的流动铁匠、补锅匠人、雨伞修补匠、流动理发师、行走江湖的中医郎中、游走补鞋匠、点心小商贩、算命先生，每个人都用自己特有的嗓门招揽着生意；还有挑担负重的苦力、黄包车以及古朴的老式独轮车，此番景象，气象万千，别开生面，让人一时间忘记了自己正站在"划给外国人的地盘"上。

多数的中国职业惯骗都选择将总部设在福州路，这再自然不过了。这些技法高超的扒手团伙通常在福州路附近安营扎寨，他们拿来自偏远农村的陌生人下手，基本上没有遇到过任何麻烦。各类江湖骗子，如，庸医、巫师、算命先生以及你可以想象到的其他形形色色的江湖郎中，都在福州路上暂时落脚。

刚刚提到的那些人当中包括了中国的"巴纳姆"①。这一类"江湖艺人"的人数相对较小，而且他们的展出也微不足道。大家也许会认为，在中国这样的一个幅员辽阔的泱泱帝国，上演一个"好节目"应该不成问题，在这个国家，无论是怪兽还是畸形的人类，应该都很多。然而，这些中国佬尽管做生意很精明，却显然不去动心思通过展览这些怪物来赚钱。我们所理解的动物展，对中国人而言，是个陌生的概念。他们展出的动物通常只限于一些对人没有伤害的蛇、穿山甲、熊，人们偶尔也会看到一些加工处理过动物标本，据说这些动物生活在亚当之前的年代。这些动物标本以及所有其他据称起源于地球古老年代的东西，都会引起中国人的好奇心。但是无论如何，展出的标本中根本没有乳牙象或猛犸象的化石遗骸，有的只是根据中国神话书籍插图中的动物制作的伪造品。记得有一次，我们在这样的

---

① 译者注：菲尼亚斯·泰勒·巴纳姆（P. T. Barnum, 1810—1891），被认为是世界最伟大的巡回演出团老板，并因展现畸形人的表演而闻名。巴纳姆创造过多个营销神话。他经营的"巴纳姆与百利马戏团"是十九世纪美国最受欢迎的马戏团，但是为了达到目的，他几乎无时不在编造谎言，欺骗公众。

一个展览上看到了一只庞然巨蛙。其身长约有五英尺,席地而卧。皮上斑斑点点,像是乌龟的外壳。爪子约有十英寸长,这无疑引起了很多"格调高雅"的中国参观者的嫉妒,因为这只青蛙异乎寻常的长爪子让他们的指甲相形见绌。巨蛙的颌上有四排牙齿,跟鲨鱼的牙齿很相似,总体而言,此蛙的外表很是凶恶。当然了,中国的江湖骗子,跟西方的同行一样,一个个巧舌如簧,这也是从事这一行当的必备条件。显然,这些容易受骗的观众正在听展览人讲述一个富有创意的故事——这个现在已经死去的青蛙当初是如何被捉的。讲故事的人说,据说几百年前,这只巨蛙给安徽省的当地百姓造成了可怖的破坏,后来,皇上下旨,命令一小股部队前去捉拿此蛙。巨蛙抓到了,但是几百位"勇士"却在巨蛙的攻击下丧命。这个故事让我想到了荷马笔下著名的"青蛙与老鼠的大战"。

　　福州路上有几个去处,中国的公子哥和喜欢晚上外出的女公子哥们可以去修复他们开始退化的"咀嚼器"。几天前,我们去参观了一家中国"口腔外科医生"的诊所。那家诊所光线昏暗、遍布蛛网,没给我们留下什么好印象。牙医本人斜躺在一张抽鸦片的长沙发上,正在吞云吐雾。一看到我们进来,他便立刻起身,用勉强凑合的英语向我们打招呼。在接下来的谈话中我们了解到,他的专业知识是在英国的殖民地学到的,当时他跟着一个英国的口腔外科医生做学徒。根据他对我们提出的问题所做的回答,我们断定,这个将要步入拔牙行业的从业人员只是个冒牌医生。他可能给殖民地的某个牙医做过贴身跟班,在此期间浮皮潦草地捡了点肤浅的牙科知识。当然了,就算我们深陷不幸,被迫要将某些发黄的虎牙拔掉,也不会找他去。此人给颌部做美容,一颗牙收费十个银元。距离这一家诊所不远处的另一家诊所的牙医给我们留下的印象要好得多。此牙医诊所的陈列柜透露出一个信息:这里的牙医有美国人的思想观念。陈列柜内摆放着一个微型的中国人人体模型,模型口腔大张着,估计能吞下一只童子鸡,双唇之间露出两排雪白牙齿。模型的双手拿着一副颚骨,颚骨内填充着腐烂的前磨牙标本。将美白健康和烂掉的磨齿一起陈列展出,这种宣传医术的办法确实不错。这位口腔外科医生很礼貌地接待了我们。他说话时的新英格兰口音让人确定无疑地推断出他的专业知识是从哪个国家学到的。牙医告诉我们他是在美国学习的牙科,他很乐意解释一下他的操作方法。他也向我们展示了他从美国进口的那些"咀嚼器",有的样品个头很大,足以给驴子配上去,而《圣经》中的大力士参孙也就是用这样的驴腮骨杀死了数以千计的敌人。他说自己的手法干净利落,而且收费也低。在我们离开前,他谈到了在远东地区行医的西方口腔外科医生的高昂收费,这吸引了我们的注意。他这种做是不是想让我们介绍熟人去试试他的医术,这一点我们不敢确定。但是,我们必须承认,他说的话很正确。

对于一个刚刚摆脱半野蛮状态的国家而言,最难割舍的就是祖祖辈辈已经习以为常的食物。我们的岛国邻居日本便是一个有力的证据。尽管很多日本人已经欣然接受了我们的服饰,但是他们的日常食谱依然是那些让他们的祖先食欲大开的饭菜。坐在餐桌上,面对热气腾腾香气袭人的西方菜肴,身着"燕尾服",脖子上系着白色"阔领带",日本人的眼睛却越过一道道西式佳肴,直到眼睛瞅到了盛放着他自己最喜欢的稻米的盘子,而且,这盘稻米在就餐过程中会得到他相当多的垂青。中国人虽然在社会改革方面远远落后于日本,但是对西方饮食却热衷得多,这真的令人惊奇。从一定程度上讲,也许是因为比起大日本帝国的人民,中国人更讲究饮食,更喜欢吃,中国比较富足的阶层经常吃欧洲饭菜,中国人开的西式饭店就是证明,并且在福州路上就可以找到几家。这些饭店在食客中的口碑都不错。开饭店的老板通常都在西方人开的酒店或洋行做过令人艳羡的头号跟班或者厨子。在这些中国人的饭店内,食客每人花一个银元就可以吃到分量十足的一顿饭,这些饭店还提供最佳的下菜葡萄酒和白酒,价格却很低,几乎是成本价。然而,其缺点就是,这些酒只整瓶出售,因为这些饭店没有获得零卖酒类的执照。在下午六点到半夜这段时间内,这里的生意很火爆。餐厅装修布置得很舒适,餐桌上放着欧洲生产的桌布、盘子和碟子,中英文对照的菜单也没落下。餐馆为英国人提供了烤牛肉和梅子布丁,为法国人准备了精心烹制的咖喱蛙后腿,为"荷兰人(Dutchy)"提供德国小香肠和德国酸菜。经常光顾这些饭店的外国人一般都是跟中国朋友一同前往的。他们的中国主顾绝大多数是买办阶级,偶尔也能看到大清帝国的海军官员和船长。他们离开了战船,正跃跃欲试,想抛开筷子,换上刀叉,大开洋荤。为了满足客人跟"美女、美酒、美歌"短暂相伴、纵情尽欢的要求,餐馆特意将顶层的一部分分成好多小隔间,隔间按照欧洲风格精心装饰。那些缠着三寸金莲的歌女斜躺在躺椅上,用一种类似五弦琴的乐器弹奏出音乐,为客人助兴,场面相当滑稽可笑。这样的乐曲听起来怪怪的,令人汗毛直竖,但是,我们的中国"老板"此时却坐在一张躺椅上,津津有味地欣赏着从这些美丽妖女迷人的朱唇间汩汩流淌的曲调,显然满心欢喜,其着迷的样子无异于印度玩蛇人吹奏时在笛声中着迷起舞的眼镜蛇。

日本人无所不在,做生意的眼光也很敏锐,所以,如果他们在人们最喜欢光顾的福州路上建一家大商行,那也是再自然不过的事情。法国人在每个自己殖民的国家都要建造"咖啡馆",作为西方文明的第一标志。显然,大日本帝国的子民效法了法国人的做法,但他们是通过建日本茶馆与其他国家建立商贸关系。

对于那些到访过"日出之国"美丽海岸的外国人而言,在他们的记忆中留下深深烙印的莫过于日本随处可见的田园式茶室。这些茶室都悠悠然散发着一种难以名状的魅力。这些小小的茶舍干净整洁,是多么令人愉悦的好去处。小巧玲珑的花园内点缀着精心挑选的花卉组成的花坛、矮冷杉,还有一眼喷泉。最后,同样重要的是,还有那充当司茶女的黑眼睛姑娘,她给你端来无色透亮的香茶。这些日本女人向客人行屈膝礼时极其谦恭,就像虔诚的朝拜者俯身去吻罗马教皇的脚趾。尽管茶室里的日本音乐不可能使外国客人如痴如狂,但是这些面容娇美的"五弦琴弹奏者"很可能心里明白"音乐自有其魅力",无论这乐声是来自犹太人的竖琴还是手摇风琴。日本人注意到茶室很受欧洲游客的青睐,而人同此心,心同此理,于是他们得出结论,认为他们的茶室同样能够吸引黑头发的汉族弟子。于是,福州路上冒出来很多日本茶室。然而,这里的茶室跟日本本土的真是有着天壤之别!这些茶室的招牌都暗示,它们都是"按照日本制度管理"的,对这种广告我们只能报以沉默。不必多言,开这些茶馆都是日本人中的渣泽。这些茶馆深处穷街陋巷,简陋的小屋内散发着霉臭味,几乎看不到太阳光。如果哪一位完全是出于好奇,去了这种"茶馆",当美丽的日本司茶女给你端来一种所谓的茶劝你饮用的时候,我们建议他千万不要喝下去。尽管一杯茶他们只收取二十分钱(费用内包括了几块日本点心),但是接下来我们很可能要花一两个墨西哥鹰洋到医生那里买药,用以消除这些"纯正日本茶"造成的有害影响。这些茶叶很可能就是拿赛马场附近捡到的陈年干草和野草混合而成的。前不久,日本当局采取了严厉措施,旨在根除上海地区日益猖獗的罪行。可是,让我们不解的是,为什么日本政府还没有做出努力,捣毁这些堕落的渊薮,将这些"不幸者"遣返回日本。尽管这样做似乎有难度,但是,如果想让这些无法无天的店主得到日本法律的制裁,肯定还是有可能的。日本号称自己的"文明"已经得到了世界认可,既然如此,此事解决得越早,对于日本的声誉越有利。

"谁若不爱美女、美酒和美妙的音乐,终其一生仍然是个傻瓜。"这是几个世纪前德国伟大的宗教改革领袖马丁·路德的名言。对于此格言的真理性,当今的中国异教徒似乎同久远年代的马丁·路德有着同样深刻的理解。中国人如何看待"美女和美酒"的问题,我们并无异议。但是,至于他们所说的"美妙的音乐",我们肯定不敢苟同,因为,一般来说,他们所认为的音乐我们会视为"噪声"——那种可怕的喧嚣声足以把死人吵醒。尽管如此,音乐艺术在中国人心目中享有多么崇高的地位西方人是不会理解的。之所以如此,在一定程度上是因为,在这个自称为"华夏"的国度,可追溯到史前的发明总是受到尊崇。根据中国的传说,与《圣经》中提到的土八该隐①同时期的中国"青帝"伏羲不仅发明了这个神圣的艺术,据说他还亲自教会了臣民基本的乐理。然而,正如中国的其他所有事情,自从那时起(四千多年前),中国音乐即便有点进步,也是微乎其微。其音乐艺术依然停留在亟待完善,其实应该说停留在不完善的阶段。在遥远的古代,我们的祖先诺亚与他的船员们用悲歌告别家园,准备开始人类历史上有记载的

---

① 译者注:根据《圣经》,土八该隐是该隐的后代,是铜匠和铁匠的祖师。

第一次发现之航,他们那时的歌声有多么不和谐,中国现在的音乐就有多不和谐。因此,对于来到"林荫大道"的外国人而言,能够给他们提供娱乐的去处之一就是中国的音乐厅。

这些音乐厅在福州路出现的时间相对比较靠后。据我们所知,去年这样的音乐厅只有一两家,现在超过了六家。据说,音乐厅之所以在短短的时间内增加了这么多,是因为上海道台最近发布了一道命令,禁止妇女光顾租界内的任何一家鸦片店。通往这些音乐厅的门上都挂着几块招牌,每块招牌上都写着演出者的姓名、出生地等等,当然,也有对他们才艺的赞美之词。从下午五点到半夜十二点,每天都有两场演出。中国人的入场券是八十文铜钱,如果有外国人恰好经过想满足一下自己的好奇心,他就会"遭到压榨"多付些钱。付了入场费,演出期间,茶水管够,可以放开肚皮使劲喝。演出过程中,服务员还会时不时地给观众分发晒干的瓜子。即使在夏天,也会不断地给观众提供热气腾腾的毛巾来擦汗,对于中国人而言,这无疑是莫大的享受。对他们来说,衣袋内装的手帕是"阳春白雪""下里巴人欣赏不了也消受不起"。租界中有些音乐厅能够容纳几百人,客人们坐在小桌子四周。舞台距离地面有几英尺高,用栏杆围着,顶部有彩色的帘幕装饰。在舞台的尽头挂着一面金框大镜子,可能是为了让观众欣赏美丽的表演人那极富观赏性的头饰。管弦乐队由八位乐手组成,至少大家认为够了这个人数才能凑齐"一个完整的乐队"。通常一个乐队会有以下乐器:两把气球型的吉他①(两位女孩一边弹奏一边唱)、一把三根弦的吉他②、两把小提琴、一支长笛、一把扬琴,还有一面用来打节拍的小鼓。所有乐器演奏者"齐声"演奏,确切地说,他们"试图齐声"演奏,因为每一位演奏者都尽量高声演奏,试图压倒其他人。他们演唱的大多数是民谣。这些中国"夜莺"无一例外全都是来自被中国人称为"人间天堂(Garden of Eden)"苏州府的当地交际花。当然,其中两个"音乐厅"例外,在那里,只有广东人才

---

① 译者注:琵琶。
② 译者注:三弦。

成群结队地去光顾,因为那里的演唱者使用的是广东方言。苏州府在中国这个泱泱"神州"帝国素有盛产绝色美女的声誉。有一句中国谚语是这样说的:"要想人间享艳福,必须出生在苏州,因为苏州人最美。"我们不敢自称在鉴赏美女方面有什么专长,不过我们认为中国人的品位确实不错:这些苏州女子确实有某种高贵的气质,而且她们的皮肤白皙水嫩。但是,苏州女子身上还有另外一样东西,正是这东西使其在中国男人眼中成为不可抗拒的迷人尤物,尽管在这一点上,我们并不认同他们,那就是,这些女子全是小脚。与大清帝国对"三寸金莲"的痴迷相比,欧洲对美人细腰的崇尚的确是望尘莫及。在清朝,女人的小脚是衡量家庭教养的一个指标,是一种流行风尚。女人的小脚并不是财富的象征,但是,同长着天足的女孩子相比较,拥有致残双脚的女孩子嫁给较为体面人家的可能性更大。如果说有什么东西造成了中国的等级制度,那就是女子双脚的形状差异。这些裹脚女人穿的雅致小鞋子其鞋底大约有三寸①长,这些"金莲"佳丽花在两只脚上的心血绝不亚于西方"达尔希尼亚"②花费在头饰上的心思。通常,她们的脚用鲜红的丝绸或者缎子包裹,上面的刺绣很有格调,鞋后跟的颜色十分鲜艳;身上穿的服饰中最漂亮的部分就是裙子,确切地说是应该是裤子;头上装饰着很多鲜花或假花,缀着一串串的珍珠;她们的双臂,尤其是演奏乐器时发挥着突出作用的双手,上面佩戴着玉石和珠宝;脸上自然涂着化妆品,双唇以及双颊上抹着胭脂。她们这样化妆打扮肯定会有一个好处:这些美艳诱人的尤物不会怕脸红,因为脸上的羞红被化妆品遮住了。于是,眼睛成了情绪的唯一指示器。她们的眉毛用烧黑的棍子描黑,又窄又弯,形如上弦月。我们认为,用以上文字描述这些中国"夜莺"中的其中一位或全体,都相当客观。而中国现代的一位天才抒情诗人是这样描述这些苏州歌女的:"面如杏花,唇如桃花,秋波恰似太阳下的涟漪,莲步轻移,步步生莲花。"不错,她们的容貌的确值得歌颂。但是,对于这些演艺人员

---

① 译者注:一寸约等于零点零三三米。
② 译者注:堂吉诃德想象中的农家美女。

的歌声和乐器声对西方听众的耳朵产生的冲击，我们又该如何描述呢？有些东西，只有自己亲自去看去听才能喜欢欣赏，或者厌弃，而我认为这些所谓的"音乐会"就是这样的。如果说我们很难用准确的文字描述中国器乐的话，那么要想用文字准确描述他们的发声法更是难上加难。实际上，根本无法确切地描述中国式的发声法，而且很少有人在听过中国人的发声后能够对其进行模仿。像其他所有的中国人一样，这些女高音当然用假声唱，这是个普遍存在的特征。于是，这就好理解了：这样的唱法，对于外国的野蛮人而言，根本就不是什么艺术享受，尤其是起调低于"d"阶的时候。此外，她们的声音似乎是从鼻腔发出的，而在我们西方人歌唱中发挥着重要作用的舌头、牙齿以及双唇，除了唱词之外，在她们的歌唱中显然没什么用处。显然，这种齐声演奏配合下的假声唱法，声调一成不变，始终如一，没有强音也没有弱音，整个乐章也没有高低起伏，听惯了跌宕起伏乐章的耳朵很快就会心生厌倦。中国音乐中也没有大调和小调的区别，其音调总是在这二者之间徘徊，所以他们的曲子缺乏我们大调所具有的庄严、好战、欢快的音质，也缺乏我们的小调所具有的柔和、细致与忧伤的音色。总而言之，说到这些苏州"夜莺"演唱的一些最著名的中国民谣，我们便联想到了在家乡每个月"月如银盆"的时刻我们都会如期听到的另一种"音乐会"：一条狗在我们宁静的住所四周偷偷潜行，以凄厉的颤音唱出阿瑟爵士的乐章"我唱给你听，美丽的月神"。音乐厅里的乐器伴奏也几乎同样可怕。给人的感觉是，这些未来的"少女保姆"都在各顾各地弹奏自己的曲子。而且，伴奏声听起来极为刺耳，因为在中国音乐中不存在什么"适度"，结果，伴奏的调子不是太高，便是太低。尽管他们的音乐存在让我们极为不舒服的不和谐音调，但是从中国听众聚精会神的表情来判断，他们很享受。也许这是因为他们记得十八世纪英国诗人德莱顿的诗句：

"如果平淡无奇的话语都是如此甜美，
由我们爱恋的朱唇慢启唱出的曼妙乐曲又该多么美！"

外国听众有时候会发出可怕的噪声来。中国听众则无论如何都表现得很理智，以鼓掌、跺脚或口哨的方式表达对节目的欣赏，他们认为没必要,或者缺乏修养,中国人不会这样做。就像一个禁欲者,他们淡定地默默聆听这些中国云雀颤音歌唱,哀婉流转,绝不会喊出"再来一个"或者"加油"。他们只会淡然一笑,这已经足够表明其对节目的欣赏。休息时间音乐厅会给客人提供茶水,于是我们用了一点,我们认为茶的质量还算不错。我们也吃了一些免费提供的炒瓜子,中国人对于这种瓜子的喜好与美国人对花生的嗜好不分伯仲。但是,无论他们如何劝说,我们就是不肯尝试那些热气腾腾的毛巾。我们听说,这些"歌女"的演出报酬并不是由音乐厅的老板支付的。如果偶尔有客人要点自己喜欢的曲子,为了表示对这个额外节目的特别欣赏,点歌的客人必须另外拿出一枚墨西哥鹰洋,歌女们因此就会挣到一点钱。这钱有一半归被挑选的"歌剧女主角",另一半归音乐厅的老板。客人们可以带着这些妙龄少女出去度过一个晚上,沿着静安路兜风,或者带着她们去广东路上、湖北路上的戏园,令那里"蓬荜生辉"。要填补因此而出现的临时空缺一点不难,因为有很多替补人员急于填补她们腾出来的位置。如果这些诱人的"妖女"接受了要求,答应陪客人去兜风或者去剧院看戏,客人必须给音乐厅的主人三块墨西哥鹰洋。这些音乐厅还有自己的饭店,贵族们可以在这里一饱口福。然而,敢出入这些名伶经常献艺的场所的那些人肯定家底不薄,据我们所知,这样的一顿饭最少要花掉十五个银元。尽管收费高得离谱,每天还是有很多男人要掉进这些美丽尤物为他们编织的温柔乡里。

中国人极其不爱运动,任何需要动肌肉、动身体的运动他们都不喜欢。我们西方人习惯早上或晚上散步,喜欢玩板球或划船,他们却因此而嘲笑我们;中国人自己则喜欢挽起袖子一动不动地坐在那里,瞪眼盯着眼前的无聊的景物发呆。因而,当发现中国人居然爱上了需要身体运动的某种游戏时,我们会感到有点惊讶、自相矛盾。然而,事实就是如此。漫步于福州路(这是租界区内吸引中国人的"磁极"),一幢三层高的建筑会吸引大家的眼球,那是当地最高的建筑,远远高出了其他建筑。这幢大楼的正门上方挂着一个巨大的招牌,上面用英文写着:"LOUEN-YUEN BILLIARD

SALOON（阆苑台球沙龙）①。"

这幢建筑是中西合璧式建筑的很好范例。建筑的底层用砖垒砌，而上面的两层则是木制结构。实际上，整个建筑像一块巨大的玻璃窗，框架上有精美的奇奇怪怪的中国式雕刻。我们无法理解这个地方为何非要起"台球沙龙"的名字，因为尽管我们在这儿确实看到了几张台球桌，但是，这个场所的主要收入显然源于向顾客提供茶水及毒品。我们这里所说的这个场所实际上就是一个东西方"沙龙"二合一的产物。一层是几张台球桌和一个保龄球馆；二层和三层则是招待茶客和瘾君子的地方；第四层则完全是为瘾君子常客的方便开设的空间，为此目的，此处装饰得也颇为精致。每一"组"鸦片客都有自己的小隔间，在这里他们尽享毒品给他们带来的撩人快感而不被人看到。当然了，这些房间是专门为中国的贵族阶层划出来的，其装饰和家具应该代表了住宿房间的最高标准。家具的雕刻很精致，桌面是大理石板材，至少是石头的仿制品（实际上是有裂缝的结晶的石灰石，上面沾了酸性物质，污迹斑斑）。长凳上装饰有绿色石头浮雕，这种绿色石头往往被欧洲人错认为真正的玉石。写着中国伟大圣人名言的卷轴悬挂在四壁上，其目的可能是为了提升这些"不可救药的牺牲品"思想境界吧，但是，这些瘾君子很快便坠入白日梦的境地，在这种状态下，其想象力成为鸦片的俘虏，飘飘欲仙，直上云霄，其想入非非的程度远远超过了宗教狂热分子。这些圣人的语录竟然出现在这种残害身心、令人堕落的场所，其讽刺意义尤为深刻。光顾此地的客人形形色色，让我们感到共和主义的精神似乎在中国人当中颇为盛行。"兄弟情义以及平等精神"在这里随处可见，大腹便便、两腮饱满的丝绸商或茶商同地位卑下的劳苦匠人面对面食用茶点。视"女人、美酒、音乐"为人生快乐的中国公子哥与"秃驴"开始敞开心扉地谈话——"秃驴"是用来骂"和尚"的。在我们西方人眼中很有

---

① 译者注：为当时上湾四马路（福州路）上的著名茶馆，人称"阆苑第一楼"。初建时如下文所述为三层楼，以大块玻璃为窗，令人"如坐水晶宫"，上湾茶客和外地人都纷至沓来，门庭若市，后来茶楼又改建为四层。后因茶客太杂，有身份者不再光顾，生意衰落。1886年2月茶楼毁于火灾，未再重建。

分量的那个等级制度，在这里好像不存在。

　　茶客们"啜饮香茗"的部分看起来其实也不乏趣味。就装饰艺术而言，此处的装饰实在是乏善可陈。跟所有类似场所可以看到的一样，这里也摆着小小的餐桌，小桌的装饰离奇古怪，做工很结实，经得住几个世纪的磕磕碰碰；也放着同样古朴的竹制小板凳。茶客人头攒动，也是再自然不过的事情。因为茶在中国是一种普通饮料。他们喝的是一种红茶，有人告诉我们，中国人从来不喝绿茶，另外中国人认为喝冷水对健康不利。黑头发的汉族人所特有的这种"恐水症"很可能可以追溯到《圣经》中提到的"大洪水"时代。从另一方面讲，我们认为，他们总是喝茶却不同时吃点有营养的食物，这种习惯致使中国人堕落成现在这种俯首帖耳、懦弱胆小的样子。由此便出现了一个问题：我们是不是通过更广泛地将茶这种饮料引入欧洲，就可以压制自由思想、消灭无政府主义者和社会主义者，从而建立一个千秋万代永久和平的大帝国？但是，有人也许要问，中国人几乎彻底禁酒的习惯对于这个国家道德和心智的发展是不是并没有产生什么重大的影响呢？让我们纵观一下戒酒的那些民族吧，比如，分布于辽阔地域的伊斯兰教教徒以及数以百万的亚洲人。大家都认识到，这些民族整体上都劣于喜欢饮酒的西方民族。日本是亚洲唯一一个几个世纪以来大量饮酒的民族。而令人惊奇的是，我们注意到，他们愿意接受新思想、新事物，热爱进步，与周边死水一潭毫无进步的邻国形成鲜明的对比。当然了，这些现象的根源也不完全在酒，但是，酒也许是其中的一个促发因素。好了，让我们言归正传继续说茶吧。据说在公元八百年之后才广泛地进入中国百姓的生活的茶叶是促进中西密切交往的重要因素。茶被中国人视为第二大生活必需品，其地位仅次于米饭，所以，要想最准确地了解一个中国人的性格，要选择他啜茶的时候去观察，而不是其他任何时候。我们知道，"那一杯令人愉悦但不会让人醉去的"茶，其中含有大量的刺激性成分。比如说，一群围坐在茶壶周围的老处女会变得多么絮絮叨叨，而有多少次她们的闲聊不让我们恼火？但是，从另一方面讲，这种香叶在让男人开口泄密方面显然同样很有效力。常来此地的茶客之间的吵闹的交谈声与使用不同的语言的"巴别塔"①修建者产生的那场的著名混乱不相伯仲。

与刚才所描述的部分形成强烈反差的是为"鸦片客"专门划出来的区域。

这里有的只是沉静,哎,有时候只有死一般的寂静,尽管这里聚集了大量的鸦片客,他们趋之若鹜纷至沓来,就是前来享受尼古丁让人欲仙欲死的快感。鸦片区的情景为画家或作家提供了绝佳的素材。这些不幸的鸦片受害者躺在低矮的竹榻上,令人恶心的气味弥漫了整个区域。人们总是谈论酒馆老板在英国从事的邪恶不法交易,谈论出售酒类给这个国家带来的苦难。如果你到这个地方待上一两分钟,看看这里的情景,你就不可避免地要质问那些鼓励出口有毒鸦片的人比酒馆老板能好到哪里。进这里来,随便扫视一眼那些人:其中有些垂垂迟暮,摇摇晃晃行走在坟墓的边缘,他们形容枯槁、眼圈发黑、像死尸一般面色惨白,俨然一幅上帝所造地球上最高级动物陷于最深层苦难的景象。看看这些可怜的人吧,他们五官脱相,僵尸一般面如土灰,但是这些骷髅仍然在吞吐着慢性毒药的烟雾。如果说看到男人染上了毒瘾觉得很可耻的话,那么看到女性沦为鸦片客我们会更痛心。这是多么令人憎恶的场面!只见这些往往尚处在人生的妙龄花季的女人,脸颊塌陷、失去红润,双眼无神。在这个国家以及整个世界的这些无用子民的脸上流露出来的是彻底的冷漠。在当地政府的努力下,妇女被禁止出入鸦片馆。一八八五年,上海道台邵友濂颁布禁令,禁止妇女光顾鸦片馆,违者重罚。于是每一家鸦片馆都张贴着这张禁令。但是,道台的禁令仅仅被严格执行了一个月左右,此后这项法律的执行力度便开始松懈,结果,大批妇女重新蜂拥而至,再次沉迷于吸食鸦片这种败坏道德、摧残身心的恶习。这些鸦片馆主人肯定日进斗金。他们提供给鸦片客的最小剂量是十分之一盎司,鸦片客为此就要支付十文铜钱。这是最便宜的一种鸦片,一般提供给使用"二号"区域房间的鸦片客。而同样十分之一

---

① 译者注:巴别塔:在《圣经》中,大洪水之后,当时的人类合力想要修建一座通天的高塔,以免分散。上帝被惊动以后,就下来变乱人们的语言,人们语言不同,无法沟通,一片纷乱,建造高塔的工程就此停歇。

盎司的鸦片烟,使用"一号"区域房间的贵族阶层的鸦片客则要支付二百文铜钱。每天去"沙龙"的人可以说是熙熙攘攘,就像蜜蜂窝里的蜜蜂,鸦片客不停地进进出出。据我们所知,该鸦片馆股东的盈利足以让我们的一些最大的外国商行相形见绌。

在这所"沙龙"内,最吸引外国人的眼球、最能触动某些外国人回忆起悲惨"过往"的东西,莫过于一个写着"Positively no chits taken(概不赊账)"的牌子,对于很多混迹于此的年轻人而言,这无异于是晴天霹雳。这些开店的中国老板显然不相信收集一堆欠条会有什么好处,因为这些"赊账单据"在太多的情况下就是废纸一堆,因此我们应该对他的精明表示赞许。这里没有用汉字写的这种"告示",因而,我们不得不得出结论:这种"温柔的提示"主要是针对那些偶尔前来光顾的外国人的,这些外国客人主要是海上的水手。而"饭店老板"可能领教过这些水手的众所周知的做法,认为这无疑是防止"误会"的唯一方法。在我们辞别该场所之前,我们不得不略费笔墨,说一说"不信上帝的中国人"玩台球和保龄球时表现出的特点。倘若孔圣人能够从墓中走出,被人蒙上眼领到该"沙龙"的话,他必然会惊讶地揉眼睛,不敢相信眼前情景,其惊讶程度定然不输给沉睡二十年后看到改朝换代沧桑巨变时的瑞普·凡·温克尔。

"玩保龄球的中国人"绝对有趣。正如前文所讲,中国人通常对所有的需要活动身体的运动表现出明显的冷漠,而现在他们居然喜欢上了保龄球这一游戏,这似乎不符合他们的一贯的性格。话虽如此,福州路的中国小伙子们显然感到保龄球这种游戏很好玩。双球道的保龄球馆保养得还算可以。据我观察,中国保龄球玩家表现得很差。就像那些清朝的"乡勇",在二百码的射程内十发子弹只能有一发射中靶子,这些中国保龄球玩家也要投十次才能有一次击中保龄球瓶子。中国人玩保龄球时的身手跟女人差不多。让保龄球"飞出去"时,他们大多数时候都要双手并用,增加力度才让保龄球到达目的地,一般会将十个瓶子全部砸倒,因为这些瓶子是堆放在一起的。中国人将保龄球瓶子紧靠着放在一起的这种做法,类似于他们的军事战术,根据这些战术,指挥作战的将军会将尽可能多的"兵勇"集中在一起。他们保龄球成绩的记录方法跟我们的大同小异。十颗球，每颗投掷三次，每人收费三十文铜钱①。当然，该沙龙的这个区域总是有大量的旁观者，尤其是那些从偏僻的农村地区远道而来的人。他们好奇地看着这个场面，就像小孩子好奇地围观流浪杂耍艺人的表演。我们现在再去看看"台球沙龙"。

很难解释中国人为什么那么轻易地接受了台球这种游戏，据我们所知，中国人自己的游戏中没有任何一种与这种游戏有关系。然而，在租界的中国人居住区，大量的台球馆遍布于每个角落，而且所有的球馆都顾客盈门，由此看来，台球已经颇受中国人的青睐。这个"沙龙"大概有六张台球桌，但这些"桌子"破旧不堪，全是些二手货，哎，兴许还是在外国的台球馆早已经使用了十几年的"十手货"。中国玩家习惯于在台球布上用粉笔记下他们的分数，台球布的颜色因此已经难以辨认，台球布上的补丁跟约瑟夫②那件五彩斑斓的彩衣上的颜色一样多。我们观察到的台球桌全是美式台球桌，我们不知道他们为什么会喜欢美国人的这些台球桌，而不喜欢英国人的。显然，中国人从来不玩落袋台球，可能是因为其中需要的技法对他们而言难度太大。我们针对中国人在保龄球游戏中的表现所做的评价不适用于他们在台球方面的一般技能。我们发现这些打台球的中国人当中有很多技法高超，其中有些能与我们的当地的台球冠军一较高低。做这项游戏的中国人大多属于买办阶层、办事员一族，或者纨绔子弟之流，而打球时也会做出跟我们西方人相类似的滑稽古怪动作，他们之间的谈话很多时候都是用英语。他们打球时总是有一群一群的人围观，有的是打发时间，而其他人则明显对台球很感兴趣。跟我们西方人一样，这些中国人也会对别人的击球评头论足，还会打断玩家，向他解释，他本来会赢得一分，有时他们也会感叹某个玩家错过了一个连中两球的机会，并且宣布他们还没有见过比这更糟的一局。其实，如果这些指手画脚的人自己错过一

---

① 译者注：一文铜钱约等于零点一美分。
② 译者注：约瑟夫是《圣经·创世纪》中的人物，作为幼子，他深得父亲雅各的宠爱，雅各送给他一件彩衣，这使他遭到兄长们的嫉妒。

球的话,他们肯定会把球杆扔到地上,责怪这个球台太破,影响了他们得分。三十五次一局的台球白天收费是五美分,晚上因为需要汽灯照明收费十美分。而晚上的那种照明会让人想到据说极地区域每年都会出现的那种为期半年的昏暗状况。

将福州路称为上海的"林荫大道",并没有什么不妥之处。但是我们耳边仿佛已经听到一句友好的警告:"要考虑后果。"跟随我们徜徉于这条"林荫大道"很久了,我们的读者恐怕已经开始有点厌倦了,慎始敬终,该做个结束了。

中国无疑是这个地球上最独特却又最奇妙的国家。这个国度土地肥沃却一贫如洗;人口稠密,大片大片的土地却无人开垦;拥有诸多思想深邃的哲人,对待同类却最为残酷。正如不久前一位作者所言,"中国拥有三千英里的海岸线,海岸线上港口星罗棋布,城市人烟阜盛。地球上没有哪个国家的沙漠和平原比中国的更壮观、更辽阔。仅一个广袤的大平原,其面积就相当于整个德意志帝国国土面积的一倍半。中国的江河众多,其流域面积广阔,其他国家都无法匹敌。其疆域南接热带丛林,北至极地雪域。中国的国土面积比整个欧洲还要大一百万平方英里。从来没有哪个人曾经遍观整个中国。这个国家的人口比南北美洲、非洲、澳大利亚的总人口还要多出一个亿。在世界上出生的婴儿中,每五个当中就有一个是中国婴儿。在中国每天都有三万五千人去世。其民族独立已经保持了四千多年,比地球上存在过的其他任何民族都要长得多。中国的国民普遍受过教育。据说,即便将中国的所有古典书籍堆在一起,将其付之一炬化为灰烬,也会有近一百万的中国人能够根据记忆将这些被烧的书籍重新书写复原。诚然,我们现在的发展在各个方面都超过了这个亚洲民族,但是这个国家有着很多个世纪的领先优势。"

笔者认为,以上我们试图描绘的场景可以表明,中国的社会变革进程缓慢,但是前进的步伐很坚定。尽管改良的成果至今看起来只是"沧海一粟",我们不能忘记,芦苇虽随风偃伏,它却恰恰指示出风所吹来的方向。

"远方的指引并非徒劳;

前进,前进,让我们前进,
让这个伟大的地球永远旋转,
沿着变革的轨道。
穿越地球的阴影,
我们跨进新的一天;
宁在欧洲五十年,
不在中国待一天。"

中国的黄包车及黄包车苦力

几乎每一个有机会写上海的人都曾经对"黄包车"不惜笔墨地作过描述,而去过日本的人们则留下了更多有关黄包车的文字,因为这些很有特色的车辆是日本人发明的。黄包车也是近几年才引进上海的,因为上海工部局必须先对沼泽湿地进行改造并铺上碎石路,黄包车才能在中国的路上行驶。这种车子不知道被拿来跟多少不同的东西作对照:这种车给有些人的印象是,它最接近于摇篮车,但是摇篮车有三个轮子,而黄包车只有两只轮子。还有一些其他人认为黄包车跟残疾人坐的轮椅很相似,但是两者之间的轮子数也不同。其实,跟黄包车最相似的是轻便双轮马车(gig),只是体积要小得多。当大雨倾

黄包车夫

盆，或者骄阳似火，阴凉处的温度都超过华氏九十度的时候，马车夫便把竹子框架上的帆布盖子支起来为车上的客人提供遮护，于是，这种日本式的"人力马车"便酷似伦敦街头的一马二轮的有蓬双座小马车，只是没有后面的马车夫座位而已。拉车的苦力置身于一对狭窄而轻便的辕干之间。车上固定着后拉缆，用以防止黄包车翘起来，但是这种防范装置并不是总有效：黄包车后翻，乘客两脚高翘在半空中，拉车的苦力悬于辕干间或横杆上，此等事件也是屡见不鲜。

据说中国的黄包车苦力车夫远不如日本国内的同行，因为后者体格更好，工作起来游刃有余，其速度与耐力远远胜过了中国苦力。中国黄包车苦力中也能找到一些好车夫，但是绝大多数看上去都很可怜可鄙。这些苦力车拉得好不好，很大程度上取决于乘车人支付的车资。如果他拉的是中国人，而且从这个客人身上只能挣到几个铜钱的话，他就一路颠簸慢跑，就像行进在出殡队伍中；如果车夫拉的是外国人，而且这位外国人手里还拿着一根拐杖的话，这个中国苦力就会以每小时七八英里的速度一路狂奔。如果路面干燥没有积水，一流的中国苦力会一路快跑，速度几乎比得上撒开腿的小马驹；如果路况不好，而且黄包车夫身体虚弱或气喘吁吁，而客人又要急着赶路，那么客人最好还是步行为妙。有些人力车夫很愚蠢，他们不懂交通规则，一旦黄包车被双轮轻便马车撞倒，会将你陷于危险的境地；有的人力车夫则有点"脑子"，他们能够很好地遵守交通规则，不会冒险，而且跑得也很快。如果乘车人想往左拐，他便用一根棍子敲打人力车夫的身体左侧，或者用左脚去踢人力车夫离乘客左脚最近的身体部位；用右脚在苦力身体右侧发出的同样信号是让人力车夫往右拐。但是，这对那些不蠢的人力车夫才有用；如果遇到愚蠢的车夫，你想让他向右拐，他肯定会拐到相反的方向，或者在你不想下车的地方，他偏偏将车停在了某个门前。如果你想让苦力停下来，你就喊"man，man（慢，慢）。"有各种简单的汉语相当于我们说的"go on（继续）"或其他常用的吆喝声。如果不谙此道，却想让黄包车苦力停下来，瞧那场面，听那声音，实在是有趣：车上的人忘了人力车夫听不懂英语，朝着苦力大声吆喝"Stop（停下）"，苦力依旧疾步前行，乘客一遍又一遍地吆喝"stop",继而对人力车夫脚踢、棍打,这却让拉车人跑得更快。乘客如此生气,人力车夫以为自己犯了什么大错,最后终于停了下来。如果乘车人一开始就吆喝"man, man(慢,慢)"的话,人力车夫就会立马停住,把车把放到地上。只要有得手的机会而不被惩罚,这些黄包车苦力便会想方设法欺骗勒索客人。如果外来的乘客给他二十美分,虽然这已经比正常收费高出四倍了,人力车夫还是会厚颜无耻地要价"半美元,先生(hap-dallah, mastah)";然而,已经定居于此的外国人不会受其摆布敲诈,因为他们很快就了解到合理的收费,人力车夫只好根据情况收取五美分或者十美分,而且,如果车夫吵吵闹闹着抱怨给的车费少,而外国乘客正好随身带着手杖的话,这些黄包车苦力往往要吃意想不到的苦头。上海的黄包车苦力一眼就能看出谁是刚来上海的外国人。初来乍到的外国人只要最初雇用过他们一次,这些苦力就会在之后的数月内阴魂不散地缠住他。如果一个黄包车苦力将某个初来乍到的外国人从码头拉到了他在租界下榻的酒店,这个人力车夫就会尾随他,在上海黄浦滩或者其他的任何地方拉车朝他跑过去,一边跑一边嘴里还吆喝着:"ricsha wantee?(你想坐黄包车吗?)"初到上海租界的外国人付给黄包车人力车夫的车费可能太多,于是人力车夫就想着尽量多索要几次这样的高价,直到新来的外国人了解到付给车夫五美分就足够了。这些黄包车夫认为外国人无权在路上步行,他们认为这些路是为他们的黄包车专门铺就的,因此如果外国人走在马路上,那就是对他们不公平。于是,见到步行的外国人,每一位正好闲着的黄包车苦力都会拉车向他跑过去,凑上前去,放低黄包车的辕干,同时嘴里还吆喝着:"ricsha wanchee? numbah wan ricsha(你想坐黄包车吗?我这可是一流的黄包车)","ricsha, mastah, ricsha(黄包车,先生,黄包车)"。倘若有某个外国人从酒店、商店或其他任何地方走出来,而马路对面正好有黄包车的停放处,半打以上的人力车夫便会拉着黄包车一起向他冲过来,在跑的过程中,有的车轱辘卡住了;有的车夫被撞倒了;再就是他们的车距离这个外国行人太近,以至于车辕干弄伤了此人的小腿骨。在这种情况下,即便我们这一位外国人平素像摩西一样温顺、像鸽子一样人畜无害,如果他随身拿着手杖的话，也会忍不住要教训这几个黄包车苦力。于是，他们一哄而散，遭到责罚的人力车夫则会受到其他黄包车苦力的嘲笑。

这些黄包车苦力按月租车，每个月必须向黄包车的主人支付两美元，他们还必须支付费用以获得由英美租界工部局以及法租界公董局各自颁发的人力车营业执照，每个执照一美元。由于英美租界的工部局以及法租界的公董局颁发了大量的人力车营业执照，结果上海的外国租界区的黄包车泛滥成灾。这些黄包车属于那些向外租车的中国人车主，这些黄包车车主肯定赚了大钱，否则就不会一直有那么多的黄包车忙忙碌碌川流不息地穿梭于外国租界区的大街小巷。据说有些黄包车苦力两三天内就能净赚几美元，然后一周的其余时间就舒舒坦坦地歇着，不是光顾茶馆或赌馆，便是去逛鸦片窟。上海黄包车苦力的饮食是极为普通的中国饭菜，主食是大米饭，所以花不了几美分就能填饱肚子，这些黄包车人力车夫也是流动食肆的主顾。他们在衣着上也花不了几个钱，在夏天最热的三伏天，黄包车人力车夫身上的全部穿戴包括头上的一顶巨大的草帽，脚上穿的一双麻布凉鞋，腰间缠绕着的两三片棉布，下身穿的一条很短的短裤。然而，有的黄包车苦力头上不戴任何遮护，能够在最毒辣的烈日下不用任何保护措施就拉着车疾步如飞，如果换了欧洲的车夫，估计几分钟就要中暑了。到了冬天，这些黄包车苦力穿上鼓鼓囊囊的蓝色棉布衣服，里面塞满棉花，这种棉衣他们会一直穿到第二年的夏天。棉衣上面遍布一团团的补丁，补丁和补丁用线系在一起。遇到下雨天，境况好一点的会披上绿色或黄色的油布防护衣；比较穷苦的苦力披着稻草做的斗篷——一种非常原始的，像茅草屋顶的雨具。有些精干的人力车夫的服饰则是中式与欧式混搭，他们有的可能会上身穿中式蓝色外衣，下身穿一条欧式花呢裤子，有的则下身穿着破旧的中式棉布裤子，上身穿着两三件欧式花呢汗衫和夹克。与此同时，他们头上全戴着各式毡帽，样式之多变，超乎你的想象力。似乎从国外进口到上海的毡帽绝大多数都落到了这些黄包车人力车夫的头上，只不过，这些毡帽戴在他们头上的时候已经破烂不堪，看不出本来的式样和形状。

将日本的黄包车引进上海，大概是十九年前的事情。当时，上海租界区的外国居民人数增长还不大,但是从上海城厢涌入的中国居民人数相当可观。由于缺乏一种合适的个人出行工具,租界的工部局采取了措施,旨在填补这个空白,满足人们的出行需求。因为,在此之前,除了少数的私人四轮马车,或者安步当车,人们出行的唯一工具就是笨拙而老掉牙的独轮手推车,而租界区的外国人很少使用那种车。人们认为当时新近发明的黄包车可以填补租界区交通工具的缺口。于是一位法国人将大约二十辆黄包车从日本引入上海,结果这些车受到广泛光顾,上海租界黄包车的数量骤然剧增。目前,定期穿梭于各个租界的出租"东洋车"①已经超过了三千辆。

我们不知道我们外国租界区的街道当初是谁建造的,但是,这些设计者肯定没有想到上海有一天会成为远东的商业中心。他们建造的公共大道充其量不过是些狭窄的小巷子,面对巨大的交通流量,这些道路根本无法承受。除了这三千辆"东洋黄包车",还有几百辆川流不息的单轮手推车,以及数量庞大的中国当地人的四轮马车,这还没有包括外国人和中国人的私人车辆。造成我们公共道路阻塞的主要根源无疑就是这些东洋黄包车,黄包车的问题越来越让人不安,我们应该采取措施解决这一问题。

有些人支持使用黄包车,他们有时候不仅倡导维持黄包车的现状,还倡导将来要增加营业性黄包车的数量,这些人给出的理由是,除了"你自己的两条腿(shanks'mare)",黄包车比其他任何交通工具的成本都低。这个观点,尽管大家普遍认为是正确的,实则极其荒谬,原因是,花费在为黄包车提供驱动力的人力车夫身上的成本,比文明国家花费在其他任何引进的交通工具上的成本都要高。这里暂且不提黄包车本身具有的半野蛮性质,让人联想到我们英国国内的小孩子在无聊的时候经常玩的那种小孩子的游戏。但每年花在这些黄包车上的费用就可以用于提供另外一种更为便捷、更为安全、更为廉价的交通工具。

---

① 译者注:黄包车前身叫"东洋车",又称人力车,约一八七〇年创制。一八七三年,法国人梅纳看到黄包车便利,拟从日本购进,并向法租界公董局呈报一份计划,申请这种交通工具的使用权限以及十年专利经营。后经法租界公董局与公共租界工部局协商,同意由两局发放人力车执照,并批准路程价格。次年一月,黄包车从日本输入上海,因车身都被刷上黄色油漆,所以被称为"黄包车"。

我们前面已经说过，上海大约有三千辆营业性东洋黄包车定期穿梭街头。估计每个黄包车苦力每天至少能挣到二十五美分，这样下来，三千黄包车人力车夫每月的收入为两万两千五百美元，也就是每年二十七万美元，花在黄包车上面的车费数额巨大，似乎很惊人。但是，再把大量的营业性四轮马车和独轮手推车加进来，每年花在这两类交通工具上的费用估计为十三万美元左右，这种估算绝非言过其实。这样一来，上海居民每年花费在各类个人交通工具上的总费用便达到四十万美元左右。

打个比方，如果用上面说的这一大笔钱来引进有轨电车的话，我们会享受多大的便利。在上海运营这样有轨电车的公司很多会利润滚滚。无论是当地的中国人还是外国人大都会使用这种交通工具，这样一来，黄包车造成的问题很快就会得到缓解。我们来看看用有轨电车取代黄包车后会得到哪些好处吧：这些如今在街上来回游荡，造成每一条街道堵塞，危及我们的人身生命与财产的衣衫褴褛、肮脏不堪的黄包车人力车夫，将不复存在；路上的行人将不再受这些招揽生意的人力车夫的纠缠；大量的警力可以发挥更好的用途，而不是用于监督这些人力车夫遵守交通规则——我们的警力仅够监管一半交通；外国人不会再被这些卑鄙的家伙拉到野外，值钱的东西被他们洗劫一空，而至今这样的案件屡屡发生；最后，同等重要的是，引进有轨电车后，人们会获得莫大的好处，可以乘坐干净、舒适、设备完善、适应任何天气的交通工具。

在黄包车出现在日本之前，日本国内除了"你自己的两条腿"之外，存在着两种盛行的出行方式：一种是骑马，另一种就是乘坐一种称为"cango"的肩舆。前者有一个很大的缺点，日本的矮马脾气暴躁，喜欢撕咬、踢腾。后者存在的一个大缺点就是，对于那些不习惯乘坐轿子的人来说，坐上去很不舒服，因为乘坐轿子的人必须要么以日本人的方式将双腿交叉盘腿而坐，要么将双腿搭在轿子的一侧，对于初次乘坐这种轿子的人而言，这两种姿势都让人很是受罪。当时，有一位传教士[①]，因为其职业特

[①] 译者注：美国传教士强纳森·斯科比。

点,经常需要长途跋涉深入日本内地,为了解决以上所讲的种种不便,突然产生了制作一种新型交通工具的灵感,于是他发明了一种交通工具,并给它起了一个很贴切的名字"jinricsha(人拉的车子)"。跟很多其他的发明遇到的境况一样,黄包车的设计者根本没有想到他的发明会很快得到广泛应用。此传教士发明人谙熟日本人的性格特点,因此他满怀信心,确信日本人会将人力使用到这种新型的交通工具。日本的马夫遛马时能够徒步随着马匹行走数英里;日本的抬轿者表现超凡,他们能够极为轻松地克服重重困难,翻山越岭,一口气将乘轿人送达目的地,这些都让他从中找到了充分的证据证明:日本这个民族有着几乎不可超越的忍耐力以及良好适应力。

但是,如果认为适合于一个民族的事物同样也适合于其他所有民族,那可就是大错特错。最初将黄包车引进到我们租界区的上海本地人就犯了这样的错误。他们错误地认为,公鹅也罢,母鹅也罢,吃的时候用的调味酱都一样。他可能从来没有机会去注意日本人和中国人之间存在的巨大差异。为了让大家完全信服我的观点,我们在此必须认真审视这些黄包车在中国失败的根源。每一位到远东地区短暂旅行的人都会明显地注意到中日黄包车苦力之间以及他们所拉的黄包车之间的天壤之别。造成这些差异的原因有很多。在日本,大多数的黄包车属于拉车人个人所有物,因此他会费心保持车辆的干净整洁与车况,这其中也有日本人喜欢洁净的天性。在日本旅行的人都会发现,日本的黄包车都有应对恶劣天气的完善的遮盖装置,并且配有供人或坐或躺使用的柔软舒适的垫子。日本的黄包车人力车夫身上的衣服我们可以称为制服,总是收拾得干干净净、整整齐齐;当拿到应得的车费时,他会很礼貌地向乘客致谢,而不会像上海的黄包车人力车夫埋怨、辱骂乘客。日本人力车夫拉车时跑得很快,而且他们不会堵塞公共大道,因为他们都有指定的停车点,不能越雷池一步,在这一方面,日本远远领先于我们的"模范租界"——在我们所谓的"模范租界"内,黄包车人力车夫不停沿街吆喝,死缠硬磨招揽顾客,行人的耳朵和神经不堪折磨。

我们再来看看中国是什么情况呢？中国人对体力活动有着一种根深蒂固的厌恶，除了绝对必要的体力付出，其他的任何一丁点体力，他们都不愿付出。与中国这个泱泱大国的阜盛人口相比较，从事艰苦劳动的人只是极小的一部分。那些打算以辛苦的体力劳动为生的中国人喜欢稳定地从事于不稳定的体力劳动，比如，黄包车人力车夫从事的这种工作。之所以这样说，原因是，黄包车苦力也许有一天能够挣到普通劳工两倍的收入，但是在接下来的两三天，他所挣的钱也许还不够支付黄包车车行的租金。这样一来，从事这种劳力的苦力大都是最底层的中国劳工，他们倾其所有，将自己的几个美分作为赌注，用来租车，以此希望发大财。也许他们走"好运气"，几天挣的钱就可以让他们一周吃喝不愁，在此期间，他将黄包车临时转租给别人，自己却无所事事，享受清闲，直到自己的钱财全部耗尽。因此，在这种情况下，黄包车苦力是不可能去关心自己借以谋生的工具的，所以，这些黄包车总是脏兮兮的，而人力车夫因为把挣下的闲钱都花在了鸦片上，所以他们总是衣衫褴褛。上海的黄包车有什么舒适度可言呢？车上的垫子好"软"，简直就像是里面填充着鹅卵石或者小石头。上海黄包车人力车夫的外表往往就是人类苦难的生动体现：饥饿随时会从他直瞪瞪的双眼中跳出来。除此之外，还有很多完全残疾的黄包车苦力，我们根本想象不出，为什么会允许他们从事这一行。因为使用麻痹神经的鸦片，他们的体力已经消耗殆尽，他们无法拉车，却沿着我们的大街缓缓爬行，其目的只是为了博得我们的同情。所以，改革的措施采取得越早，其效果也就越好。

上海居民并不是黄包车的唯一受害者，想到这一点，居住在上海的善良的人们也许会得到一点安慰。愤怒的呼声从亚洲的最南端传来。前些时候，这些黄包车也被引进到新加坡。根据《新加坡海峡时报》，这些黄包车根本没有满足当地人的需求。我们同时代的人这样说道，"就新加坡而言，黄包车这种日本创新观念的产物，需要我们发挥改革的热情。诚然，黄包车在我们的交通工具中并没有发挥在香港以及上海那样的重要作用，尽管如此，在我们的街道交通中，黄包车还是一个因素，而且是个重要因素。

至于辕干间的那些人力车夫,他们有时候两腿无力,气喘吁吁,近于崩溃,我们无意责怪。但是,这个迫切需要关注的问题似乎表明我们需要发挥改革的热情,而这一问题就是:我们完全没有一套管理体系,用以管理黄包车停车站点,确保人力车夫遵守交通规则。"如果划定了黄包车的站点,这些马路流浪者就会被限制在合理的范围内,他们就不会像无头的苍蝇盲目地来回乱跑乱窜,可能是为了让自己稍稍兴奋起来。我们希望看到当局采取一些措施以达到这些极为理想的目的,因为我们敢肯定,如果继续放任这种混乱的状况的话,我们每个人都会不得安宁,当地出租马车车夫与双轮轻便马车车夫的职业也会日薄西山,气数将尽。

我们报纸上了解到日本政府决定最终完全取缔黄包车,作为初步行动,不久将对这些车辆课以重税。这是朝着他们正确的方向迈出的一步,我们的模范当局应该积极跟进。从英国国内的报纸上我们看到,巴黎和伦敦的街头甚至出现了一些黄包车。但是,这种交通工具根本不可能在英国国内成为潮流。我们怀疑有哪一个政府会允许这样的车辆招揽生意。因为,正如当代一位日本人所言,"我们根本无法想象有哪一种形式的劳动比这更为卑下、更有辱人格。每个从事黄包车拉车职业的人都陷入了社会的最底层,从此身上便留下了这个行业深深的烙印。"

上海城门口的古玩货摊

街头货摊

在上海城"老北门"前面,护城河小小的木桥上人头攒动,到处是进出城门的当地人。在这里,有很多老人摆着小小的古玩摊子。他们的摊子就摆在通向护城河小桥的路上,摊子上展示着各式老旧物件,总体上都无甚价值。从桥头到城门短短几步弯弯曲曲的小路两侧都被这些人占用了,桥上的旧衣摊子上展示着中国各式各样的服装,这些衣服搭在竹竿上,靠在小桥的护栏上。其他人展出的则是极不寻常的古旧却一文不值的古董收藏品。这些物件被摆放在地上的席子上、托盘内、小匣子内、小篮子内，摊贩们就坐在拍卖品的附近，他们蹲在席子上，抽着长长的烟杆，有的在阅读当地报纸，有的则忙着捉跳蚤。有些摊位混杂摆放着中外物件，确实很古怪：一双用白黏土漂白过的厚底中式鞋子、一双麻布凉鞋、一顶伦敦式样白色旧帽子、一盒旧钉子、中国活字印刷板、一支鸦片烟枪、一篮子旧瓶盖。另外一个匣子内放着数量更小的一些物件，这些东西作为价格不菲的古董被精选出来，因为物件上还留着或黄或红或黑的斑斑封蜡，上面还有葡萄酒酿造商的名字和商标。此外还有：衬衣装饰钉、开钟表的钥匙、耳环、玉石护身符、螺丝钉、旧刀子、小镜子、微型木塑神像、中国历代古钱币、各式各样的硬币；还有一枚半便士铜币，上面有维多利亚的肖像以及"Victoria，D. G.，F. D.，Reg. Brit.，& c.，of 1861"的文字。这一枚半便士铜币，连同其他所有的值钱物件，也许都是花了几美分从别处买下的。

中国独轮手推车及独轮车苦力

中国的独轮手推车是所有其他同类手推车的鼻祖。中国人从古代就开始使用这种独轮车。现如今，在中华大帝国的中部或长江流域的省份，独轮手推车仍然是主要的陆路交通工具。在北方地区，人们使用骡子以及骆驼作为畜力，简陋的北京式马车则被作为主要的交通工具。在南部省份，唯一存在的货运方式就是苦力以及他们肩上的竹子扁担，而且，正如一位作家所言，中国的苦力在与畜力博弈的赛场上取得了胜利。独轮手推车引进上海，这也不过是大约二十八年或者三十年前的事情。那时，在外国租界工部局修建的道路范围之外，没有

独轮车

一条大路，要想在田间小路上同行，唯一可用的就是这种独轮手推车。从外观上看，中国的这种独轮手推车比我们可以看到的任何同类农用车辆都要粗笨。但是，这种车子的独特结构也具有一些优势，使其适用于各类用途：可以用于载客，运送家畜、生肉或者棉包，中国人可以用它来运输几乎所有东西。独轮手推车上有个宽大的用扁平木条做成的框架，轮子安装在框架的中央，一个箱子式样的框架将轮子在框架中间露出来的上半部分遮住，这就使得轮子的两侧都可以坐人；乘车人可以将身子一侧靠在这个箱式框架上，也可以用手抓住这个框架。乘客坐在木头框架的外露空间处，一只脚紧紧蹬在框架最前面的横木上，而另一只脚则蹬在车子一侧的一只马镫或一根麻绳上。轮子是木质的，车轮的轮辋有三四英寸宽，辐条与轮辋比例相称同样粗笨。辕干在坐人的木头框架的后面，在极端的情况下，这些辕干的间距会达到三英尺左右，给重负下步履蹒跚的苦力留下了大量的空间。一根肩带的上半部分在苦力的腋下穿过，另一头则固定在辕干上，防止肩带来回移动。当负重上路时，独轮车上的重量主要落在苦力的两只肩膀上，苦力的两只臂膀用以保持独轮车的平衡，在推车前进的时候，苦力会使用到身上的每一块肌肉。如果遇到很多乘客，而这些乘客尽其所能手里拿着很多包袱、箱子、篮子，苦力照样能够轻松上路。大木头框架上铺着垫子，乘客的坐垫的舒适度也许还可以。对于他们而言，时间不是考虑的因素，每小时走三英里，或者更慢点，都足以赶得上他们最紧迫的商业约会，或者游玩。如果只有一位乘客，苦力可以将肩带拉紧一点，这样就可以保持平衡。但是，只要有可能，独轮手推车苦力都会抓些其他东西装在车上，某一件家具、某一捆原料、一只箱子，或者任何其他够得到的东西，因为不装满车子他就不高兴。有时候，独轮车的一侧坐着打扮得花枝招展的妇女，而另一侧放着一头活生生的黑毛猪，猪仰面躺在独轮车上，下面没有坐垫，前后四只蹄子全被捆着，并牢牢地捆绑在独轮手推车的框架上，遇到这样的情况，独轮手推车苦力看上去最为开心。到了外国租界拥挤的街道上，这些独轮手推车苦力不得不紧靠着路边前行。在比较先进的黄包车人力车夫看来，独轮手推车苦力实在是碍手碍脚，他们频频发生争执，争论到底是谁挡了谁的路。但有时冤家路窄,独轮手推车苦力偶尔会在某条街的拐角处挡住双轮轻便马车的去路,只要他那没有任何装饰的"珍贵"车子有半点可能被撞坏,独轮手推车苦力便会将辕干掀起来,这样一来,如果他车上拉的"货物"是人的话,乘客就会仰面朝天倒在路上。他们对乘客这般粗暴无礼,事后的"善后"问题又是如何处理的,我们不得而知。这些中国独轮手推车苦力有时候表现得很愚蠢:他们总是要回头看双轮轻便马车到哪儿了,这样一来,他们肯定要挡住后面马车的去路,而且,这样做的同时,他们有可能忘了自己的首要任务是保持这种古老车辆的平衡,结果独轮手推车正好在双轮轻便马车前翻倒。如果独轮手推车苦力尽量往路边靠,而不是想回头张望的话,他们会平安无事。但独轮车苦力越是好奇地想看看身后是什么东西,他们越是无法控制车子的平衡。如果他的独轮车两侧和上面绑扎着三四捆货物,或者车上拉着很长的厚木板、树木或条钢,他肯定会时不时地回头张望车上的货物,往往接着就会发生悲剧,导致交通堵塞。独轮车翻倒后,苦力做的第一件事情就是静静地绕车走一圈,然后,他会点上旱烟管,开始悠闲地休息起来。他也许需要其他的苦力帮助才能将车子和车上的货物扶起来。中国警察看笑话似的带着善意冷眼旁观,但是根本不去想让这个车夫赶紧把路腾开。中国警察的想法跟这些苦力是一样的:这路是为他们修建的,即便他们阻塞了交通,也无所谓,既然他们不着急,别人也无权着急。跟从日本引进的黄包车一样,这些独轮手推车的营业执照也由租界的工部局颁发,车子是苦力从车主那里租来的。大多数的独轮手推车负责将货物从码头运往仓库,看到苦力居然可以推动那么满满的一车货,实在令人惊讶。独轮车上常常载着两捆散装货、四箱半茶,或者两捆兽皮,车夫在重负下举步维艰,在"金桥"或"外滩"边翻车的事故也是司空见惯。将公司邮船上的宝物运送到银行,或者从银行运送到公司邮轮,这样的工作都是由独轮手推车苦力承担的。于是,在运货的队伍中你会看到二三十个这样的独轮手推车苦力,每一辆独轮手推车上都负载着两箱子银元宝(银锭)、墨西哥鹰洋或者金条,这个运输队伍的车上装着价值大约二十五万美元的宝物。但是,这些箱子都经过了仔细清点,由银行买办的几位中国仆人专人负责，所以不必担心哪一个苦力拉着一车货跑掉。

在上海每个月申请独轮手推车营业执照的苦力在三千左右，上海租界工部局每年收取的费用约为一万两白银，每一位独轮手推车苦力每月缴纳四百文铜钱。

中国的印刷工

传教士在中国所做的最好的一件事就是他们建立了教会印刷馆。在这些印刷馆里,中国人学会了排字和印刷。这些印刷馆还是中国报馆的摇篮,现在中国大量的从事报业的人员,几乎全都在教会的印刷馆工作过。

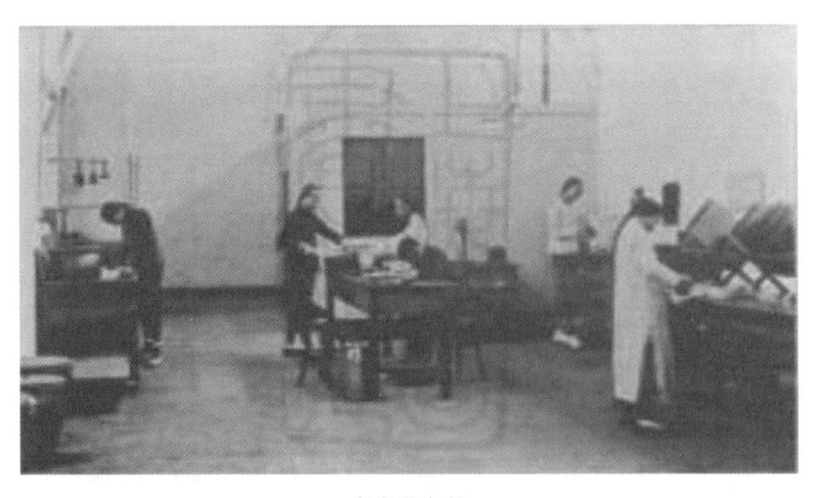

商务印书馆

一些排字工也在教会学校学过英语，而他们所掌握的一点英语知识在一定程度上对于这个行业很重要。除了上海的报馆，还有大量的小规模的投机报馆。这些投机报馆多数仅仅由中国人独家经营。这些报馆以其他报馆认为低于其成本价的成本经营，以低廉的劳动力搞垮了其他报馆。在从事印刷业的人员中，葡萄牙人占很大的比例，在我们所了解的报馆中，没有一家不是葡萄牙员工多于中国员工的。但是，对于这些葡萄牙从业者我们不打算多说什么，只说他们中间的一些人很懂英语，工作也做得不错，似乎他们在英国国内的报馆做过学徒；而其余的则不怎么懂英语，工作能力比不上某些中国人。但是，这是敏感的话题，如果我们的评价不够客观的话，我们的印刷工就会罢工，还会将印版摔到地上。

中国的排字工首先学习照着印刷"原稿"排字，在这种情况下，因为知道所有字母放置在什么地方，他们能够将这些字母组合在一起，尽管他们根本不懂这些英文单词的意思。即便这样，他们也做不到没有错漏，因为即便他们捡起了一个错误的字母，他们也会把它放过去。在调整字行的时候，偶尔有必要将一个单词"分"开。在这一方面，他们采取了最简单的办法：单词的辅音、元音、音节，统统不管，只要放得下，他们会将这个单词中包含的字母尽量多地放在第一行，其余的则放到下面的一行。再小的单词他们也要分成两半：他们会把"small（小的）"分为"sm"和"all"，将前半部分放在一行，后半部分放到下一行。如果他们要把"notwithstanding（尽管如此）"分到两行的话，他们也许会将此单词分成"notwithst-""anding"，或"notwi-""thstanding"，或者其他任何形式，但是偏偏不根据音节去分。如果原稿书写工整清晰的话，排字工会做得相当不错。即便原稿的字迹不太工整，如果是每天都接触的、已经习惯的字迹的话，排字工也能辨认出来。有些临时投稿人以为自己的稿子字迹很工整，如果遇到英国印刷工的话，他们的字迹也的确算得上不错；但这样的稿子遇到中国排字工时往往必须重新抄写，否则的话，清样就会糟糕不堪。有些更为聪明的中国排字工出于好意会不顾一切地企图辨认一些书写不清楚的单词。我们认识一位中国排字工，他的架子上经常放着一本六便士的英语词典。遇到不清楚的单词,他就将单词的前三个字母先排好,然后在词典中去查其余部分,尽管这种办法只是偶尔管用,而且纯属碰运气。中国的排字工能够认识很多常用的单词,如果原稿中使用的单词跟某个常用的单词相似,排字工便抛开原稿,将他们之前学过的那个单词排上去。印刷工的错误往往令人忍俊不禁,有时候恼人又好笑,但是校对他们的工作很快就会令人青丝变白发。几天前,我们发现一个荒唐的错误,不过这个错误没有通过校样。在一个有关军方舞会的报道中,有一句话,说是女士们都系着丈夫的"sashes(饰带)"。排字工将首字母"s"丢下,因为他知道"ashes(骨灰,灰烬)"是个英文单词,而且他此前从来没有见过"sashes"这个单词。我们还知道另外一位中国排字工,他显然在某个教会的印刷馆做过学徒,因为每次遇到原稿上写着"Lord so-and-so(某某阁下)"这样的名字,他总是将其排成"the Lord(上帝,耶稣)"。前些天,一篇文章中出现"Land of the Leal(天堂)"这样的说法,排字工将其校对为"Land of Lead(盛产铅矿的地方)",显然他认为这是一则商业新闻,而另一位排字工校对这一页时又将其校对为"hand of head(头之手)"。我们还听说,在为当地的"大教堂仪式"一篇普通的每周短文排字的时候,有一位排字工犯了一个离奇而有创意的错误(但是我们几乎不相信,因为我们没有亲眼看到)。那天晚上的礼拜赞歌的标题是"From the rising of the sun(从日出开始)",据说排字工将标题排成了"*from the Rising Sun and Nagasaki Express*(从日出及长崎快车)!"无论如何,我们确确实实了解到,上海当地报纸的排字工对于河流以及沿海的轮船的名字特别留意,出于习惯,他们总是不会忘记将这些名字排成斜体字。尽管这样做在一定程度上也可以接受,但是,这有时候会导致他们落入陷阱。比如,我们记得,有一篇文章中作者使用了"El Dorado(富庶之地)"来指代中国。正好中国排字工知道航行于上海和北方港口的一艘汽轮的名字也是"El Dorado",于是他便把这个词排成了斜体:*El Dorado*。另外,有一篇文章提到了"the Great Eastern(大东方号)",尽管原稿中这个轮船的名字下用了下划线,但是因为排字工知道这个轮船并不在上海海岸进行贸易,所以他使用了Roman字体,甚至首字母都没有大写。以下便是最近几天发现的排字工在给形似词排字时故意犯下的一些错误：

原稿文字	校样文字	原稿文字	校样文字
Answered.	Assured.	Obvious.	Glorious.
Approach.	Article.	Opinion.	Opium.
Author.	Another.	Overture.	Overturn.
Blunder.	Blinder.	Quiet.	Quite.
Chairman.	Chinaman.	Quietly.	Quilty.
Chater,(Mr.)	Charter,(Mr.)	Quite.	Quiet.
Comic Annual.	Comic Animal.	Retain.	Return.
Conservatism.	Conversation.	Roars.	Wars.
Counsel.	Council.	Ruining.	Running.
Expect.	Except.	Satow(Mr.)	Swatow(Mr.)
First Lord of the Admiralty	Fire Board of the Admiralty	Sums.	Guns.
		Snug.	Sung.
Handy.	Hardly.	Title Rôle.	Little Rôle.
Leal.	Time.	Soft.	Spot.
Line.	Time.	Supplies.	Applies.
Lunacy.	Bunday.	Tame Duck.	Lame Duck.
Martial.	Material.	Then.	Their.
Mild Hindoo.	Wild Hindoo.	Tardy.	Thirdly.

中国排字工为威尔士语排字的时候就做得很好，因为他们谁都看不出原稿中的任何错误。他们有个怪癖，工作时总是把顺序颠倒过来。在校对一列文字时，他们从下开始校对，而不是自上而下。在"浏览"字行的时候，他们看着原文的垂直字列，而不是将这些字行放到排字盘上。我们曾经斗胆给一位中国排字工一些暗示，示意他应该如何正确地校对、如何正确浏览原稿，但是这位排字工告诉我们排字工作他已经做十年了，他在教会印刷馆学过排字，他比我们更懂得该如何排字。尽管我们在十五年前就学会

了排字，他就是不听劝，于是只好由着他我行我素。

然而，中国的印刷工人比这些排字工还要好笑。几乎看不到一个中国印刷工敢将一大页铅字字模举起来，他们总是把这一页字模放到一张木板上，然后用板子抬着字模。这样做倒也挺不错，因为他们"锁定"铅字模板的技术实在是靠不住。在这一方面最离谱的做法是我们在香港的一家报馆看到的。在那里，印刷工将七大张很长的铅字"列队"放在活板盘上，然后将活板盘抬到印刷机跟前。在操作像哥伦比亚（Columbian）或阿尔比恩（Albion）这样的手动打印机时，这些中国印刷工有一些古怪的做法。"一号"印刷工将纸张放到"压纸格"上，然后将版台滚进去，但是他没有按规范拉动控制杆，而只有拉动控制杆才能产生印刷品。不，这个"一号"印刷工不会这么做，他可是熟练工，只做将版台滚进滚出这样的技术活。"二号"印刷工负责操作手动加墨辊，而双手拉动杠杆的重体力活则由右侧的一个苦力完成，他同时也负责将印张从印刷机上拿下来。就这样，他们每小时能印三百张左右。在操作一台很小的手动印刷机的时候，"一号"印刷工自己动手拉动把手。在文汇报印刷馆，一台"长条校样印刷机"闲置在房间的一个角落，很久没有使用，因为中国印刷工说他们不会操作这台机子。于是，我们将它从被遗忘的角落搬出来，发现机器本身没问题，但是这些中国印刷工说他们不会把校样放到那个"东西"上。他们所说的那个"东西"就是一个纵向的铁托盘，还有一个铁滚筒。世界上没有什么比这更简单的事情了，他们只需要让滚筒在字模上滚过去。我们让其中的一两位使用这台印刷机，但是有个老头总是能躲就躲，尽量不用。他似乎宁愿不顾任何麻烦在那儿等着小型手动印刷机闲下来再弄校样，也不肯去触摸长条校样印刷机。事实上，他似乎认为这种新型的打印机惊扰了中国人的鬼魂。当他看到别人一天又一天地使用这台机子，并没有发生什么大的问题的时候，才克服了对这台机子的恐惧心理。尽管如此，他使用的时候总是小心翼翼，看上去似乎对这台机子心怀恐惧。

当文汇报印刷馆要安装一台乐富豪打印机时，动用了几位中国机修工。他们把打印机在另外一个地方拆卸下来，为首的机械师说他能"savee all what b'long that ting（保存好所有的部件）"，并且能像收拾米饭一样三下五除二将机子重新组装好。当苦力用竹子扁担将所有的部件抬到印刷馆后，几位中国机修工开始清理擦拭这些部件；第二天，他们把框架安装了上去；又花了一天把机子版台借以移动的驱动轮和齿轮安装好；接下来的一天，他们安装了版台、墨台以及滚筒；第六天，他们将机器的传动装置全部安装完毕，还安装了送纸板。他们认为送纸板是整个机器最重要的部件，他们中间的一位几乎所有的时间都在擦拭送纸板的黄铜格栅。当滚筒开始转动时，他们以为终于大功告成了。但是，他们发现递纸牙没反应，更糟糕的是，当滚筒下面的版台向后移动的时候，滚筒却朝着相反的方向旋转。但是，"一号"机械师认为没问题，等他看到递纸牙传递给滚筒的纸在滚筒上转了一圈后，便招呼手下人收拾工具，将所有的螺丝扳手、扳钳、螺丝刀以及锤子统统放进了一个工具包内。"一号"机械师汇报说"一切正常"。结果发现，特意叮嘱他要注意的地方他倒是没有改动，却将一些离心轮安装反了，而且滚筒也根本没安装好。他因此得到了一顿臭骂："你们真是一群饭桶！"最终我们将机器安装好了，但是有个中国印刷工却画蛇添足想对机器做点"完善"，打印机又不能用了。另外一个中国印刷工过来说他能修好。他绕着印刷机走来走去，然后在一个小盒子上坐下，接着悠然地点上旱烟管，与此同时，他慢悠悠地将次要零件上的一枚螺丝拧下来，然后又把它照原样拧上去。他接着缓缓转动主动轮，让辊筒转了一圈。然后又坐下，给旱烟管续上烟丝。就这样反反复复，他整个下午什么都没做。但是从一家中国人开办的报社来的另一位把印刷机修好了，印刷机表现出一流的质量。他花了一个下午修好了印刷机，而自吹自擂能修好机器的那个老工人则坐在一边一直观察着。不仅如此，第二天他又来了，而且趴在地上绕印刷机观察了数小时。除了有人问他想干什么，没有任何人跟他说话，他的回答是他想弄明白另外一个人到底是怎么把印刷机修好的。他渴望得到操作这台新印刷机的工作，可是他没得到。

中国戏法：虹口码头的杂耍艺人

  在上海最有趣的一种人就是杂耍艺人、魔术师、中国戏法大师，在停泊轮船的虹口码头沿岸，几乎每天都能看到他们的表演。我们在这里观看过

街头卖艺

几个不同杂耍艺人的表演,有的技法确实很高明,与英国国内从事这一行的专业人士的技艺不相上下,而且,这些表演者身上某种怪异的东西使他们表演的趣味性大大增加。记得去年夏天,当时我们正在一艘到上海访问的轮船上,突然间看到一个人沿着码头走过来。当时正值八月的酷暑天,在这个季节中国人穿的衣服都很单薄。我们注意到这个中国人是个枯瘦如柴的细高个儿,岁数不是很小,但是谁也无法准确地猜出他的实际年龄。只见他身穿一件脏兮兮的蓝色棉布衣服,腰间扎着腰带,下身穿着一条短裤。除此之外,他身上再也没有一根线头,甚至头上看不到遮护,脚上看不到凉鞋。他的腋下夹着一个小小的令人起疑的包袱,如果是晚上,警察完全有理由以盗窃为由将其逮捕,因为他沿着码头匆匆疾行,同时还时不时地小心翼翼地朝着我们的甲板张望,让人心生疑窦,不知道他要干什么。他在我们所在甲板的对面停下来,然后马上开始在码头的木板上将包袱解开,从里面取出一些物件,这一下我们立刻意识到他是靠手艺谋生的中国杂耍艺人。他首先将三四颗珠子和弹珠放在码头的厚木板上,然后神神秘秘地开始改变这些珠子的位置,变来变去,最终谁也弄不清每颗珠子的确切位置,然后,他不停地自言自语,确切地说,他开始不断地念着咒语,偶尔夹杂一两句洋泾浜英语,用以引起早就前来围观的外国水手们的兴趣,而他所使用的洋泾浜英语带着浓浓的水手们使用的俚语味道,既不怎么高雅也不怎么文明。他双手玩着珠子和弹珠,灵巧自如,偶尔他会故意露出破绽,假装无意中把一颗珠子掉在木板上,让珠子滚到木板的缝隙间,这时,他一通洋泾浜英语解说,然后,他居然将失去的珠子从左眼中捡了出来!在这个把戏后,他把珠子放到眼皮下面,将一只手握成拳头放到眼上,然后用另一只拳头砸这一只拳头,然后让围观的人去看他的那只眼,似乎是因为珠子陷了进去,他的眼睛肿大了。紧接着,他将双臂举起,表明腋窝下什么也没藏,下一步,他从腋下掏出了那颗水晶珠子以及其他几颗类似的珠子,接着假装把这些珠子都吞了下去,之后又从鼻孔内将珠子一颗一颗掏了出来。然后,杂耍艺人拿出了真实的"吞物"绝技:他身上带着一只小小的黄铜铃铛,跟中国人在马脖子上戴的那种铃铛一般大小,同核桃外壳的形状和大小一模一样,他没有骗人,这个东西他真的吞了下去。当他吞下铃铛的时候,可以看到他的喉咙鼓了起来,而且,当这东西被吞下去的时候,伴着体内铃铛的音乐声,他跳起了"完美的治疗舞曲"。就在此刻,他扯着嗓门开始要"赏钱":"Hap dallah cumshaw, captain(赏半个美元,船长)"。他反复吆喝着要赏钱,直到他确信自己能够得到。他的乞求终于换来了"半个美元的赏钱"。看到赏钱,他喜出望外,于是,就像一个拍卖者,他认为自己能得到更高的报价,接着他便改口开始吆喝"Wan dallah cumshaw, captain; wan dallah, cumshaw(赏一个美元,船长;赏一个美元)!"他开始抽筋似的咳嗽,准备把咽下去的铃铛吐出来,他看上去显然很痛苦,深呼一口气,气喘吁吁,使劲咳嗽,以至于身体扭动,五官挪位,几乎上下颠倒、五脏俱出,最后,他将铃铛从嘴里吐出来。然后杂耍卖艺人绕圈接赏钱,悉数独自收起。他的表演只完成了一半,通常,中间的休息时间他用来收取赏钱。他随后表演的绝活也令人叹为观止,不过观之不雅。只见他用皮包骨头的双手拍打自己裸露的胸膛,一边拍打一边吆喝着:"No hab got chow chow(我还没有吃饭)",与此同时,卖艺人深呼一口气,他体内的肠肠肚肚似乎都提到了肋骨下,因为在肋骨下只能看到紧贴在后背骨头上的一层皮。就这样,变成"骷髅"的杂耍卖艺人绕了一圈,嘴里同时吆喝着:"no hab got chow chow; wan dallah cumshaw hab got(我还没有吃饭;我只要一个美元的赏钱)。"然后,他开始使劲吸气,直到他几乎变成一只鼓鼓的气球,先前瘦得像一具骷髅,现在却胖得像个肉球,前后都很极端。在这个杂耍卖艺人表演的其他绝技中,他表现出了非凡的杂耍功夫:在两根棍子的尖端旋转一根棍子;将一根棍子竖立在鼻子尖上,然后转动放在这根棍子尖端的一只盘子。在表演转盘子杂耍时,他的样子极为古怪——他用右手抓起自己又短又稀疏的辫子,将其对折起来,然后用丝线绕圈将其系住,竖起的辫子比头顶高出六英寸。这就是记忆中我们六个月前在虹口码头看到的一场杂耍表演。

前些日子,我们碰巧乘坐同一艘轮船,这艘船碰巧再次停泊在虹口码头,而码头上同样再次出现了杂耍卖艺人。我们这次看到的有两三个卖艺人,但其中没有那个吆喝"no hab got chow chow(我还没有吃饭)"的卖艺人。有一个岁数很小,他没有多少江湖绝技,其表演跟我们在上海城内看到的卖艺老汉们所摆出的路数过于雷同:向前走,向后退,摆几个花架子,然后就是随随便便挥一挥胳膊。不过,他后来确实露了几手翻筋斗绝活,对于像他这样长得笨手笨脚的中国人而言,已经相当不错了。年轻的卖艺人做了一系列的筋斗动作,翻腾时他先用双手着地,接着以单手着地,再接着以三根指头着地,然后以两根指头着地,随后用一根指头着地,接着便呼呼呼连续空翻。不过,他最大的绝活却是保持九只碗的平衡:两个腋窝下各有一只碗,嘴里叼着一只碗,每一只手中拿着三只碗,然后他开始翻跟头,落地的时候让前额着地,身上各处放的碗没有一只掉下来。他很快将表演的场地让给接下来上场的另一位杂耍卖艺人。新上场的这一位看上去更像是我们前面介绍的那个瘦高个卖艺人。不过当时已经是冬天,所以他们的穿着大不相同,我们的这位卖艺人现在身上穿着破烂肮脏的蓝色棉布厚衣服,所以他只得不厌其烦地频频撩起肥大的袖子向围观者示意:"我这里没藏东西,一切全靠'手腕'的功夫。"只见卖艺人双膝跪在码头的厚厚的木板上,将腋窝下夹着的一个小盒子放下,于是,一群中国人过来围观,与此同时,停泊着的轮船甲板上也有半打外国人在观看他的表演。此杂耍卖艺人十分喜欢使用咒语,因为我们看到他的舌头一直就没闲着,嘴里一直念念叨叨,即便有时沉默片刻,随即舌头又会舞动起来,与此同时,他做出的古怪手势以及黄铜色的脸上不断变化的表情对于他的魔术技艺的发挥显然至关重要。先来看他的第一个戏法:他拿出一对小茶杯,然后将其中的一只茶杯倒扣在另外一只上面,然后他让一个小男孩对着两个杯子中间的缝隙吹气。接着杂耍卖艺人开始摇晃两只杯子,里面传出金属物质发出的响声。他将两只杯子分开,让围观者看,里面什么东西也没有。接着,他再次将两只小茶杯分开,在其中一只杯子内发现了"两枚铜钱"。然后,他便用这两枚铜钱做戏法:将铜钱从一只杯子换到另一只杯子中,用一只杯子盖住另一只,用手摇晃杯子,随心所欲地让杯子内传出叮当叮当的金属声。但是没有谁认为他这把戏有什么高明之处,因为在其中的一个杯子内侧我们能够看到一些沥青，显然，当他不想让这两枚铜钱发出响声的时候，他便把铜钱粘在杯子上。而他向我们展示杯子的内部，假装里面没东西的时候，我们注意到他总是小心翼翼地用两根指头遮住杯子的内壁，而那正是涂着沥青或某种其他黑色物质的所在。在接下来的表演中，他把一只茶杯扣在一只核桃壳上，念了几分钟的咒语，然后拿手指神秘地绕着茶杯划圈；接着将茶杯揭开，下面扣的核桃壳不见了，反倒出现了一颗鸡蛋；他把鸡蛋滚了几下，示意鸡蛋是真的。然后，他把这颗鸡蛋放入一只小碗内，上面用另一只小碗倒扣着，只见魔术师将四根手指逐一伸出：一、二、三、四，示意他要奇迹般地让鸡蛋数量增加。果然，当他将上面的小碗稍稍拿开的时候，下面小碗的底部出现了三颗鸡蛋，而当他将上面的小碗完全揭开时，下面的碗里放着四颗鸡蛋。这位魔术天才是个瓷器戏法大师，因为在他所有的戏法中，几乎总要用到几件古瓷器。接下来，他拿起一双小杯子，将杯子底朝上倒过来，示意杯子里是空的。然后，将两个杯子扣在一起，将上面的杯子揭开，发现下面的杯子中满是水。他把杯中的水匀出来倒进另外一只杯子中，然后将两只杯子中的水一饮而尽，接着将水从嘴中喷出来，但是，两只杯中依然满是水。魔术师仰头向后，一杯接一杯地连续喝水，看上去，他似乎真的把这些水咽下去了，但是，是真是假，我们不得而知。无论如何，杯中的水似乎取之不尽用之不竭，始终满满的。他喝了两三分钟，试图将杯中的水喝光，但是做不到，于是他把水倒在码头上。他又是用杯子倒水，又是从嘴中喷水，结果码头厚木板的一大片都被弄湿了。在接下来的戏法中，中国魔术师拿出一件瓷器——不是中国人制作的，而是一只普普通通的棕色的黑鞋油瓶子。魔术师将瓶子拿给观众看，示意里面是空的，然后，我们的魔法大师在码头的厚木板上坐下，将这只棕色的瓶子放在自己前面。接着，他从放在左手一侧的盒子内拿出一只小口袋。顺便说一下，这一只盒子内放着魔术师的全部道具——碗、杯子、碟子、鸡蛋以及核桃壳。但是，这个小盒子魔术师一直用一块脏兮兮的布遮盖着，而这一块布在即将表演的魔术中起着至关重要的作用。魔法大师从盒子内取出的小口袋内装着两三把米"chow-chow rice（做米饭的米）"，即中国人所说的"chow-chow lice",因为中国人不会发"r"的音,于是他们便用"l"来代替。他展示了一番大米,然后将袋子放入盒子内,但是从盒子内一侧露出来的一只袋子张着口子,我们前面提到的那一块脏兮兮的布将这一只袋子的其余部分遮住了。然后,魔术师将手伸进口袋,取出"一粒米"来,随手把米投入鞋油瓶子中,用一小片纸将瓶口盖住,纸片上又用一块布遮盖住,然后口诵咒语,祈求神灵助他一臂之力,让他接下来能够完成一个伟大的奇迹。魔术师成功了。只见他得意扬扬地将黑鞋油瓶子上遮盖的布头和小纸条揭开,露出满满一瓶大米,然后,他将盒子内袋子的伸出部分用手抓住,一把拉出来,并向围观者展示：里面是空空荡荡。但是,好戏并没有就此结束。魔术师接着将黑鞋油瓶子内这些用魔法生出来的大米倒回袋子中,然后,将瓶子口朝下倒过来,结果瓶内只有一粒米！这个戏法,乍一看很神奇,其实很容易得到解释。魔术师的手法确实高明,只是在戏法大师重复表演的时候,我们仔细观察,这才看出了其中的奥妙。当他将装着大米的袋子放入盒子的时候,他并没有像假装的那样将袋子口露出来,露出来的是另外一只空袋的口子；瓶子内也根本没装满米,但是当他用纸条和布块去遮盖瓶子的时候,他把手放到布下面,将一只盖子塞进瓶内,而这个盖子的上面则沾着几层大米。尽管如此,这个把戏确实很高明。他接下来表演吞咽九根针：九根针每根大约一英寸长,很粗笨,显然是中国人自己生产的。魔术师假装将所有的针吞了下去,当听到有人说他把针藏到牙床侧面的时候,戏法大师张嘴让大家看,那里并没有针。在吞针或假装吞针的过程中,他看上去很吃力也很痛苦；把这些针吞下,或假装吞下后,他拿出一截长度约有三英尺的白色棉线,开始吞咽棉线的一头。当十到十二英寸棉线进入嘴中的时候,他深呼一口气,其余的棉线瞬间进入嘴里；当他张开嘴的时候,棉线已经消失得无踪无影。在接下来的一两分钟内,他看上去似乎很不舒服,紧接着身体扭动抽搐,仿佛他正在痛苦地企图将咽下去的九根针再吐出来。尝试了几次之后他终于吐出一小截棉线,这正是吞下去的那一码(约零点九米)棉线的一端,于是,他慢慢地将棉线从喉咙拉出来,棉线上居然带着九根针！这听起来似乎难以置信,但这是我们亲眼看见的，而且我们可以证明其他几个人也目睹了这一过程。我们不敢贸然解释其中的手段，但是如果有人不相信，他可以去看看，兴许他可以看穿我们未曾看出的某种"玄机"。我们认为这位中国魔术师根本没有把针吞下去，但是他表演得很逼真，他瞒天过海的手法确实高超。那天下午，这一位中国杂耍艺人得了很多犒赏，对于自己表演的收获他似乎很自豪，这些钱够他接下来几天买"做饭的大米"了。

英汉混杂的招牌

店招的绘制是一门艺术，研究其发展史应该是件饶有趣味，也富有娱乐性的事情。我们可以在英国国内的小镇上看到很多原汁原味的店招。他们不仅使用了非常奇怪的单词，而且经常被绘制者随意拼写。有些字母被写得歪歪扭扭，看上去十分滑稽，单词的错误排列也经常会导致误解。在伦敦的一个商人把商店的门牌号放在了店招的中间，他本人有个意大利人的名字——Smith，他的店招让人以为他有一个很大的家庭：

J. Smith 108 SONS&Co.

但是我们在这里并不想努力回忆在英国看到的古怪店招，我们的目的是举出一些在上海的外国租界里看到的例子。这些招牌都是挂在中国商店外的英文店招，字母也是中国人书写的，因此有些店招做得相当精致，有些则做得糟糕透顶，这并不令人感到惊讶。因为在上海的外国人也会做出一些奇怪的店招，比如法租界公馆马路①上有些店招中就有外国人的名

---

① 译者注：今金陵东路。

毛全泰木器号的新店

字，但其中的一块店招特别奇怪。当然中国店铺外，通常都有刻写着中文的长方形匾额。但对此我们不予考虑，因为我们不懂中文，也不打算学。刻绘有英文的店招上通常也会有一些中文字，这些字都是用来填补各种边角处的空白的。在虹口英美租界的百老汇路上和一些通往主干道的小巷里就有各种各样稀奇古怪的店招。中国的匾额会被高高挂起，以便别人可以从两边都看到文字，绝大多数的中国店铺的招牌也是这样。一些店主会把店名和商店的地址装饰在他们的小破店前面，但是绝大多数店家的英文店招还是会向外伸出，与商店的铺面形成直角，在店招的两面都漆上文字。店招中使用英文的程度，店招的尺寸以及在店招的设计上花多少精力都和店家生意的大小成正比。比如，一家理发店通常只有大约两平方英尺的店招，而一家大商行可能会有一块非常结实的大招牌。现在我们要给出一些例子，为了使复制的店招尽量接近原来的样子，我们使用的是普通字体。首先看几家理发店的招牌，租界区还没有一家理发店使用红白条纹相间的立柱和铜牌。我们看的第一个店主看上去特别希望表明他是从广东来的。

BAR BAR

HAIR CUTTING

AH FOO

FROM CANTON

另一个理发店店主把他的名字搞得非常混乱，因为在店招上，他的名字被写成一个单词，而实际上却应该被分成三个单词：

LEAUYUANWOO

SHAVING SHOP

AND HAIR CUTTER

我们要看的下一个店招显然是为了吸引登岸的水手，因为在一块小小的店招上，在店主名字的下方，很随意地画上了英国和美国的国旗。这个图案我们复制不下来，但那两面国旗画得非常糟糕，水手们竟然没把这样的店招给砸了，这实在是一个奇迹。

FE WO TANG

NATIVE BARBER

SHAVING SHOP

AND HAIR CUTTER

下面这个店招对单词 and 的处理，体现了油漆匠的天才：

CHING KEE

NATIVE BARBER

a N d

Hair Cutter

理发匠在他们的店招上通常惜字如金，但是我们注意到，铁匠还有大多数补锅匠的店招却往往连篇累牍。这样的店招总是会给出一些库存物品的目录，表明自己不仅仅是铁匠，店里还经营手枪和锁具。最好的一个例子出现在和百老汇平行的一条路上：

ZEY CHONG

DEALER IN

OLD. NEW. COPPER. BRASS

LOCK AND REAT HOOK HEST

PISTOL GAS BURNER STORE

BLACK SMITH MAKER

  一个经营铜器、锁具、铁钩、煤气炉系列的天才，在路的另一头也开了一家店。店招上的单词和上面提到的那家几乎完全相同。但是前面提到的那位应该庆幸自己用的是平常的字体和行距。而他的竞争对手 Sun Chong 却请了一个会胡乱写单词的油漆工。他的店招蓝底上漆着黄色的字，还用可怕的方式把单词写得歪歪扭扭，完全无法用铅字排印。这样的店招是失败的，因为读起来太困难。人们几乎要倒立着才能读懂，看上去这店招好像是在刮台风的时候制作出来的。另一个铁匠就没有搞这么复杂，仅仅在店招上写着：

YEE SHUNG

BLACKSMITH COPPER

AND

TIN SMILH

  当工作快要完成的时候，那个油漆匠可能一下子变得迟钝了，因为他用 L 代替了 Smith 一词当中的 T。

  虹口的家具商们都有很大的招牌，上面也写了很多字。比如，

SING KING HONG

OLD AND NEW FURNITURE STORE ALL KINDS

OF FURNITURE AND OF BEST QUALITY

ARE MADE TO ORDER HERE

  除了这样大的店招，商行也有挂在墙上的黑色的小牌子，上面刻着烫金的字母，单词是大店招的重复，但是油漆匠在这里犯了一个可怕的错误。单词 furniture 全部拼写成了"Eoihiture"，因此小牌子就成了下面的样子：

NEW AND SECOND HAND EOIHIT

URESTORE

在路的另一头，还有一块店招就在 SUN CHONG 黄蓝艺术店招的隔壁，这两块招牌看上去出自同一工匠之手，店主名叫 Yung Tai，这个名字被用大的黑体字写在店招上，从华而不实的店招上看来，这位店主似乎无所不能。因为他把自己称作木匠、细木工、藤匠、油漆工、泥瓦匠、石匠、承包商。另一块奇怪的店招挂在 Yung Kee 的店铺前面，这家小店在店招上特别给出了店铺的详细地址，虽然和老船坞 OLD DOCK 之间还隔着很大的一个街区，可他牵强附会地说，自己的店铺就在船坞旁边，为它做标记来突出自己店铺的位置：

YUNG KEE

CARPENTER

CAULKER AND CONTRACTOR

A445 BROAOMAY

HONGKEW NEXT DOOR TO THE OLD DOCK

这个店招表明绘制店招的油漆匠肯定没有什么经验，否则他不会把单词 Broadway 拼错。

下面我们来看看鞋匠的店招，在鞋匠的店招中，我们发现了这样一块，他和 Yung Kee 一样，也想锁定自己的地址：

JIM

BOOT AND SHOE MAKER

OPPOSITE HUNT'S WHARF

这块小牌子上面还装饰有英、美国旗以及皮靴和鞋子，但是说他的店铺在码头对面并不准确，因为这家店位于百老汇路的西面。在它和码头之间，还有不少的建筑物。说它在河的对面可能更好些。

下面一个店铺招牌选用的单词更加滑稽，尽管那些字母都拼得很对：

YA SING

BOOT SHOE AND CARTRIDGE BOX

LEATHER BELTING MAKER

LEATHER WARE OF ALL KINDS

再来看一块特别有意思的店招，如果把最后的字母"g"去掉，它会是一个非常适合鞋匠的名字，尤其是他的店招上还画着防水长筒靴。

LONG SHING
BOOT AND SHOEMAKER
REPAIRS NEATLY EXECUTED

Long Shing 的店招被架设在三根互相独立的圆柱上，这招牌也的确应该"好好整修"①了，因为最后一行的单词连在了一起，结果最后一行变成了一个单词，看上去像是威尔士语。和其他地方的野蛮人一样，中国的裁缝师傅在乱写店招方面当然不会落后于他们的邻居，这里的一个例子是百老汇路上一个小店的店招。

TUNG FOONG
TAILORS
AND GENT'S OUTFITTERS

中国的裁缝可能会给绅士裁衣服，但这种机会并不多，而 TUNG FOONG 的店看上去也并不是非常时尚，另一个裁缝在自己的招牌上用了单数：

A COW
TAILOR AND OUTFITTER

马克·吐温说，他喜欢看到别人把奶牛的首字母 c 拼成大写的"K"，因为这会令人想到这是奶牛的新品种，而这个店招是他喜欢的中国版本。

我们注意到的下一个例子是司空见惯的世界服装店，它用一种全新的原创方式拼写单词 outfitter：

SING TAYE
FRENCH AND ENGLISH
AMERICAN TAILOR AND OUTFITAR

如果他真的能够在自己的小作坊里做出法国、英国和美国的时装，他

---

① 译者注：对应的英文即招牌上的 repairs neatly executed。

一定会对自己的专业能力感到非常自豪。

在所有中国商人用过的奇怪名字中,James 以前从来没有出现过,除了在下面的招牌当中:

JAMES

TAILOR

ENTRANCE

JAMES

TAILOR AND

OUTFITTER

其中第一块牌子挂在一条弄堂的尽头,第二块牌子则在弄堂的入口处。我们已经听说有 Jim、Sam、Jack 以及其他的西方名字被中国佬用过。但是 James 是新被采用的名字,而且还是被裁缝采用,这裁缝的脑子肯定出了问题。[①] 但是还有比这更奇怪的中国裁缝名字,因为我们在另一条路上发现了下面的招牌:

MOSES

TAILOR AND

OUTFITTER

在大马路,抛球场的对面,有位"剪刀骑士"在自己店门口挂上了这样的招牌:

W SING CHONG & Co

TAILOR & OUTFITTER

AND

MAKE HAT AND LADYS GOWN

Opposite of the RAQUET COURT

随便什么人都能看出他的店在抛球场对面,中国人一向嗜财如命,这位店主却花钱在招牌上刻几个多余的文字,这委实让人奇怪。看得出这家

---

① 译者注:James 这一名字有"取代者,欺骗者"之意。

店的确制作女装、女帽、普通男装和定制男装。

大马路上还有另外一家店面，店主肯定在店招制作上花了血本，因为除了名字、职业和地址之外，招牌上还有龙飞凤舞的花体字。

在店招制作方面，最糟糕的尝试是下面这个原创店招：

SAM YUEN

STEVITORE

FROM SMATAW

这个码头装卸工觉得让人们知道它来自汕头非常重要，但是他应该监督油漆匠把工作做得更好一些，而不应该允许他把汕头拼成"Smataw"。油漆匠自己通常也会有相当漂亮的店招，尽管他们在语言组织方面没什么特别之处：

YE SHING

SHIPS PORTRAIT

AND PAINTER

在下面的一个例子中，店家在两平方英尺的牌子上竭尽所能塞进了足够多的单词，可是这却让人们弄不明白究竟 Shun Kee 或者苏打水哪个是来自广东的：

SHUN KEE

LEMONADE

SODA WATER AND

ALL KINDS FROM CANTON

中国商人和店主当然也用过很多合适的名字，以下的例子并非中文名字，也不是正常的英文，它之所以被采用，肯定是因为在某些方面适合木匠使用：

A. CUTM

SHIP CARPENTER

AND

BOAT BUIDER

下面的店招中有一个对中国照相师来说还不错的名字：

LIGHT MOON

PHOTOGRAPHER AND PAINTER

或许他的意思是让人像中国人一样从右往左读招牌上的字，因此名字本来应该是 Moon Light。百老汇路①上一家本地商行所用的名字是我们所见过的中国店招中最棒的：

SMILER & CO

SHIPS COMPRADORES AND

GENERAL STOREKEEPERS

当一个中国店家心里准备用 50 美分卖出一件物品，嘴上却喊价 1.5 美元时，虽然心知肚明不可能再多赚钱，但他还是会说："再给点钱吧！"这时，孩子一般的温和的笑容就会堆上他的面颊。虹口最著名的中国商店之一被称作 Cheap Jack & Co., 这是一个很好的商行名字。他们把自己的名称装饰在店铺前非常醒目的位置，但现在有部分字迹已经被磨掉了，因此店招就变成了下面的样子：

CHEAP JACK & CO.

HIP CHANDLEP

STORE KEEP

我们见到的最特别的中英混合的店招并不在虹口，而是在英租界的广东路上。这个店招上面的字母是黑色的，凹进去两英寸（约五厘米）深，看上去像是被印在纸上，然后再粘在牌子上的，以下是店招上的英文单词：

WE HAVE ON HAND WITH SEVERAL

KINDS OF DIFFERENT PACK All FIRST

QUALITIES TEA FOR SALE, ANYONE WHO

WOULD FAVOUR US WITH KIND ORDER

WILL   APPLY   TO

---

① 译者注：今大名路。

WING　　　　CHUNG　　　　WO

CANTON　　ROAD　　No．　5　2　3

SHANGHAI

在虹口，稀奇古怪的店招主要是在百老汇大街上，这里的店招非常密集，让我们误以为最有趣的店招就在虹口。但是通过在英租界和法租界的街道上闲逛，我们确信自己在心存误解的情况下写出了这篇文章的前半部分，因为虽然英法租界新奇的店招很零落分散，但它们同样有很多古怪有趣的表达。刚开始我们把虹口的补锅匠 Zey Chong 为自己的店铺制作的招牌看作状元，但是在英租界的河南路上，有一家店铺会使他黯然无光：

TAY WOO

FROM HONGKONG BELLHANGER COPPERSMITH

BLACKSMITH FILTER AND PLUMBER

GAS FITTINGS OF ALL DISCRIPTION RELACQUERED OR

REBRONZEDANDMADEASGOODASNEWATTHEMOST MODERATE

PRICEBRASSOLDIRONANDLEADPIPE，OFALLSIZE，INSTOCK

另一个补锅匠的招牌同样值得注意：

SUN TAI

BLACKSMITH AND GASFITTER

COPPERSMITH CHANDLERS

AND BRONZE BURNISHED

AND MADE EQUAL TO NEW

英法租界的理发匠们甚至比虹口的店主更加搞笑，因为我们在法租界公馆马路上发现了一块爱尔兰风格的店招：

RORYMORE

BARBER

AND

HAIR DRESSER

一个中国理发匠给自己起了一个意大利名字，这非常可笑。

英租界的汉口路上,另外一个专业的理发匠有一块小的店招,上面装饰着英国和美国国旗,以及一些类似于剪刀和剃须刀的东西,他的名字也很奇怪:

JUHNNIER

HAIRDRESSING

SALON

很多店招上都有店主的名字,再加上以下类似的单词:

MANILA

LOTTERY

SOLD HERE

但是有一个店主人却制作了这样的招牌:

YAK KEE

MANILA LOTTERY TICKETS

FOR SALE HERE

AND

PRIZED TICKETS CASHED

不过其他店主都应该为法租界的一位杂货店老板鼓掌,因为他肯定是最会取名字的,在那里的一条街上,有一根杆子横搭在街道两边,这是中国特有的现象,在这根杆子上,店主挂了一块店招,上面的字母又大又清晰:

SHANGHAI JIM

GENERAL STOREKEEPER

下面的店招出现在公馆马路上:

YUE CHONG & COSTOREKEEPER

SHIP COMPRADORE AND BAKERY

木匠和家具商也大量使用店招,我们看其中两三个:

LOONG CHAN

CARPENTER PAINTER

BUILDER AND UP HOLSTERAR

YONG CHONG

CAPENTER UPHOLSTERER

DEALERS FURNITURE RENOVATED

SING CHONG & Co

FURNITURE STORE

AND BRONZE

裁缝铺有很多值得介绍的古怪店招，下面是其中一块小的，其中只有一个错误。

TUNG CHEONG

TAILOR

DRAPER

FROM HONGKONG

在大马路上，一块店招上写着裁缝的名字：

ARMAGH TAILOR

他是爱尔兰人吗？还是其他什么地方的？

下面一个名字是大马路上的裁缝铺当中最有趣的：Fitall。在店铺中伸出来的店招上写着：

FITALL

TAILOR AND OUTFITTER

在小店的墙上，店主还给自己的分号做起了广告：

FIT ALL

MILLINER AND DRESSMAKER

他不是唯一一个把自己定位为女帽和女装裁缝的本地商号，因为在大街的对面就有一个竞争者：

SHIN LOONG

TAILOR AND GENERAL OUTFITTER

ALSO

LADIES DRESSMAKER

关于这一类的店招，我们还可以给出一个虹口的例子，在之前的名单中，他被漏掉了：

SHUNTOW TAILOR AND OUTFITTER

HOSIERY STRAW HATS

STOCKING SAND 9 CT.

最后一行令人非常困扰，油漆匠肯定被告知要写的是 stockings, &c.。但是他却写成了 stocking sand 9ct。

汉口路上的一个中国裁缝在店招上画上了英国的皇家盾牌。盾牌的徽章下面写着如下文字：

SMALL PAGE

TAILOR

BY APPOINTMENT TO

THE ROYAL NAVY

另一个与之相似的店招在公馆马路上：

CHING LING

TAILOR TO THE

ROYAL NAVY

但是我们实在怀疑皇家海军是否和他们有过任何关系。

下面的几个店招都是钟表工匠的。我们用这些店招来结束这篇文章，他们用的招牌都是圆形的，好像是在一个钟表盘上涂绘的。但是店名挤在了店招的中间，下面一个例子中，漆匠是这样拼写 watch maker 的：

MAT9HMAKER

另一个例子中，有个中国人急切地想让人知道他可以修理纽约钟表。于是在他的木头表盘上，他这样写道：

WATCH MACKER

REPAIR 1. NY CLOCKS

或许，最有意思的是最后一个店招，它是用这样的方式来招揽顾客的：

SOEY SUEN

WATCH AND CLOCK

MAKER

Come into the store very justful

一走下公馆马路尽头的小桥我们就看到了另一块古怪的招牌，店主显然不通英文，他的招牌挂在一条脏兮兮的下水沟上方，字体倒是很大：

KUNG WOO HUH KEE

YUNG HON

SHEEI AND LAMB

"Sheei"应该是要"Sheep"的笔误。店招也不是说 Kee 先生是只绵羊或者羔羊，只是想说他出售这些温顺的动物。店招两边都有字，在另外一边"sheep"又被拼写成了"Shee"。

外国租界的中国巡捕

上海租界工部局为"洋泾浜"以北的租界区,即"英美租界区"雇佣了大约三百中国人做巡捕。每当快"吃饭"的时候,总是能看到这些巡捕准时出现在巡捕局(捕房);在大街上,白天只是偶尔才能看到他们,到了晚上几乎从来见不到他们的身影。他们穿着半中式、半欧式的制服。冬天的时候,这些中国巡捕脚上蹬着长筒靴子,下身穿着比中国普通样式的裤子更贴身的黑色厚裤子,上身穿着一件宽松的外套,外套右胸处绣着一个阿拉伯数字,左胸处绣着一个对应的中文数字。他们的辫子从蓝色的外套后面垂下来,惹得小孩总想用手去抓。遇到雨天,这些中国巡捕便穿上正规巡捕穿的那种宽大的大衣,大衣上甚至缀着大扣子,腰间还系

公共租界华捕

着皮带;他们用大衣将辫子遮住;用油布或其他遮雨物遮着帽子;大靴子、肥大的大衣、防雨斗篷、光滑的帽子,只能看到这些,却看不到中国人的相貌。但是,下雨天中国巡捕也打雨伞,他们使用的雨伞一般是三到六便士一把的那种不错的雨伞,但是,有时候他们也会屈尊使用很普通的中式竹子油纸伞。夏天的时候,上海的天气很热,中国巡捕穿的衣服很单薄,头上戴着一顶倒扣着的汤盘状遮阳帽,而他巡逻的时候往往要拿着一把伞。当这些巡捕逮捕犯人的时候,随身的雨伞可不是什么应手的家伙。但是,话又说回来,上海的中国巡捕很少抓人,所以他并不感到戴着雨伞会妨碍什么公务。

这些上海中国巡捕的月薪大约为十美元,他们认为自己的工作实在是美差。他们一队队从捕房被派出去轮流执勤,每次四小时以上。捕房的当值警官会清点人数,中国巡捕在他前面集合,而负责这一队巡捕的一位外国巡捕则站在他们的右侧。点到自己的名字这些中国巡捕就喊"到",之后他们被告知各自的巡逻区。当值的警官用洋泾浜英语向他们分配任务,而巡捕翻译官或者中国一级警官也会用上海当地方言向他们传达指示。当被反问他们被派往什么地方的时候,几乎没有一个人能说出,于是必须向他们反复交代两三次。被派到外白渡桥上巡逻的回答说"can savee(我听懂了)",他喜欢这个巡逻区,因为在这个巡区他无事可做,不用走远路,只需要在桥的一端悠闲地溜达。被派到偏远旮旯或者后街的巡捕却有可能与当地人发生争吵,他们就会表示没听懂自己被派到哪里了,结果往往都自行其便,各自到自己想去的地方。当巡逻队伍开始行进时,领路的外国警官遥遥领先,他气宇轩昂、威风凛凛,似乎与后面拖拖拉拉、队形散乱的中国巡捕没有任何联系。队伍来到十字路口时,有些巡捕向右拐,有的向左拐,直到他们全部分散到外国租界的某个地方。但是,十分钟后,如果有人沿着他们走的路线走一圈,会发现看不到一个派出去巡逻的中国巡捕。对于中国巡捕而言,最美的执勤任务就是被派去"公共花园"巡逻,在那里,他们可以观赏花卉树木、观看孩子们玩耍,或者与阿妈调情。公共花园不向中国百姓开放,所以在他的巡逻区没有任何社会渣滓,他也就根本不用去拘捕什么犯人。但是，这个任务也有一点肯定让他感到烦心、恼火，有时候让他感到危险。犬类是被禁止进入公共花园的，如果进入的话，把这些动物赶出来就是这些巡捕的任务。如果中国巡捕看到的是供玩赏用的小狗、贵宾犬或者小猎犬，他就会与狗正面交锋，拔出警棍，试图将狗吓走；但是，如果狗表现出一点反抗的勇气——多数狗会表现出勇气，开始向巡捕吠叫的话，这条狗一下子便占了上风。倘若这条狗不跑的话，巡捕绝对不会靠近一步，而且，倘若这条狗发动了攻势，中国巡捕会立刻投降，并偷偷溜到灌木丛后面。回家吃饭时，这些上海的中国巡捕行走的速度可以达到每小时四英里，而执勤过程中，他们在三小时内大约能走一英里。如果这些巡捕看到街上有些中国人在争吵，他们便朝相反的方向走去，并赶紧在第一个街角拐过去。倘若中国巡捕能够将一个一声不吭、孤立无援的苦力轻而易举地制服，他便揪着对方的辫子，勇敢地将其捉拿，并送到捕房。但是，如果这个苦力稍稍做出一点儿反抗，这些巡捕很可能会立刻跑掉，然后，如果接下来有一场赛跑的话，这个苦力必然会令我们的这位中国巡捕压力山大。我们从来没有见过中国巡捕快跑，除非有人在追他，或者有人在暗中把他吓着了。

中国童仆

在华外国人雇佣的仆役和贴身仆人主要是广东人。尽管他们年龄范围很大,小到十五岁,大到五十岁,统统被称为"boys(童仆)"。当然,除了

豪宅内的仆人

这些被称为"童仆"的仆人外,也有其他仆人,比如,厨子和苦力。但是,"童仆"取代了"什么杂活都能做的女仆"、保姆、丫鬟、男管家、贴身男仆。事实上,"童仆"确实是个无所不干的杂役,有些只雇佣一个男仆的外国雇主让他做的杂活也有点太多了,原本属于家仆、贴身男仆、东洋车人力车夫、厨师、总管等做的活,现在都要归"童仆"一个人去做。对于这样的工作,每个月给几个美元,中国人便欣然去做,直到他有资格也有机会得到更好的工作。倘若东家雇佣了几位男仆,其中的一个便是头,人称"头号童仆",资历浅的往往被称为"小童","头号童仆"轻蔑地提到"小童仆"时,浑身都是高人一等的派头。这些"小童仆"还是初来乍到,还在学习洋泾浜英语的初级阶段,但是,他们也许是这些男仆中最聪明的。一般的男仆每月能拿到大约八个美元;主人吃饭的时候他必须在一旁伺候着,早上的时候负责将茶或咖啡端到主人的床边,将主人所有的衣服仔细刷干净;将需要的东西放到近前,将不需要的东西小心翼翼地拿走。当主人在家的时候,童仆必须随时响应铃声的召唤,因为只要不是自己动手做比拉铃铛还要省事,主人有什么需要总是要拉响铃铛。中国"童仆"有很多优点;他们中的大多数干起活来很专注,但是有个很大的弊端,那就是,即便的确有诚实可靠的中国男仆,那样的也很难遇到。有些童仆跟着现在的主人已经多年了,但是,外国人在中国待的时间越久,便越是深信中国人不诚实。只有初到中国的才会相信中国男仆是诚实可信的,尽管作者在中国还没待多久,但是本人对中国男仆的品格已经没有多少信任了。一切全看这些男仆的行事风格了,有些"男仆"多年一直小偷小摸,却从来没有被东家发现;有些一次下手就太狠,结果很快就露出马脚。前不久发生了一起盗窃案,一个男仆在撬东家上了锁的办公桌时被当场抓住,出事前主人发现很多钱不胫而走,于是心生疑窦,开始监视童仆的行踪。主人逮住童仆后告诉他自己早就知道他六周前就偷走了两个美元,而这个年轻的无赖反倒责怪主人此前没有警告他,说主人"实在是太愚蠢了",如果六个月前主人就警告过他的话,他就不可能从那个时候起一直偷主人的钱。此案中受害的外国人此前一直在收集本地所有的各式金银币,但是他发现自己的藏品数量总是不够大,原来是这个"童仆"一直在偷拿他的收藏品,这男仆也不管是什么钱币,反正是钱币就行。这个外国人现在放弃了古钱币的研究。另外一位外国主人对这些中国男仆的信任也被动摇,因为一天下雨时他发现,跟此前所有的雨伞一样,自己新买的丝绸雨伞被调了包,放在雨伞套子内的是一把旧雨伞。这个"童仆"本以为自己的手段很狡猾,但是这一次这个中国人露馅了,因为他几乎无法以旧换新骗走主人的新雨伞。他意识不到受害人在教堂或其他公共场合丢掉雨伞后会遇到多大的麻烦;或者,他原本还可能将受害人的雨伞和伞套一并拿走,连一把用来"调包"的旧雨伞也不会留下。这个外国人对他的中国男仆起了疑心,开始检查自己所有上锁的抽屉和桌子,却发现一切像他认为的那样"正常"。当时,他没有丢任何东西,但是一两天后,他再次检查,发现自己放在抽屉内的一把装有子弹的左轮手枪、一只带着链条的金怀表、其他各种物件、一小撂钱,全都不翼而飞。他还发现,抽屉上的锁被人做过手脚。他大喊着叫"童仆"过来,但是"童仆"已经回乡下去看望祖母了。中国"童仆"的亲戚比其他任何人家的亲戚都多。他总是要请假去参加某个亲戚的葬礼,临走的时候总要顺手带走点什么东西,他拿起主人的几美元,却总是忘记放回原处。这些中国"童仆"生性喜欢窥探别人隐私,他们对主子的事情无所不知,如果其他任何"童仆"向他问起,他会将东家的全部底细和盘托出。这些"童仆"就像好嚼舌头的老女人,喜欢四处散播丑闻。他们是洋泾浜英语的主要支持者,因为与其他阶层的中国人相比较,他们与外国人打交道的机会更多。一般而言,他们的英语说得很好,但也有例外。我们以前认识一个中国"童仆"。每次东家大宴宾客的时候,如果在座的众多绅士中碰巧有这个"童仆"以前没有见过的客人,负责端菜上饭的这位"童仆"便会跟这一位客人主动打招呼,结果总要闹出一些笑话。当这位"童仆"给客人端上"rice curry(咖喱饭)"的时候,他总要顺便用口头禅:"wanchee lice cully(想不想来一点虱子傻瓜)?"问候新客人。另外,他还把"banana fritters(香蕉馅煎饼)"说成"blandy flittahs"。此"童仆"还有很多让人不知所云的说法,比如,将玉米面说成是"starch pudding(淀粉布丁)",因为他听一位寄宿者就是那么叫的。他这一辈子也不会说"custard（蛋挞）"，当他问新来的客人"wantee cuss（想不想来点咒骂）"的时候，新客人几乎忍不住要咒骂他几句。如果看管有方的话，这些中国"童仆"都不错，所以应该对他们认真看管。

中国保姆及女仆

"有多少仆人,便有多少敌人。"——古拉丁语格言

啊!古罗马诗人奥维德[①]笔下的菲勒蒙和博西斯夫妇自己动手料理家务,那个年代的人们多幸福啊。正如诗人所言,"夫妇两人就是家庭的全部成员,他们既是主人也是仆人。"唉!唉!自打那遥远的美好岁月开始,我们居住的地球已经发生了变化。它遭受过,而且依然遭受着各种各样的瘟疫和自然灾害的侵害,诸如:遮天蔽日的蝗虫、专利紧身胸衣、丈母娘、婆婆、当铺、教区牧师、扫帚把、"赊账"制度、鱼肝油、巴黎高跟靴子、牛瘟病毒、牙医、一般行医者,以及其他无法逐一细数的各类瘟疫,当然也不排除家仆。是的,亲爱的读者,不管你们信不信我,我都不在乎,但是有句话至今仍旧是真理:上帝创造了天使,魔制造了仆人。而且这个格言无论放在欧洲国家,抑或拿到远东国家,其真理性都是显而易见的。本人这个奇

[①] 译者注:奥维德是与贺拉斯、卡图卢斯和维吉尔齐名的古罗马诗人,代表作有《变形记》《爱的艺术》和《爱情三论》。

妙的想法也是有一天突然产生的。那一天，一只成年蒙古杂种狗像希腊神话中冥界的看门犬刻耳柏洛斯一样，从早到晚在我们的居所周围狂吠不止，我们的中国"童仆"竟然不敢前去驱赶这条入侵的狗，声称这畜生是魔鬼附体，要么就是疯狂地爱上了满月。绝望之余，本人只好坐下来写点关于家仆的东西，当然，本人决定先从中国男仆写起；但是，当有关"童仆"这个话题的念头在大脑中越来越快地闪现的时候，我把温度计放到腋下，发现体温飙升到华氏一百四十四度[①]；为了不引发会让神志昏迷的高烧，本人决定，先让身体的神经系统放松下来为妙，还是先写那些女仆，于是本人着手写下以下文字。亲爱的读者，我们相信，这一章节定然不会让你毛骨悚然，因为比起杜莎夫人蜡像馆的恐怖物品陈列室，其恐怖程度尚有所逊色。好吧，本人笔下的面容姣好、身体肥胖、年岁四十的远东杏眼"达尔西妮亚"——"中国女仆"上场了。

恐怕没有哪一个国家像中国这样男女仆人之间的相互地位形成如此大的反差。如果说西方人家中的女佣必须被视为家庭主妇的杂役工，在这个东方国家，情况正好相反。这奇怪的现象正好符合那个说法：在中国，我们发现他们的一切皆与欧洲的习俗、习惯正好截然相反。中国的女仆恰好是中国"童仆"的"对立物"。他们之间唯一的共同点大概就是他们这种称呼的来源。他们名字起源迷雾重重，就像玄奥的佛教一般神秘莫测。就拿"boy（童仆）"这个词来说，尽管人们经常评论，但是至今没有找到一个令人满意的解释，尽管很有可能这个词是从印度传入的。从词形表面上看，"amah（女仆）"一词源于印度的"ayah（奶妈，女仆）"。至少没有足够的证据可以证明这一称呼是某个中国称呼语的变体。

毫不夸张地说，中国的女仆可以被称为天下所有仆人阶层最幸运的代表。她们似乎注定天生就要永远生活在愚人的天堂，因为，在这个远东国家，管理家务时难以避免的不幸与苦难都落到了男仆的肩上，而令人吃惊的是，这些男仆在如此重负下居然没有崩溃，因为他们身上的负荷无异于

[①] 译者注：华氏度等于三十二加摄氏度乘以一点八。

希腊神话中大力神阿特拉斯不在时赫拉克勒斯肩膀上扛着的天宇。这里简单介绍一下"童仆"从事的职业：货币鉴定人、普通家仆、厨师、厨师副手、马夫、黄包车人力车夫、办公室勤务员、舢板船夫、家务苦力、游艇驾驶人员、蒲葵扇苦力、侍从、儿童苦力等等，不一而足。上述事实无疑显示中国女仆在东家家里所需承担的责任是近乎于无的。实际上，她们的任务只限于做一些保姆做的工作；即便如此，我们这里所说的"中国式保姆"也不会像欧洲国内类似女仆那样工作中会遇到那么多麻烦。这些女仆被禁止出入厨房区域，从而让她们避免了与此相关的诸多羞辱；事实上，她们对于烹饪学的了解似乎只限于为东家的小天使将浓缩的奶粉溶解开。就连扫帚这种欧洲女仆手中令人感到恐惧的"权杖"这些中国女仆也无权使用。管好小东家的穿衣吃饭就是她们每天的工作。

然而，这些女仆有个缺陷：东家需要"守口如瓶的仆人"，这个要求她们无法满足，而西方的女仆可以做到。主人不能告诉她们任何秘密，她们总是四处传播私密；主人也不能向她们诉苦，因为她们对此无动于衷；你也不能跟她们促膝闲聊。话又说回来，在有些方面她们比欧洲的女仆做得要

黄浦滩上抓拍的中国保姆

好。她们不会自以为是,端起小姐的架子;不会与主人分庭抗礼,擅用主人的华美的丝带、香水、润发油或者其他化妆品。即便是初次到这个远东国家,你也不会把女仆和"mississee(小姐)"搞混了。

这些女仆认为她们的"中国式保姆地位"相当重要——实际上,她们认为自己的地位比"童仆"的地位要重要得多。也对啊,她们为什么不这样认为呢?难道女主人对她们不是信任得无以复加,将自己未成年的孩子的人身安全都托付给了她们吗?而那些"童仆"只负责料理男主人的中国小马或者那一群狗?这些女仆衣着不俗,与小主人同坐一辆马车,她们的虚荣心怎么不感到满足呢?车内的四壁都是玻璃框(所以乘客实际上就是置身于一个玻璃包厢内),这样一来,过来过去的人都能看到车内的人;车上的中国保姆面如满月,神采飞扬,喜不自禁,其脸上的光芒绝不亚于宗教狂热分子想象到未来天堂时脸上绽放的狂喜笑容。保姆的这种"中国式差事"无疑是个肥差。鉴于中国保姆在东家所做的工作,与"童仆"相比,她们每月得到的工资高得离谱。她们的月收入从五美元到十五美元不等(与男性仆人的工钱大体相同);收入的差别可能根据这些保姆照看的孩子数量以及她们的工作"效率"而定,倘若真需要什么效率的话!就拿每月平均十美元计算,她们的年收入就是二十四英镑左右;与欧洲的国内的仆人收入相比较,这笔收入确实高得离谱;即便是同日本国内仆人的工钱相比较,这收入也过高,因为在日本,每个月拿出四美元就可以雇佣到一个一流的仆人。但是,关于这些中国保姆有一点让人一直捉摸不透,那就是,她们挣的钱都用在什么地方了?她们肯定没有把钱花在衣服上,因为既不穿丝也不穿绸缎,而只穿棉布衣服。她们似乎也并不奢侈,不会佩戴过多的珠宝首饰;大多情况下,她们只佩戴玉器,并不佩戴金饰品。那么这些中国保姆的钱到底去哪里了?我们注意到,这些中国"达尔西妮亚"都有自己的罗密欧,而且几乎总是有另外一两个作为"候补人",以防被第一个"情人"抛弃,因为每当这些"相好的"遇到更好的"情人"后,便会抛弃前面的"情妹妹"。所以这些中国保姆的钱多半被那些"吃软饭的男人"骗走,这种情况也不是没有可能。

中国保姆们显然跟她们的欧洲姐妹一样，都有好唠叨的特点。当她们聊兴正浓的时候，到公共花园去看看，你便知道她们多么喜欢聊天！在这里，可以极为明显地看出，中国保姆肯定认为自己是多么重要的角色。我们知道，这些蓝布衣服的保姆带着一群一边喊叫一边嬉闹的"天使"，这会给我们带来怎样一种无休止的烦恼；这些保姆雄赳赳气昂昂地带着"天使"们走遍花园的四处，眼中流露出对自我重要性的过度关注，那种气宇轩昂的姿态无异于在利比亚无边无际的沙漠上阔步天涯的一头雄狮。只要让她们在椅子上坐下来，你对她们吆喝"让给我一把椅子，让给我一把椅子，让给我一把椅子，我把所有值钱的东西都给你！"任凭你怎么喊叫，她们都不会理你。一旦中国保姆占住了一个座位，你要劝她放弃，其难度比引诱一只半饥饿的毛驴离开刚切好的胡萝卜还要大。中国保姆有相当多的机会学会"洋泾浜英语"，而她们的英语词汇量之所以不如"童仆"的大，是因为她们的日常活动范围让她们更多地只限于室内，无法接触到外面，无缘上海城内精彩纷呈的花花世界。然而，她们中的有些人将洋泾浜英语学得有模有样，值得称道。而且我们注意到，那些在外国传教士府上做过几年保姆的，她们尤其擅长学习洋泾浜英语；如果她们的雇主碰巧来自美国的话，这些保姆甚至能够学会鼻音以及一些美国习惯用语。至于其他的中国保姆，她们的词汇量仅限于用以描述小孩衣服、小孩食物以及构成主人家"小姐"化妆室或卧室的零七零八杂物的洋泾浜英语。

　　中国人不敢夸口，说自己哪一个地区是以向外国人大量提供女仆而闻名，而这些女仆的特殊"天赋"名声在外：她们可以适应自己的职责。这些上海人需要的女仆是从沿海各地招来的，有时候也从内地招聘。上海周边地区以及苏州向上海提供了大量的女仆。而且，据说，与一般的保姆相比较，那些来自苏州的保姆相貌更俊俏、气质更高贵。然而，因为我们并不是这一行的专家，所以很难保证这种说法的准确性。广东地区也提供了很多保姆，另外还有宁波。然而，在一点上，而且是在最主要的一点上，她们看上去全都半斤八两一个模样，那就是，她们全都同样 stupide（愚蠢）；亲爱的读者，请原谅我使用了一个法国单词，因为鄙人害怕她们也许能看懂。

从整体而言，中国保姆同"童仆"之间相处得不错，尽管当保姆也来到厨房要热水的时候，他们之间有时候会产生一些鸡毛蒜皮的小纠纷。这些保姆一般都很诚实；事实上，与中国"童仆"相比较，这些中国保姆诚实得异乎寻常。我们偶尔也遇到这些保姆的不法行为，而每次当这些案子交由"上海租界会审公廨"会审时，根据本人观察，案子中涉及的罪恶根源都出于某一个"童仆"。尽管本人没有怎么受惠于中国人整体的个人清洁卫生，但是在下必须承认，这些中国保姆几乎总是将自己的服饰收拾得干净利落。最后，在一定程度上讲，她们可能做事呆板，总是按部就班，但是，她们有个值得表扬的品质，那就是按照主人的吩咐去做；这些保姆从来不像欧洲保姆那样说话唠叨令人心烦；她们也不会把东家的私事传出去（是吗？），她们也不会冒失地向主人提出无礼的问题；最后，但也是同样重要的是，东家可以随时把这些保姆毫不客气地扫地出门。

清朝枷刑及"锁链苦役队"

在"上海租界会审公廨"被会审的犯人会受到各种各样的惩罚。法官会给犯人做出罚款裁决、命令差役用竹棍对犯人施加笞刑、枷刑、收监关押在"上海租界会审公廨"的牢房、囚禁于捕房监房,或者是跟其他囚犯用锁

枷刑犯人

链锁在一起服劳役,以上惩罚可以单独判处,也可以合并判处。枷刑就是让囚犯在脖子上戴上一具木板做的颈圈,一般只戴几天,但是有些情况下会超过一个月。如果说人的脖子上戴着什么让人感到最难堪、最不舒服,那就是这种枷板,至少看上去是这样。枷板大约二英尺见方,一分为二,上枷板和卸枷板的时候,枷板的两部分便分开;但是,当戴到犯人身上时,枷板便用楔形榫固定住,犯人自己无法将枷板卸掉。枷板与一条铁链相连,这条铁链同时也缠绕在犯人的腰间。当这些犯人坐在"上海租界会审公廨"入口处的牢笼内的时候,或者在任何一个捕房院子内锻炼身体的时候,他们就可能被分成六个人的小组,每组用铁链锁在一起。惩罚窃贼最常见的一种方法就是将其绑在盗窃现场的附近示众;他必须整天站在那里,因为他被铁链锁着,一坐下就会将自己勒死,警方派出的密使负责对他的监管,并给他送"米"饭。在外国租界区或上海郊区,盗窃犯经常被这样用铁链锁起来,必须每天站着示众八到十个小时,以此震慑为恶者,晚上的时候,这些犯人被押回警察局。有一次,一个怙恶不悛的盗贼被铁链锁在静安路的一个花园内,他弄到了不知道一个什么东西,将锁住他的长铁链锉断,尽管跟所有其他被锁在外面示众的盗贼一样,他的双手也都戴着镣铐。逃跑的途中他穿越野外,脖子上还戴着木头枷板,身上还拖着两三码的铁链子,他这样行动不便,所以很轻易就被当地人抓住了,这些人以为他们这样做是在惩恶扬善。这个木质枷板上贴着几个长条纸,上面用汉语写着犯人的名字以及他们所犯的罪状,一是用以惩罚犯人,二是以儆效尤。但是,戴着枷板的那些职业盗贼似乎早已习惯了这种刑具。被判长期徒刑的犯人一般会受尽折磨:遭受笞刑,戴着枷板示众,然后被用锁链跟其他囚犯锁在一起服苦役。有些犯人被送到"锁链苦役队"做两三个月的苦工,有些时间长一些,有的则要三年。有些拒不悔改的犯人几乎从来没有离开过"锁链苦役队",而且很可能整个余生都要在这里度过。"锁链苦役队"中的囚犯大多数人原先是苦力阶层以及屡教不改、臭名昭著的盗贼;但是我们也见到过这样的情况:原先地位相对较好的当地中国商人或其他人,因为犯下诸如挪用公款罪、诈骗罪以及偷盗巨款罪,也被送往"锁链苦役队"。

"锁链苦役队"之所以有这样的称呼，是因为上海租界工部局利用服刑犯人的劳动来完成租界区大半的铺路工程；执法人员用铁链将这些犯人以大队为单位锁在一起，然后让他们拉动巨大的压路机。工部局同时也雇用了大量的苦力修路，因为"锁链苦役队"的犯人被密密麻麻地锁在一起，没有足够的回旋余地以完成所有必要的劳动。所以"锁链苦役队"的主要任务是牵拉那些压路机，而干活的时候，看押他们的是一个外国警察和两三个中国警察。对于上海工部局的苦力及"锁链苦役队"而言，填平上海黄浦滩的前滩是一项大工程，这些囚犯苦役以及他们耗尽力气拉动的巨大铁质压路机派上了大用场。这些"锁链苦役队"囚犯穿着统一的土褐色工作服，

工部局犯人苦力拉车运送筑路材料

裤子和外衣上都有一个汉语标记，标明穿此衣服的人是个犯人。至于靴子和帽子，他们可以随便穿，式样五花八门、无所不有，有些囚犯以穿着锃亮的外国靴子而自豪，有些穿着麻布凉鞋，有些穿着毡鞋，还有些则光着脚不穿鞋子。他们头上戴的帽子也是各色各样、大小不一，既有中式的，也有西式的。遇到下雨天，"锁链苦役队"里的几乎每一个囚犯都拿着一把雨伞，当这些囚犯身上穿着茅草雨衣、手拿破烂不堪的油纸伞或棉布伞，拖拉着巨大的铁质压路机缓缓前进时，整个队伍呈现出一副古怪的画面。白天比较长的时候"锁链苦役队"里的这些囚犯极为高兴；他们的工作很轻松，绝对比那些苦力做的要好得多；他们可以吃到大量的"粥"饭，住宿也不错，不必为明天操心。而且，当他们一边戴着铁链缓缓前行，一边欣赏着上海黄浦滩的美景时，肯定觉得自己比那些黄包车人力车夫以及独轮手推车苦力的处境要好；人力车夫中的很多人也许真的羡慕"锁链苦役队"里的同胞，并采取行动以从中谋取一个位置；而那些已经身在"锁链苦役队"里的囚犯则决意在刑期期满后重新归队。

一八九〇年上海引进了蒸汽压路机，"锁链苦役队"便随之被取缔。

中国噪声

我们享受过爱斯基摩人和巴塔哥尼亚人的热情好客；我们在印第安人的广袤草原以及"黑色大陆"（非洲）的无边沙漠中漫游过；我们与居住在亚马孙河流与拉普拉塔河流沿岸的土著人交往过；当漫游在白雪覆顶的安第斯山脉崎岖山谷的游牧部落在篝火四周围坐时，我们曾目不转睛地注视过那篝火。实际上，在这个地球上，我们去过的离奇古怪的旮旯角落几乎算得上是数量庞大，但是，毫不夸张地说，在旅程中我们没有遇到哪一个民族像中国人如此明显地乐意成为"喜欢噪声的一类"。是的，亲爱的读者，这些长着杏眼的人间"天朝"子民就是人类中的寒鸦和喜鹊，永远聒噪不止。从呱呱坠地来到人世的那一刻到最终闭上眼睛溘然长逝的那一瞬间，中国人始终被一种不可名状的混合杂音包围着：像老鼠或者生锈的门轴发出的吱吱声、类似火车刹车发出的尖叫声、爆炸声、金属撞击声，他感到最舒服的时刻莫过于招来一帮人围着他海阔天空地聊天，与其聊天的喧闹度相比较，修建巴比伦通天塔的修建者使用不同语言产生的混乱也不过是小孩子的聊天，小巫见大巫，不值一提；为了满足自己对"喧闹"的强烈欲望，他或许会花钱雇佣一个"公鸡"乐队，这些乐手从他们所谓的乐器演奏出来自地狱般的隆隆轰鸣声以及刺耳的刮擦声，其喧嚣、狂乱、混乱的程度足以让欧洲人魂飞天外，一屁股坐在地上。当然，每个人都有权享有自己的偏好；依本人看，中国人完全有自由享受他们独特的文化娱乐，只要他们在我们的"射程"之外；但是，倘若他们进入我们的"射程"内，我们认为就应该当即进行反击，而本人准备"挥毫泼墨"，以笔代枪，对此口诛笔伐一番。

翻阅我们的英文日报时，本人看到"上海租界工部局会议报告"上登载着德意志帝国总领事写给上海租界工部局的一封信，信中抱怨"汽轮装卸货物时发出的噪声，这些噪声白天晚上持续不断，连周日也频频出现，还有受雇搬运这些货物的苦力们的吆喝声，给大家带来无休止的烦恼和不便"。哎，这封信让我们不禁深思，因为这使我们想到了自己遭受的噪声苦难。是的，我们不但遭遇了类似的种种"烦心事"，而且我们要列举的不满要多得多。无论是以什么形式产生的噪声：无论是中国的音乐家或高音歌手产生的噪声，或是负重的苦力在街上发出的噪声，或是头戴孔雀花翎的清朝官员不必要地入侵我们街道时，鞭炮齐鸣，火药味充斥空中，乌烟瘴气，开道的铜锣发出的咚咚锵咚咚锵的巨响，大批衣衫褴褛的孩子的吆喝声，或者是以其他任何形式发出的噪声，我们确信，对这些极为可恶可怖的"中国噪声"的"各种变体"所做的栩栩如生的（注意我这里用的这个词）描写，对于减轻这些烦恼会产生一定的助益。现在引言已经完毕，正文即将开始。

"入乡随俗"是西方的一句俗语，然而，中国人对此似乎并不重视，因为他们特别容易违反这一戒律。尽管如此，中国人最好记住以上引言。按照条约规定，租界为外国人的临时居住地，出于宽仁我们允许中国人居住在我们的租界，但现在他们执行与西方完全相悖的习俗和法规，还要我们这些外国人允许，这肯定是没有道理的。时至现在，中国人应该明白，尽管这些可怕的音乐让他们内心欢喜，就像古希腊哲人毕达哥拉斯所说的天体音乐，让他们的耳朵陶醉于"天籁"声中，但是，对于我们而言，这些音乐不但不符合我们的品味，反而让我们的神经系统承受不起。尽管我们几乎无法理解跟中国人在观念上的差异缘何而起，我们不禁要认为中国人的耳膜就厚度而言，肯定与河马或大象的毛皮有些相似。对中国人耳朵结构的解剖定然是个很有趣的研究课题，因为可能正是中国人的耳朵特性造成了白种人与蒙古人之间最典型的差异。

尽管中国人自称中华文明历史悠久，其实他们还在婴儿期，最好的证据莫过于他们在音乐方面表现出来的品位，无论是在声乐方面，还是在器乐方面。亲爱的读者，倘若有哪位亲戚找上门来要同你分割你们某个有钱的叔叔留下的遗产，你就把他安排到一个房间内，然后让中国乐器手二十四小时不停地演奏公元前两千两百二十五年前青帝伏羲（中国音乐的创始人）谱写的曲子，我敢保证，你的法律和医学顾问会很快给你一份书面说明，声明你的这位亲戚因为突然神经错乱，而不适合分享遗产。这些中国乐器演奏者像发疯一般使劲刮擦乐弦，却自认为他们来自炼狱般的恐怖音乐比我们西方的音乐要美，对此我们不能责怪他们，个人偏好本来就是很主观的东西，没有谁对谁错，所以根本不必争论。但是，让我们无法理解的是，我们为什么非要被迫忍受这种音乐的折磨呢？可是，目前就是这种情况，尤其是在暖和的季节，我们这些杏眼"罗密欧"演奏的小夜曲会彻夜不休，直到天亮时分。哎，因为不满足于弦乐器发出的这种吱吱呀呀，他们便拿出自称为"演唱"的表演，为他们的音乐晚会助兴，而这种东西我们倾向于将其称为土狼的嚎叫声与猫头鹰的凄厉声相互混合的产物。几年前我们目睹了一群野生动物在展出时被活活烧死的场面，大火中那些可怜的野兽发出的狂乱而凄厉的嚎叫声至今犹在耳畔回响，每当我们身遭不幸被迫忍受中国人的歌声和乐器演奏声的时候，我们总会回想起那些野兽凄惨的嚎叫声。现在，以理智的名义我问一声，我们这样放任中国人制造这样可怖的喧嚣难道有什么理由么？丝毫理由都没有，这我们知道。这种喧嚣是最严重的一种公害，因此地方当局应该采取措施加以制止；我们认为，与中国人从嚎叫与尖叫声（唉，中国文明居然称之为音乐！）中获得的离奇的精神满足相比较，租界区居民所处环境的安静与舒适更为重要。

与前面描述的噪声公害相比较，还有另外一种"可怖可憎的噪声"应该引起地方当局更大的关注。这里指的噪声是居住在外国租界区最繁华地段的当地中国工匠制造的，因为他们总是没日没夜地在工作。比如，我们就认识这么一位朋友。他有幸与两位中国匠人相邻，一位是修补匠，另一位是木匠。这两位中国匠人特别勤劳，每天天不亮就开始劳作，晚上十二点之后也很少收工。这一位仁兄每天二十四小时中的二十小时必须倾听"风箱呼呼声，大锤当当声，而且这些声音久久不断、缓缓如流"，除此而外，他还必须聆听补锅匠人使用锤子时发出的令人脑仁生疼的叮叮当当的响声，以及锯子试图无情地锯断树疤交错的原木时奏响的"二重奏"，亲爱的读者，你能想象到这位朋友的感受吗？只要两位匠人的欢乐四重奏一直在演奏，这位朋友如果想睡觉，那只能是"做白日梦"。如果要想跟两位匠人说明这样做是不合法的，那也是多余的，因为这些人根本不听。有几次，这位朋友也要求警察关注一下噪声给他带来的骚扰，但是他得到的回答总是，就如何处理该等问题，他们没有接到上级警官的指示。这些"上级"应该对此问题进行调查，并下令下级警员禁止夜间制造的这种可恶的噪声。

在中国人众多恐怖的乐器中，没有哪一种乐器比铜锣更烦人。这一祸害在中国清朝官员的日常官场生活中扮演着显著角色，因为官员每次出门这种震耳欲聋的声音就会与他一路相伴，而这对欧洲人的神经系统实在是一种折磨。这些头顶戴着孔雀羽毛花翎的清朝官员在已经划为我们租界的地盘上招摇过市的时候非要这样锣声喧天，吵得鸡犬不宁，我们为什么要允许他们这样炫耀？成群结队衣衫褴褛的小孩子时不时地发出能够淹没苏丹的野蛮人发出的呐喊声和吆喝声，为什么我们要允许他们这样喧嚣？如果在中国人的眼中这样的"张扬"对于彰显中国显赫人物的威严很有必要的话，那也没错，就由着他去；但是，这样的炫耀在我们的租界区实属不伦不类，因为在我们这里大张旗鼓地炫耀并不能让外国人对中国官员产生敬畏之情。然而，现如今，铜锣这种东西已经不能满足中国人对于噪声的贪婪的欲求。可不是嘛，每当有清朝大员到达或者离开的时候，一千名"兵勇"和十几艘中国平底战船连续开炮、鸣枪，向这位高官致敬，这必然破坏了外国租界区的安宁，给每个人都造成了噪声危害。

即便是有外国亲王莅临我们也不愿意鸣礼炮致敬，所以，我们为什么要把这种荣耀给予这些"中国人"呢？有关当局应该颁布法规，将这些在我们租界区炫耀显摆的行为一劳永逸地杜绝掉。

最后我们再来说说德意志帝国总领事最近提到的噪声危害，另外我们还要加上街上小商贩的叫卖声和一般行人造成的噪声危害。至于说到的第一种噪声危害，尽管受害最严重的要数那些在"黄浦江畔"居住的人，但是对于这种投诉的理由大家谁也没有异议。然而，那些沿公共大街搬运货物的苦力造成的噪声危害影响到我们每一个人。就恼人的程度而言，与密西根伐木场的九百九十九把圆形锯子产生的噪声相比，这些苦力的吆喝声也毫不逊色。这些中国苦力，不管搬运任何东西，不管搬运的东西多重，每走一步都要吆喝一声，就好像牛蛙在齐声高唱着单调的歌曲。他们为什么非要这么做，这真是个谜。这也许是一种旧习俗，但是完全没有必要，所以警方应该立刻废除这种旧习。

地球上没有哪个民族像中国人这样喜欢听彼此聊天。夜晚因为他们的聊天而变得可恶可怖。夏天的时候，我们不得不让家里的窗户开着，而他们的声音屡屡将我们从甜美的梦乡中惊醒，让人怀疑是不是头顶有惊雷通过，或者是不是八十五个充满爱心的丈母娘在喋喋不休地争论着什么。当我们寻找噪声源头的时候，发现两个中国人正悠悠然大摇大摆地行走在街上，他们只是文明地交谈着。那些在凌晨时分依然叫卖的小商贩自卖自夸，其吆喝声也同样增加了对我们的噪声干扰。

所有这些"可恶的中国噪声"产生的问题，不排除他们送殡或迎亲队伍中恐怖的哭喊和音乐表演，都应该引起当地有关当局的特别关注。中国农历年期间燃放烟花爆竹引起的可怕的噪声已经部分得到了遏制，我们为什么不能将以上列举的噪声完全消灭掉呢？中国正朝着文明的方向前进，尽管行进缓慢但毫不迟疑。在不远的将来，中国必然会将这些旧习俗抛弃。我们有义务帮助中国人走向这历史的必由之路。

上海公共租界会审公廨

迫使所谓的"上海公共租界会审公廨"这种法庭成立的背景条件,每天在这个"法院(公廨)"所进行的诉讼,"公廨"的内外部与周边环境,一切与其相关的事物以及一切与其相关联的事物、清朝法官、外方陪审官(领事)、公诉人、法官衙役、原告与被告、犯人与原告,所有这些加起来,使得"上海公共租界会审公廨"成为至今以来最为独特的司法机构。洋泾浜以北地区"上海公共租界会审公廨"的成立旨在受理外国人对中国人提起诉讼的所有民事案件、中国人被起诉的刑事案件、中国人因违反基于外国租界区"土地管理法规"颁布的"上海工部局法规"被起诉的案件。"上海公共租界会审公廨"的中国法官属于清朝政府的七品官吏,属于上海"知县",即上海地方官的下级官员。"外方陪审官(领事)"与中国法官并列坐在法官席上,这些"外方陪审官(领事)"具有司法审判权,其特别的职责就是保护外国原告的利益,并通过对违法者实施适当的惩罚从而确保外国租界区的法规在中国人当中得到了执行。"上海公共租界会审公廨"每周开庭六天,中国农历年年假以及年内的其他一些特殊的节日期间休庭。每周的三天由大英帝国的副领事出庭担任"外方陪审官",两天由美国领事出庭担任"外方陪审官",第六天由奥匈帝国的领事担任,倘若奥匈帝国的领事缺席,则由德意志帝国的领事担任。

会审公廨入口

"上海公共租界会审公廨"位于"大马路(南京路)"上,"法院(公廨)"的办公场所就在清朝官员的衙门内。衙门的入口处就可以看到令作恶者望而生畏的景象:在靠近街面人行道的地方,大门的两侧,有两个用结实的原木制作的栅栏,确切地说是两个巨大的木头笼子,笼子从地面一直延伸到门廊的第一层屋顶。看上去有点像约翰·班扬在其名著《名利场》所描述的用于关押"忠诚"(Faithful)的那种笼子。这种东西的功能跟英国很多年前使用的限制犯人手或脚的枷锁相同。这些中国人的笼子内塞满了犯人,这种笼子一是用来惩罚这些囚犯,二是用以让其他人望而生畏、心惊胆战。这些原木栅栏的缝隙很宽,瘦一点的犯人可以侧身钻出来,但是,为了防止有人溜走,所有的犯人都得到了"精心关照",企图逃掉是很难的:每一个犯人的脖子上都戴着一副巨大木枷,大约二英尺见方,木质框架牢牢地锁着,一条直径四分之一英寸的铁链一头固定在枷上,另一头绑在犯人身上,同时跟身边的犯人也串在一起,于是,六个脖戴木枷身披铁链的中国无业游民或盗贼就这样被串联在一起。他们的手上没有镣铐,所以可以使用筷子，供他们的米饭足够吃饱，这些犯人看上去很满足。坐在那里的时候，他们肩上的木枷一头靠在胸前，枷的四角遮住两个肩膀，而枷的另一端在脑后翘起来。当有自己的朋友在人行道上来回走动的时候，这些犯人的姿势会变得更加生动。卖饭郎以及其他沿街招揽生意的流动商贩在犯人囚笼附近摆着货摊，这些犯人显然能够吃到牢饭以外的食物，而且大多数人能够得到烟管和烟丝。

衙门的正门上用红、蓝、绿的混合颜色画着凶神恶煞一般的中国巨人，颜色极为鲜艳，与花上一个便士便能观看的流动演出相比，这幕情景也值得花钱观看。我们通过正面大门，进入一座宽敞的庭院，院子的左右两侧均为衙门的衙役以及仆役居住的小房子；在我们正前方是一张巨幅画像，上面画着的怪兽无可名状。这是一条龙吗？嗯，这个怪兽看上去很野蛮、很凶恶，而且就所耗费的油漆而言，可谓奢侈浪费，因为泼洒在这条怪兽上的油漆足够画十二条相当大的相貌不太吓人的巨龙。据说，这个怪物是"贪婪"的象征①。这只怪兽画在通往上海知县官邸开阔入口处的一堵影壁墙上，以此告诫官员们：贪婪是一种罪恶，他们必须对其加以防范，任何时候都不得做出压榨鱼肉老百姓之类的事情。在官员住处的正前方及附近放着几顶轿子，上海知县的轿子"鹤立鸡群"，与其属下乘坐的轿子天壤之别，如果说上海知县乘坐的轿子是大商巨贾身上穿的丝衣，那么其下属的轿子则是苦力身上裹着的破烂布块。满清地方官的轿子上配有巨大的红色华盖以及鎏金汉字牌匾，当这些大人乘坐轿子招摇过市的时候，这些华盖和牌匾便会用上；在行进的途中，上海知县被浑身油腻的随行人员前呼后拥着，并有兵勇在前鸣锣开道，告示沿路百姓清朝大员即将驾到。

在这个大院子的左侧有一条狭窄的通道，它通往另一个面积小得多的院子，小院的三面是用砖垒砌的围墙，而宏伟的"公廨大堂"在这个方形院子的北侧。这个院子面积特别小，地面到处扔着各类垃圾。当"会审公廨"审理当地老百姓感兴趣的案子时，小小的院子便挤得满满当当；当调查审

---

① 译者注：此处的怪兽应为饕餮，是一种想象中的神秘怪兽。传说中东海龙王的第五个儿子。

理"大马路谋杀案"的时候,不仅是这个小院,就连通往这个小院的通道、外面的大院内、一直到街上,到处都是摩肩接踵神情焦虑的人群。这种场景如同在伦敦中央刑事法院(Central Criminal Court)看到的场面:具有轰动效应的审判即将结束的时候,成群结队的人便涌向老贝里街道(Old Bailey),队伍从路德门山街一直延伸到伦敦新门监狱,急切地等待判决消息。但是,在"大马路(南京路)谋杀案"的审理以及判决过程中,当地的百姓并没有感到兴奋;犯人被带到上海城内,在那里关押了很长时间,然后又被带到全省各地进行了大规模的游行示众,其规模之大,程序之烦琐,官方对其无论如何大肆铺陈赘述都不为过。

"会审公廨"每天上午十点开庭,法院的审理过程总是吸引着当地很多百姓的关注;其中有一些人能够幸运地进入"公廨大堂"内,尽管他们仅仅是出于好奇前来旁听,而"一般的平头百姓"往往只能将就着站在大堂外的小院内。"审判庭"的墙壁上完全是窗户和玻璃门,外面的人群里三层外三层,紧贴在整个建筑正面的窗户上。我们要想挤过去并不太容易;有些闲杂人员必须被赶出去才能让出路来——揪一揪他们的辫子,或者踢一下他们的小腿骨头,这一招很管用,他们立刻就让开了。第一次进入"公廨大堂"内部时,一是出于本能,二是出于敬意,我们摘下了帽子。但是,很快就发现,在这个"会审公廨"内,这样的礼数实在是有点多余,当我们看到一位朋友居然抽着一根雪茄的时候,法庭上办案的那种随意自由的气氛更加明显。我们原先对"会审公廨"的理解完全被颠覆,刚才我们把只抽了几口的烟都扔掉了;我们进入大堂的时候心怀敬意,连帽子都摘下了;但是这两点我们都做错了。我于是便小声问这位朋友,"这里允许抽烟?"结果,"外国陪审员"听到了我的问话,他回答说"嗯,是的,随便抽吧,在这里抽烟是常事。"这时候,正会审官老陈[①]从雪茄盒子内拿出一根方头雪茄,用一根"只能在火柴盒上擦着的"火柴棍将雪茄点上;然后陈大人递给"外国陪审员"一支雪茄。一分钟后,四五根雪茄同时抽起来,乌烟瘴气,就像四五座房子

---

① 译者注:即陈福勋。

着了火一般。再次来到"租界会审公廨"的时候,我们再也不用在门口把手中吸着的烟扔在那些中国人群中,进入大堂的时候,也再不用脱下帽子以示敬意。

"审判庭"是个很小的木结构房子。屋顶呈人字形,光秃秃的屋梁露在外面,整个建筑看上去摇摇欲坠的样子。正会审官和外国陪审员座位前的审判桌是一张宽大的木桌,四条腿摇摇晃晃。桌子所在的台子离地面有几英尺,差不多正好位于整个大厅的中央位置。在法官席位后,在两根主要用于支撑屋顶的支柱之间,有一堵屏风;在屏风的后面,有一条相当宽敞的通道,通道内坐着给官老爷扇扇子的苦力。从法官席的正面到我们进大厅时走的玻璃门之间的区域是审犯人的区域(审判区),犯人被迫在这里下跪叩头。审判区域的左右两侧用木质栅栏围住。法官席右侧的空地用另外一个方形的栅栏围住。法官席的尽头的空间是留给进行起诉的"上海市警察局警司以及巡视员"就坐的。大厅内这一侧的其余空地用于外国原告或者其他人。在大堂的左侧肩并肩站着一排地方法官的衙役,有时候则站着两排。就在这一侧的法官席上,地方法官的秘书做庭审记录;大堂内到处都是中国人,很难说清他们是不是公务人员。人群中有个人很显眼,他是个瘦高瘦高的中国人,年龄在四十岁上下,他那古怪的五官让人不禁想到了那广为流传的据说是出卖耶稣的犹大的肖像。这个中国人就是正会审官的"boy(童仆)",他紧挨着主人的后背站着,俯身浏览着正会审官陈大人手上翻阅的每一份状子。大堂上经常可以看到的另外一个人就是陈大人真正意义上的"boy"——那就是小陈,正会审官的儿子。这是个非常聪明的小家伙,显然在法官席上跑来跑去他很开心:他一会儿跑到父亲背后,一会儿跑到外国陪审员的背后或身边,还伸手去玩外国陪审员那根银饰的拐杖;在冬天的时候,他就会跑到法官席右手一角去拨弄炉火。他最大的快乐莫过于从父亲手里拿走被没收的伪造铜钱,然后跑到炉火前,准备将这些假钱币融化掉。

正会审官大人坐在法官席靠近中央的位置,右手一侧坐着外国陪审员。法官席上能坐三四位,当某一位外国领事对某个案子特别感兴趣的时候,这个法官席上就坐着三四位。正会审官陈大人穿上冬天的官服时比穿着夏天单薄的官服更加有威仪。冬天时,他身着宽大的中式刺绣皮毛内衬绸缎大衣,顶戴微微上翘、插着孔雀羽毛花翎。现在,这位年过六十看上去却有七十岁的老人似乎不堪高温、筋疲力尽。审判过程中,他经常不戴官帽,露出严重脱发的秃顶。他头皮上的自然毛发所剩无几,不足以梳个小辫,而垂在脑后的几乎全是丝带。陈大人的五官没有什么很特别的地方;他面色非常和善;黑亮的小眼睛炯炯有神,目光犀利;鼻子小,而且并不很宽;上嘴唇很大,嘴唇两侧稀稀落落地留着几根灰白的胡子,而且这残留下来的两小撮胡子相距很远;颧骨很突出,两腮微微下陷;皮肤可能已经不如几年前那样光滑,岁月的皱纹已经爬到了他的前额。当犯人和衙役乱哄哄吵作一团的时候,主审官陈大人却一声不吭地坐在审判席上,谁能想到在斥责犯人的时候他有时竟然还能爆发出那么大的能量来。在他前面的桌子上有一盏巨大的铅灰色砚台和一些中国砚墨片;在砚台背后,桌子上还放着一个看上去很古怪的铅制物件,此物形似从手腕处被砍掉的一只人手,据说这代表着佛陀的手。此物以手腕为底部竖立着,五指张开,间距很大;这只手比我们见过的最大的人手还要大得多;如果把这东西安到笤帚把子上的话,给传闻中的体格最大的中国巨人做个痒痒挠定然不错。这种简单的物件是做笔架用的,防止主审官陈大人在批阅案卷的时候不小心让官用的红墨汁弄脏了案桌。当然,除了上述物品之外,主审官陈大人的左手处总是放着一盏小茶壶以及一只更小的茶杯;而他的正前方永远放着雪茄盒子和一盒"只能在盒子上擦着的"火柴棍;还有另外两件东西值得一提,这些东西结构很简单,陈大人经常会用到,但是很难看出有什么用处。这是两个硬木块,长约十二英寸、厚度和宽度大约一英寸。当主审官陈大人发怒的时候,当他扯着嗓门大喊大叫的时候,当他将自己掌握的所有咒骂词汇消耗完毕,对着不幸的犯人咆哮狂吼时,他的谩骂不可遏止地到达高潮,于是,他抓起其中的一块硬木,使劲拍打另一块,拍出巨大的声响,几乎将自己的声音淹没;我们猜想,主审官陈大人认为这种方法很有效,能够让遭到如此猛烈警告的犯人心惊胆战。当他拍打硬木的时候,那样子看上去是准备将其中的一块砸到犯人的头上，而有些犯人似乎也以为木头会砸下来，做好了躲闪的准备。

每天被带到"上海公共租界会审公廨"公堂的犯人一般为中国社会的下层阶级，而且形形色色、成分复杂。有时候一天会审理二十多起各不相同的案件；多数案件中涉及两三个犯人；偶尔，超过一打的犯人受到同一个指控。因而经常出现的情况是，一上午便能对近一百个犯人做出判决。而且，事实上，"上海公共租界会审公廨"审理的案子大都是轻微的违法行为；绝大多数的案子都是微不足道的官司，只是在非常罕见的情况下我们才听说有什么大案要案。上海的人口中包括了中国所有不同的民族，当然，本省的本地人在数量上占有巨大的优势，但是另外也杂居着大量的广东人、福建人以及很多来自北方省份的人口，同时，上海还汇聚了林林总总的各式流浪者以及不良人士。所以，"上海公共租界会审公廨"的会审记录显示，考虑到这里不同阶层混杂的状况，这样一个人口众多而混杂的中外商业中心的犯罪率低得不寻常。绝大多数的案子属于盗窃案；我们认为其中多数盗窃案都是中国人犯下的。确实如此，我们时常听说某一位外国人起诉其"童仆"或者仆人偷了自己几美元、一件衣服、某个小饰品或者什么值钱的珠宝。很多中国"童仆"就像爱尔兰的毛驴，起初性情很好，但是往往最后有可能踢主人。但是，更为常见的盗窃案，是当地中国人从鸦片窟、招待所或者茶馆内偷盗了其他中国人的一支烟枪、几文铜钱、一件外衣，或是什么其他不值钱的东西。

黄包车和独轮手推车人力车夫不很诚实，所以在偷盗群中他们占的比例相当大。运货船夫和舢板船夫也偶尔偷盗；马夫们手脚也不干净；小店员以及商贾的仆人也无不狡猾；但是，盗窃犯绝大多数都是习惯性盗贼或者臭名昭著的窃贼。有很多当地中国人，他们以行窃和蹲监牢作为一种娱乐；据说其中很多人以"培训年轻人行窃"而出名。刚从监狱释放出来，他们便现身于以前作案的老地方，下手偷盗一点不值钱的小东西，然后很快被抓，再次被投入牢房，或者被送到"锁链苦役队"服更长的一段刑期；如果没有机会逃掉，他们会欣然服刑到期满；一旦再次获释，他们便再次行窃，接着再次被抓。

另外一类罪犯就是街头赌徒；他们在背街小巷子内设赌局赌博，周围有几十个游手好闲的无业人士，同时有一个人为他们站岗放哨，当警察以每小时半英里的速度来到街角的时候，放哨人便来报告，于是各赌徒便立刻散开，直到巡逻的警察大摇大摆过去，一切再次风平浪静下来时，这些人便重新开局。这些赌鬼被抓的频率不可谓不高，但是得到的判决并不重，因为他们小打小闹的赌局还够不上重罪。然而，开设赌局以及赌局的常客有时候会得到非常严厉的惩罚，但是他们被逮着的概率很小。警察还没有接近聚赌场所，赌场放哨人已经发出警报，赌徒们纷纷如鸟兽四散逃离，警察到了贼窝的时候，赌博的迹象已经荡然无存。一八七九年的时候，租界警察对一个聚赌窝点发动了突袭，抓获了四十多个参与赌博的中国人，这么一大群人就这样被带到"上海公共租界会审公廨"公堂，大堂几乎都放不下这么多人。对他们判处的罚金为九百美元，很多人无法承受罚金这样的选择，只得被迫承受短期的牢狱之苦。有个商贾案发后一溜烟逃到了广东，但是"会审公廨"责令被此商人留下来照看店铺的负责人支付二百美元的罚金。几个月后该商人从广东回到上海，旋即被带到"会审公廨"，最后被判在"锁链苦役队"服一年的苦役。

在茶馆斗殴，并且在斗殴中破坏茶馆财产，这些都是最为常见的违法行为。因为茶馆之于中国人，就像"酒吧"之于西方人。茶馆既是他们前去提神的地方，也是很多中国人相聚解决争端的场所。这些会面或聚会也许是偶然的，也许是事先约定的。但是，这些争端不总是以友好的方式得到解决，而经常出现的结局是双方大打出手，茶馆的东西成了武器，一时间，城门失火，殃及池鱼，茶肆的家具满屋子乱飞。所以，对于被追究斗殴责任的一方而言，一般来说，最严重的问题就是赔偿对茶馆造成的经济损失。

在抢劫案中，暴力抢劫案件的数量极少，无论被抢劫者是当地中国人还是外国人。在入室盗窃案件中，很多都是小案子，比如，盗贼破门进入当地人家；外国人住所被盗的案件也有发生，一般来说，最吸引入室行窃者的地方就是外国人家里的酒窖。

还有很多极为怪异的案子,这些案子也许只会发生在中国人当中,譬如:恶性的强取豪夺、绑架案件,因买卖妻子以及以小妾作抵押而引起的纠纷,丈夫抛弃妻子、妻子离开后又起诉要求法庭强制妻子回家,等等。从性质上讲,按照西方的法律概念,这些案件与其说是刑事案件,不如说是民事案件。但是,根据清朝政府的法律,这些案件中被起诉的一方就是罪犯。

一般而言,这些犯人是由上海公共租界巡捕房的警察押解到"上海公共租界会审公廨"公堂的。很多情况下,他们来到"上海公共租界会审公廨"公堂,是因为接到了逮捕令或者法院的传票,或者是因为保释期已经结束,他们到庭报到。但是,在有的情况下,犯人是被警察押送到会审大堂的,押送他们的天使们牢牢地揪着他们的小辫子,或者将几个犯人的这种"附属器官"系在一起。这些犯人被非常粗暴地带到会审大堂,被推着强行挤过公堂外的人群,玻璃门猛然砰的一声被打开,发出咣当咣当的回声,押解卫士呼啦啦地将犯人推进受审区,然后犯人就地双膝跪下,向法官席上的审判官叩头。在整个案件的审理过程中,犯人必须一直这样双膝着地跪着。在漫长难捱的庭审过程中,这些犯人会疲累不支,但是,每当他们表现出什么倾向,不愿意以膝盖着地跪着,而准备换成某种舒服一点的姿势蹲下去的时候,这些看管他们的法庭差役们便不厌其烦、毫不留情地揪住他们的小辫子,让他们挺直身子跪好。有些犯人的叩首表演实在令人心生恐惧。他们叩首的时候,以头叩地的次数不止规定的九次,而是连续以前额捣地,力度之大,节奏之快,使得地板上的尘土四面飞扬,看那架势,若不是准备将自己的头骨盖磕出一个裂缝,便是打算在地板上弄出一个窟窿来。就在犯人叩头的同时,他们发出的那种痛苦的喊叫声、呓喝声、抽泣声、哀鸣声、咬牙切齿的咯吱声,我们在其他任何地方都没有听到过能够达到如此极致境界的。倘若犯人情绪失控,有可能持续这样闹腾下去的话,用他身上那个有用的"附属器官"——小辫子便能让他冷静下来;一位衙役于是上前揪住他的小辫子用力猛拉,直到犯人安静下来。连喊带哭的犯人在此之前早就折腾得筋疲力尽了,于是他陷入沉默,脸上立刻露出平静而镇定的神色,表明他此前痛苦不堪的哭喊全是表演出来的闹剧。这些衙役喝问犯人的名字，不是一个一个地喝问，而是半打人或更多的衙役同时喝问，筋疲力尽的犯人报上自己的姓名，然后这些衙役以极大的嗓门把犯人的名字报告给"上海公共租界会审公廨"的中国秘书；然后，大量的审讯问题一股脑地抛掷给犯人，犯人的供词再由衙役们声音洪亮地传递给主审官大人。然后，被告为自己辩护，而与此同时，原告再也无法保持冷静，也跪了下来。整个诉讼过程极为吵闹、混乱不堪。当这一切表演纷纷扰扰进行的过程中，租界捕房的"警司和巡视员"也许已经将案情的全部情况向"外国陪审员"做了介绍；外国陪审员则向中国主审官讲述案件的事实；如果证人在场，证人也要被询问；接着由主审官审问被告。如果法院可能会做出对其不利的判决，该被告便不惜自己的口舌、眼泪和前额，因为他想通过歇斯底里哭喊和叩首的方式声明自己无罪，或者乞求法官宽大处理；二十美分的"重罚"，或者两三天的监禁，这样的判决让被告痛苦不堪；他的叩头越来越有劲。于是，衙役上前揪住他的小辫子将他拖出会审大堂。当然，到了这里，他便接受了自己的命运，而且窃窃私笑，庆幸自己能够如此轻而易举地免于重罚。

还有一类犯人，他们的表现与那些磕头的时候试图在地板上磕出窟窿的激动万分表现夸张的犯人正好相反。这类犯人表现得更为冷静也更为冷漠，尽管他们的处境相当不妙。他们磕的头不多不少，只是象征性地表示对法官的敬意。他们进行自我辩护时不带丝毫的激动情绪；在听法官做出判决时，他们居然在这种情况下表现得很高兴。对于任何不幸被带到这个会审大堂的人而言，亲戚关系很有用。如果犯人能将两三代人的亲戚都带到会审大堂的话，他几乎肯定能逃脱惩罚。如果他没有任何亲戚，最好让人冒充他的爷爷出庭。因为爷爷或奶奶出庭比拿出可使罪行减轻的证据更有效，因为这有力地证明被告人具有可以垂范的人品，亲戚们对其孝道的声明往往可能对主审官的判决起到很大的影响，尽管也许没有证据证明这些所谓的父亲、祖父或曾祖父不是冒充顶替的。但是，这些长辈的哭泣和哀号也许会让罪犯的后背免于遭受笞刑之苦，或者可以确保他们的监禁期缩短。如果某个犯人被控犯下故意伤害罪，或者与他人发生了争吵，除了带着自己爷爷到会审法庭外，还有一招仅次于此，那就是：将自己的脸上涂满鲜血，胳膊上弄两三处擦伤，胸脯上再弄个大大的石膏。然后，他必须装出很痛苦的样子，把手捂在石膏上，假装自己连呼吸都很困难，然后滴上几滴眼泪，而且，如果有可能的话，尽量让几滴鼻血滴到他的手心，然后把血涂抹到脸上。如果他这虚假的可怜相没有博得法庭主审官的同情的话，他的结局会很糟糕。犯人企图让主审官相信自己比原告遭受的苦还大，即便这样做他无法完全摆脱干系，他的这一番作假行为会产生对其有利的结果。被打的中国人在出庭之前是绝对不会将脸上的血迹洗掉的，他要带着血迹到会审大堂去控告殴打自己的那个人；他宁愿用自己脸上的血迹做证明，也不愿意让六个目击证人声明他们目睹被告打了自己；当然，犯人也在自己脸上抹了血迹，而且尽量装出自己的伤势更严重。于是，他们展开了一场说谎比赛，非要把对方的"伤残"度比下去。但是，如果警察知道了真相，任何一方的欺骗只能是枉费心机。

在这个"上海公共租界会审公廨"公堂上，没有什么所谓的伪证罪，因为中国人"根本不发誓"，所以中国人肆无忌惮地说谎；与诚实的邻居或虽然说谎但不善于编谎话的邻居进行的官司中，最善于说谎的人胜券过半。那些自身就最善于说谎的罪犯，或者是雇佣比自己善于说谎的人为自己撒谎的罪犯，他们被判无罪的机会最多。即便他们的谎言最终被揭穿——事情往往是这样，因为他们的谎言要么破绽太明显，要么编造得不够巧妙；也没有人小看他，因为作为骗子，他已经尽了自己最大的努力；他如果输掉官司，仅仅是因为他编造的谎言不够高明。倘若中国人陷入困境，无论是因惹上民事或刑事官司，根据案子的价值，他们拿出几百文钱或者几个美元作为报酬，便可以指使大量的同胞按照他的要求为其作伪证，将黑的说成是白的，或者将白的说成是黑的，出钱收买的人让他们怎么说他们就怎么说。

前不久，一个声名狼藉的中国盗贼、流浪汉、大骗子企图利用本法院让他的一位亲戚惹上官司——这一位亲戚曾经无数次地想尽无数的办法给过他钱，但是后来拒绝继续帮助他，因而得罪了这个恶棍。这位无业者向警方自首，庄严而悔恨地认罪伏法，承认自己偷了十美元（后来查明，这是个谎言），而另外一个人，即他的同伙，以控告人的身份出庭，声称自己的钱被人偷了——这也是个谎言。悔过的贼犯声称自己将偷到的十美元交给了他的亲戚，也就是以前一直接济他，后来却不再理他的那一位亲戚。此盗贼就是想用这种手段构陷自己的亲戚，以接受赃款的罪名起诉这位亲戚。当这一案子递交给"上海公共租界会审公廨"时，这个一流的恶棍谎称警察动刑逼供时弄伤了他的双手；据他自己声称，警察将他的大拇指夹在竹子夹板内，然后将他吊起来，浑身的重量都在两个大拇指上，直到他被迫认罪，供出了他把偷到的钱做了怎样的处理。但是，他手上的伤口即便是真的，肯定是因为其他原因造成的，因为他杜撰了偷盗和刑讯逼供的事实，这一切只是为了强化他所做的诬告。然而，他编造的这一部分故事被主审官大人接受了，所以他没有再遭受拷打的皮肉之苦，因为他已经受过酷刑了，确切地说，据他自己说，他已经受过酷刑了。这一恶意诉讼案中的另一方，即谎称自己被盗十美元的那一位，最后被判笞刑，挨了一百下竹板子。被诬告的那一位朋友最终被雪冤，也得到释放，因为经调查发现，他根本没有接受任何所谓的赃款。此案中的谎言并不高明，否则，被诬陷的这位朋友的最后遭遇也许不会这么幸运。

以下是我们听说过的在"上海公共租界会审公廨"公堂上发生过的最高明的骗例之一。当时，有三四个人因一些轻微的违法行为被定罪，每个人被判缴纳罚金二十美分，或者改判三天的监禁。除了一个犯人，其他人全都声泪俱下号啕大哭，试图以哭声和眼泪博取主审官大人的恻隐之心。但是，跪在地上的犯人中有一位听到判决后立刻从地上爬起来，然后他壮着胆子大摇大摆地走到主审官大人的法官席前面，将罚金放到桌案上，然后匆匆离开了"上海公共租界会审公廨"。几分钟后有人发现这一枚二十美分的钱币竟然是黄铜的，但是发现得太晚了。

犯人们受到的刑罚轻重各异：罚金轻则二十美分，重则二百五十美元，甚至更多；监禁期短则二十四小时，长则两年，有的则被判"无期徒刑"；行笞刑，用竹板打大腿，打二十下、四百下、五百下不等；在囚禁期内脖子上戴着木枷站到公共街道的角落处示众；而在所谓的囚禁期的大部分时间，犯人都在"锁链苦役队"中在外国租界区从事修路的苦役，之所以被称作"锁链苦役队"，是因为拉压路机的犯人们成群地被用铁链拴在压路机上。笞刑就是在"会审公廨"公堂外的小院内执行的：当施刑人用竹板对剥去裤子的犯人大腿部施加笞刑时，犯人被面朝下按在地上，双手、双脚以及头部都被衙役摁着。施刑人手中舞动着这些一英寸宽的细长竹板。板子打得轻还是重，这完全取决于受笞刑的犯人是否得到了施刑人的好感。有的可怜的犯人只挨了五十个板子便被打得皮开肉绽，其他的犯人挨上一百板子却根本不用遭受任何疼痛——按照施刑人的意愿，他要么狠狠地打板子，要么根本不用力气，只是让板子轻轻落到犯人身上。当然了，施刑人的这种好恶受到最崇高动机的制约，即：服从中国人的戒律，从不受贿，因为金钱是肮脏的，钱是万恶之源。施刑人打板子的情景常在"上海公共租界会审公廨"公堂的旁观人群中引起很大的骚动。有时候，审判结束后便执行笞刑，但是一般情况下，笞刑是在下午庭审结束后执行的。据说，一百个板子会让犯人几天内感到很不舒服，四百以上板子犯人两周无法坐下。

在中外交往的历史上，"上海公共租界会审公廨"正会审官与同坐在审判席上的"外国陪审员"之间的关系谱写出了一个有趣的篇章。如何保护外国人的利益，如何为了各国租界区的良政而执行各项法规，如何镇压享受了租界良政却实施犯罪的当地人，如何对违法犯罪者施加适当的惩罚，所有这些在很大程度上取决于"外国陪审员"采取的态度以及保持立场的坚定程度。在很多官司中，倘若"外国陪审员"不反对正会审官大人持有的观点，并据理说服正会审官，使其不情愿地做出与其初衷相反的判决，外国原告就会受到不公正判决，而中国被告或犯人就会逍遥法外。在纯粹事关中国人的案件审理过程中，在很多情况下，我们的"外国陪审员"也阻止了对中国当地人的不公正判决。然而，在很多案件当中，我们的"外国陪审员"屡屡表现得不够坚定，因为我们经常听到极为不正常的判决——有时候，对并非重罪者判处的刑罚极为严厉，而对于应该给予更严厉判决的为恶者却施以轻判；而错误一般都属于后一种情况。租界捕房负责公诉的巡视员勇敢地主张对"警方熟知的"那些惯犯给予应有的惩罚,他们向"外国陪审员"陈述案件事实,并请求给被起诉人应有的惩罚。"外国陪审员"可能要与中国的正会审官大人争论五分钟、十分钟甚至十五分钟,然后主审官方才同意按照外国陪审员的决定的处罚量度,判处犯人笞刑、监禁或者罚款;双方也许要做出一些妥协;或者中方正会审官大人不肯让步,他会对外国陪审员说自己是"地方法院的法官",他说了算。

几年前发生了一个案子,其中出现一件趣事,当时在场的目睹者向我们讲述的那些详情值得在此一述——也许这些细节也是第一次被人披露。当时,有个犯人被判短期监禁;他的判决本身没有什么问题;出于某种我们不甚理解的原因——似乎只是因为犯人的奶奶在会审大堂上尽其哭泣、号啕之能事,苦苦哀求主审官对其孙子法外开恩,当时担任正会审官的陈福勋大人便说允许犯人在整个监禁期内都在法院的监狱中服刑,不必送到任何的"租界捕房"牢房内服刑。警官们对此提出抗议;"外国陪审员"对陈大人的想法则强烈反对;于是双方开始了激烈的辩论。接下来,在这个"司法大厅"内出现了戏剧性的"一幕",在这个地球上独一无二的"一幕":陈大人的情绪完全失控;他同情该犯人以及他的奶奶——她可能是孙子的唯一支柱!而这个外国陪审员则横加阻拦,反对自己的提议,一想到这些陈大人便火冒三丈。只见陈大人从法官席上站起来,然后绕到审判席大木桌前的犯人受审区,对"外国陪审员"怒气冲冲地说了几句话,大意如下:"你好像是这里的正会审官,而我什么都不是;如果你是正会审官,你惩罚我吧;把我关进牢房去!"外国陪审员让老头子别犯傻,赶紧回到法官席上。意识到情况不妙,外国陪审员赶紧命令警察将犯人带走。转眼间,三四名警察便上前将双膝跪在会审大堂上的犯人从地上拽起来,有人揪着他的小辫子,其他人则扯住他的外衣,然后急匆匆将犯人拖出"上海公共租界会审公廨"大堂。主审官陈大人在后面紧追不舍,但是走在这一队中国警察后面的是租界外国警方的巡视员,陈大人扯着这些巡视员的大衣袖子大声吆喝,责令把犯人送回来,除此之外,他没有任何办法营救犯人。当地的中国警察一出衙门便将犯人放到一辆中式独轮手推车上,然后让苦力朝着"中央捕房"的方向火速前进,在这种被用以发挥西方囚车功能的古老的中国车辆两侧,当地的中国警员形成了两道押解警戒线。外国陪审员离开了法官席,当天的审判就这样草草收场。外国陪审员还没有走出"上海公共租界会审公廨","老陈"便将自己的衙役们召集起来。前有手持红伞盖的仪仗衙役和鸣锣开道的差役,后有前呼后拥的全部随从,我们这位愤怒的满洲官员乘坐着大轿子带着自己的队伍浩浩荡荡地离开了。"外国陪审员"径直朝着领事馆往回赶,如果传闻属实的话,据说也是乘马车疾驰而归。但是,陈大人捷足先登,开始滔滔不绝地向领事大人告状,说自己如此这般地遭到了侮辱!纠纷总算得到了解决,而且之后在"上海公共租界会审公廨"公堂上这件事再也没人提到过;但是,陈大人这一次是受挫了,因为他被迫让步了;犯人必须在租界捕房的监牢内服刑。

  调查所有由外国人或中国人举报的案件,以及这些上海租界巡捕们日常执勤过程中发现的案件,我们会发现这些警官都履行了他们的职责,而且履行得非常有效,所以如果没有特别提到他们的工作,我们对"上海公共租界会审公廨"所做的全面介绍就是不完整的。正如我们前面所说,在"上海公共租界会审公廨"的公堂上警察的角色是公诉人。在他们调查工作中,无论是什么案子,最主要的部分就是揭穿涉案中国人的谎言。根据涉案人员的最初陈述,也许会轻易地查到某些看上去很好的线索;但是,接着调查人员却发现方向不对劲,因为他发现嫌疑犯一直在编造谎言。在上海的租界警察们有一种极好的执法权,那是在英国国内不能针对公民施行的一种执法权。如果他们缉拿不到他们想要捉拿的嫌犯,有一个方面对他们帮助很大,那就是将嫌疑犯的兄弟或父亲,或者其他任何亲戚关押起来;如果"被通缉者"的那些亲戚中的哪一位有一辆黄包车或者独轮手推车,或者任何其他能够没收的东西,警察便将其扣留下来,告诉这些东西的主人,只有等到他们协助中国警探查明其亲戚去向后,才能将扣押的东西拿回去。如何调查清楚频频发生的中国案子的真相,下面讲述的案子的详细经过提供了一个很好的说明:前一段时间,有个英国水手向上海公共租界虹口捕房报案,说一天晚上两名黄包车人力车夫将他拉到旧宁波码头对面的一片开阔的野外，朝他眼睛投掷尘土，然后将他打倒，抢走了他身上的十枚金币。虹口捕房的巡长不巧生病，所以此案由租界警方老闸捕房巡长接管。起初的一两天，关于此抢劫案的线索一点都没有查到；有人甚至一开始就怀疑报案人所讲事实的真实性；但是，接着一切都浮出水面，而且出现的方式很蹊跷。关于金币下落警方第一次是这样听说的：一个黄包车人力车夫向自己的一位朋友讲述了金币的故事，这位朋友又讲给了当地一位中国警探的朋友，说是有人看到另一位黄包车人力车夫在法租界的一家钱店或兑换店兑换一枚金币。被举报的黄包车苦力不久后被抓，当问到他拥有的金币来历时，他便开始编造了本案中第一个老掉牙的谎言。据此苦力说，一天晚上他把一位海军军官从礼查饭店（Astor House）拉到租界夜总会，得到两个钱币，他后来才发现是两枚金币——一枚为一英镑金币，另外一枚是半英镑金币。这个苦力声明他所说的都是事实；警方必须找到佐证或者反证。警方派人到停靠码头的所有军舰、礼查饭店（Astor House）以及租界夜总会进行了调查，发现黄包车人力车夫做的供词是编造的。苦力被告知这是个谎言，于是他冷冷地说，他知道这是个谎言。那么他究竟是从哪里弄到这些金币的？他接下来的解释乍一听比前一个故事还不靠谱；他说当时他的黄包车停在广东路上，他把车子放在那里后走开了一小会儿，返回来的时候，他发现车座上放着一个小袋子，袋子内放着两枚金币。起初警方并不相信他这种说法，但是他说的另外一个事实引起了警方的关注。黄包车人力车夫说他认为是有人故意把钱放到他车上，从而加害于他，还说这金币是另外一个黄包车苦力放的；此人一直在跟踪自己——他在钱庄兑换金币的时候那个人在盯梢自己，当他被捕后此人一直跟踪到捕房；此人在捕房四周打探过几次，而且就在捕房外不远处。警方逮捕了此黄包车人力车夫，此案于是出现了新的转机，因为警方发现，就是此人通过他的朋友向警方举报有人在钱店兑换金币。就他自己的利益而言，他绝对是个无与伦比的傻瓜：他肯定脑子里有什么奇怪的东西，在他自己身处险境的时候，他却一直在捕房的四周徘徊，一心想知道自己怀恨在心的那个人到底结局如何。因为他将金币藏到其他苦力的黄包车上，被指控栽赃陷害。说了好多谎话后,他终于承认自己这样做是出于仇恨,目的就是要陷害对方。然后他被指控抢劫了那一位英国水手,对于这他一开始拒不承认,想方设法抵赖撒谎,但是后来承认自己是实行抢劫的两个黄包车人力车夫中的其中一个。他准备把案件和盘托出,但是,他想,既然有这个机会,自己最好多诬陷几位以泄仇恨。犯人交代说他在城里的一家店铺兑换了三个金币,兑换金币的女人在新闸开有一家客栈,而且住在那里的两个男子也参与了这次抢劫。警探们在上海老城内找到了那一家钱店,那里果然兑换过三个金币;然后他们前往新闸区的那一家客栈,逮捕了一位妇女和两个男子,他们全都抗议说对警察所说的金币一无所知,而且还说指控人因为两个月前被他们赶出了客栈所以心怀仇恨。这个一流的撒谎者仅仅是出于泄私愤就要诬告他人!于是,此人力车夫接着撒谎说,他本该举报的那一个女人和两个男人住在洋泾浜,但是其中的一个男人已经带着三枚金币取道苏州去中国内地了;那个女人跟另外一个男人一两天前乘坐一辆独轮手推车也刚刚动身,他们第一天晚上要在上海老城西南面不远处的一个小村子内过夜。他的供词依然是半真半假:警方查明,在他说的洋泾浜的那个家里确实住着一个女人和两个男人,他们全离开了,而且确实有两人离开时是乘坐着独轮手推车;另外一个男人也许是去巴勒斯坦古城耶利哥了(如果他不反对我这样说的话),因为后来查明他身上根本没带那所谓的三枚金币。警方找不到将那一对夫妇拉到乡下的那一位独轮手推车车夫,但是他们找到了车夫的兄弟;他们没收了独轮手推车车夫兄弟的黄包车,告诉他必须协助警方找到他兄弟;此人欣然答应。后来独轮手推车车夫被找到,他的独轮手推车被没收,车夫被临时征募到租界警探队伍,然后被派往乡下追赶他最近拉过的客人。此人很快被发现,当场被带了回来。在此人身上发现了一枚金币。原来他就是参与抢劫的两个黄包车人力车夫中的另一个。警方甚至成功地找到了所有十枚金币——在抓住的第一个苦力身上搜到一个半英镑,这个苦力只花了零钱中的三角;找到了主犯兑换出去的一个半英镑;有三枚金币他藏到了洋泾浜房子门口的台阶下,却谎称去苏州的那个男人拿走了;从第二个犯人身上搜到一个金币;也找到了被那个女人兑换走的三枚金币。在金币被抢的水手离开上海港后的几天后此案得到审理；所以，在"上海公共租界会审公廨"审判案件的过程中，原告不一定总是出庭。两个黄包车人力车夫分别被判处九个月的监禁；而黄包车的主人因为将人力车租给了这些作恶者，也受到了法律的制裁——这一次确实是天网恢恢疏而不漏，因为他被法庭命令支付十五美元多一点——用这些钱警方从兑换走那三个金币的女人那里将金币赎了回来。从英国水手那里抢劫走的所有金币悉数找回，然后交给水手所在船只的代理人，最后归还给了水手本人。

南京路监狱

　　在上海居住的欧洲人当中有多少曾经想过要去游览他们身在其中的奇异景观，或者对杂居其间的这些特殊的中国人的日常生活产生过一点稍纵即逝的好奇心呢？至今为止，这个得到精心呵护的最古老、最保守的帝国的丰富遗产本身在一定程度上就让最执着的研究者遭到了挫折，使试图将其内在历史和传统习俗传播到外部世界的每一个努力都举步维艰。对于一直以来熟悉更高一级文明的那些人而言，如此有趣的一个民族，与西方形成如此显著反差的社会环境，自然应该能够激发他们最强烈的兴趣。然而令人更为不解的是，居住在这里的欧洲人对于身边发生的事情却表现得漠不关心，因为我们知道，观察中国当地人的生活，他们相对有很多便利条件。也许是因为来到中国的外国人已经看腻了奇观，对奇异的东西已经失去了兴趣，抑或是因为商业活动消耗了他们所有的想法，除了贸易状况、股票以及汇率的浮动、各个公共服务部门发展的前景之外，对于身边发生的其他所有事情他们都视而不见、听而不闻。无论出于何种原因，结果都一样，居住在上海租界的众多欧洲人中，仅仅有很少一些人熟悉当地中国人的习俗,甚至于对每天发生在公共租界内真正有趣的事情有所了解。以"上海公共租界会审公廨"为例,有多少欧洲人曾经想过去看看那里是如何执法审判的,关押在那里的囚犯的住宿、饮食,以及其他生活条件又是如何呢?然而,对于那些熟知欧洲国家司法程序的人而言,这一问题定能引起他们强烈的好奇心。"上海公共租界会审公廨"就在"马路市场"的对面,途经此地时不可能看不到,因为每当府衙内开庭审理案件时,白色的高墙外就会聚集起成群吵吵嚷嚷的苦力。从两个宽大木质大门的任一扇门中进去,便来到一座小院子。院墙高大,刷着白灰,墙上是奇形怪状的油漆壁画——张牙舞爪的飞龙、长着翅膀的狮子以及其他怪物,旨在威慑作恶者,让其心生恐惧。对着南京路还有一个木质大门,进去是一座面积较大的院落。大门的两侧各有一个木质大囚笼,里面关押着戴枷服刑的囚犯。两三个囚犯蹲在栅栏内,身上带着刑具:这种刑具是一副沉重的木质架子,中间有一个窟窿,头可以钻过去,放在囚犯的肩膀上;木枷上张贴着几个纸条,上面的文字说明遭此刑法的囚犯犯了何种罪;根据所犯罪行的性质,这些罪犯必须身上带着这种木枷,短则几天或者几周,长则数月。内院的四周是与"上海公共租界会审公廨"相连的办公场所,在园子的尽头是一座华美的油漆大门,通往本地法官(知县)官邸;然后,向左拐,取道一条狭窄的通道,便来到了"上海公共租界会审公廨"。这是一间面积不小的房间,四壁粉刷,摆着一张桌子——开庭时"会审公廨"的正会审官大人和欧洲的陪审员便坐在此桌前,另外还有几把椅子。主审官桌前的空地用栅栏圈起,栅栏内公诉人、证人、翻译、犯人各就各位,犯人都须双膝跪地。审判大厅内经常挤满了当地人:无所事事者、请愿者、被控告者的朋友。除了外国陪审员、上海租界捕房的警察及案件的当事人外,其他欧洲人在这个会审法庭上很少露面。开庭审理案子时,其中的一个衙役(堂上有很多这样的衙役,他们在随时听候命令)便两步并一步地大步流星把犯人押解到受审区,然后将人犯重重地摔在地上,使其双膝着地跪倒在主审官面前。

接着,公诉人就案件事实进行陈述,然后是证人陈述,最后是被告做出陈述。如果犯人的方言太重,审判官听不懂,便有必要使用翻译人员。被

会审公廨开庭

告有可能被判有罪,定罪后将会被判监禁和打竹板的笞刑。如果被判笞刑,往往要使用竹板打犯人身体的很多部位:犯人会被两三个施刑人牢牢抓住,让其无法动弹,与此同时,另外一位根据具体命令用竹板杖打罪犯的脸部、双手或双脚。那种场景实在令人作呕:那些身上的肉几乎被打成肉酱的犯人身体扭动,口中发出凄厉的惨叫声,而施刑人则无情冷漠之极地挥舞着竹仗,似乎他们是在打谷子。当受够判定的杖刑后,犯人会被揪着小辫子押送到牢房。只要犯人给施刑人"小费",这些板子落在身上时就会轻得多;给的小费越多,挨的竹杖越轻。

在南京路上的衙门大门两侧有座外院,院内右手一侧是关押男囚犯的牢房,左手一侧则是关押女囚犯的。在这个长约三十英尺、宽度约为二十英尺的污秽不堪的囚笼内,有时候会挤着多达一百个人犯。

要想进牢房去看看,必须获得"上海公共租界会审公廨"一名看守的同意。把一根隔绝囚犯与外部世界的横木抬高,从露出的缝隙间就可以进去。用这种方法监禁犯人似乎很不牢靠,但其实牢靠度不亚于其他任何方法，因为外面有六个牢头在时时刻刻看押着囚徒。事实上，一般开门让你进去参观的一般都是在监狱服刑的一名犯人；你的导游走到横木栅栏前，喊叫某人的名字，让此人把你这个游客和他这个导游放进去。一进入囚笼内，无处不在的污秽场景让你想不到还有什么比这更肮脏的东西来。恶臭的气味令人作呕，尘土让人恶心；所有用于羞辱和残害人的东西，在这个臭气冲天的囚笼内都可以找到。邪恶与苦难在这里被捆绑在一起，各不相让，使得此地成为隔离病院与犯罪的温床。在牢房的一个角落，一伙惯犯正在赌博，以此为他们的囚禁生活平添一些乐趣，他们赌钱、赌衣服、赌贪婪的牢头给他们留下的任何东西；他们甚至将可怜的几口饭拿来做赌注，这些赌徒每天的吃饭问题往往靠骨牌来解决。但是，不是所有的狱中犯人都如此麻木；有些犯人岁数还很小，他们初次犯法便受到牢狱之苦。我们看到这些年轻的犯人蜷缩在某一个角落，或者蹲在他们那破烂不堪的简陋小床上，避免与比自己资历更深的狱兄、犯罪高手交流，或者干脆蒙头大睡，企图忘掉自己的苦难。那些无法无天的亡命徒囚犯让年轻的囚犯望而生畏、不寒而栗，但是，如果在惯犯中待久了，这些年轻的初犯们也会变得跟老囚犯一样坏，他们原本还乐意向善的年轻的灵魂因为接触这些犯人而遭到玷污，他们的监禁非但远远不会给他们留下任何有益的效果，反而使他们获释离开监狱后，贼性不改，依然为非作歹，只是比坐牢之前更为坚定，犯罪的手段更有技巧。多年来，将犯人不分犯罪级别、不分年龄关押在同一个牢房的做法，在欧洲国家已经遭到谴责和废止，而中国的一所现代监狱也充分地效法了我们监狱改革者的智慧。中国确实需要某个人来效法一下伟大的约翰·霍华德[1]，因为，与其他任何一个鼓吹自己文明的国家相比较，发生在中国的与监狱管理有关的虐待犯人的事件都要多。

---

[1] 译者注：约翰·霍华德（John Howard，1726—1791年），英国慈善家、犯罪学家、监狱管理及公共卫生领域的改革家。

中国内地会[①]

我们的很多读者应该已经看到了英美租界,即虹口区吴淞路"花园别墅"旁边为"中国内地会"新建的漂亮建筑。众所周知,这些建筑主要靠一位捐献人,一位"内地会"成员的慷慨捐助得以建造,而这些建筑则为慷慨解囊的捐主提供了一个光辉的纪念碑。就建筑美而言,这些建筑没有什么可称道之处,然而,它们结实、看上去很实用,而且令人钦佩的是,它们与建造初衷很吻合——换言之,该"中国内地会"的总部,以及将来到上海访问的"中国内地会"成员将不再有无处下榻的后顾之忧,因为这些新建筑在未来的很多年内足以满足任何可能出现的对资源的过度要求。捐给"中国内地会"的建筑有前后自带庭院的两幢大楼:其中的一幢楼有三层,对面是吴淞路,另一幢是很长的二层楼房,两幢楼成直角,长度有二百五十六英

[①] 译者注:中国内地会:由英国传教士戴德生(James Hudson Taylor)创办的基督教差会组织。戴德生1854年来到中国后,在东南沿海多个城市传教,中途曾因病返回英国,休养期间,戴德生念及来华传教者多集中于沿海五口,却很少有人在内地传教,因此萌发创立一特别机构来统辖中国内地传教工作的想法,这一想法最终付诸实施,中国内地会的第一个总部就建在杭州,后来其组织遍及中国内地多个城市。

尺。在前排建筑的中央是一个非常精致、高大、宽敞的"祈祷大厅"，四十三英尺长、三十六英尺宽、二十英尺左右高。顶棚被巨大的俄勒冈松木柱子支撑着，大厅的整体外观，虽然有点简朴，却很悦目，而且光线很好——白天宽大的窗户采光很好，晚上设计到位的煤气灯提供良好的照明。大厅的一头是平台和读书台。"祈祷大厅"可以轻而易举地容纳几百人。这一幢建筑分为各自独立的四部分，"中国内地会"的四位终身办事员的办公室以及公寓，连同仆人们的一流住所，就位于这一幢楼内。所有的房间面积略微显小，而且不事雕饰，但是舒适宜人，且设计到位。设计者用心良苦，屋顶很高，很好地照顾了通风的需求。此幢建筑的背后有一溜走廊，走廊处有一个螺旋形楼梯，此楼梯一直通到楼后开阔的院落，而值得称道的是，如果这幢楼不幸发生火灾的话，此楼梯便可以用作安全通道。值得一提的是，所有的建筑都有防火墙。在这个三层高的建筑下，沿着建筑的背后，有一条由砖拱门支撑的长长的柱廊，由此可以进入该建筑。"中国内地会"成员居住的"内地会会堂"本身，是一幢很长的三层建筑，分为东、中、西三部分。宽敞的餐厅设在建筑中心位置的第一层，内部设施完善，布置得干净利落，温馨舒适，令人神清气爽，里面摆放着六七十人的桌椅；在餐厅的对面是几个陈设布置很高雅的休息室。一层的东面部分是储存室，架子上满满当当的堆放着各类储备物资以及一摞一摞的文具，表明这里有大量的书信来往以及其他文学活动；另外这里还有一个邮局，设有各个邮局的邮箱。此楼的一层东侧部分为"中国内地会"董事及秘书的办公区域。三部分的顶层都是红色房间，每一部分都有一个楼上大房间和五个小房间，而且，除了背面的五个房间，其他朝着草坪。每个房间都有一个与其他房间隔开的走廊，并面向修剪得整整齐齐的草坪。整个建筑有三十六间卧室，前面的建筑中另外还有六个卧室。所以，即便是在阶段性的忙碌季节，这里也有足够的地方为来自中国各地参加会议的传教士提供住处。沿着这三部分的背后是一道长长的走廊，这里有厨房、食品及厨具储存室等等。在草坪的另一侧，这个高大建筑的左手一侧，是"中国内地会"中国成员的住所。这些住处的背面是一堵没有窗户的高高的砖墙，这也是草坪在这一侧的边界。这里有十四个宿舍,两个客房,还配有厨房以及其他设施,沿着整个宿舍区有一条走廊。所有的建筑用灰色砖垒砌而成,表面涂着红漆;窗户上安装着常见的威尼斯式样的百叶帘子,而且所有的建筑里地面都远远高出地平面,地面通畅无阻的气流使得室内通风良好。所有的建筑供水供气良好。所有的屋顶都是用瓦垅薄钢板铺就。草坪本身至今没有什么装饰点缀,只有中央的一座装饰华美的中式砖砌亭子,整个草坪有几亩地的大小。整个"中国内地会"占地十二亩。"中国内地会"院落有几个入口,其中一个入口在文监师路(Boone Road)[①]上,其余两三个入口在吴淞路上。在面对吴淞大道的建筑中央,"祈祷大厅"高处的一块花岗岩石板上刻着质朴无华的几个字——"中国内地会——公元一八九〇年"。"中国内地会"当然庆贺,庆贺他们获得了这样一流的建筑,庆贺他们有如此慷慨的捐助人,他为在中国境内努力传递福音最卖力、最值得嘉奖的一个差会提供合适的总部办公地。在结束本文的同时,我们将从1893年5月的《中国亿兆》[②]中摘录几句。那是在伦敦召开的教会会议中,可敬的"教会"组织者兼董事哈德逊·泰勒博士提到他们在上海的新办公场地时所做的陈述:"很多人原本会以身殉职,或者为了来到这里原本会花费很多时间和钱财,但是,在这新的办公地,我相信,生命已经得以保全,病者已康复,疲惫者已重振精神。"

[①] 译者注:文监师路为今塘沽路。
[②] 译者注:《中国亿兆》是中国内地会的内部传教刊物。

"公立暨汉璧礼西童公学"与"幼儿之家"

位于文监师路(Boone Road)与密勒路(Miller Road)[①]交汇处的美丽的新建筑是原址上的"尤来旬学校(Eurasia School)"[②]与从麦根路(Markham Road)[③]上搬迁过来的"儿童之家(Children's Home)"合并的产物,这座新建筑已经开始全面投入慈善及救助事业;从今往后,作为上海市最宏伟的建筑之一以及远东地区最可信的慈善机构,它将受到上海人民的仰望。合并后的新校于一八九一年开学。对此建筑所做的描述有助于说明创办人当初构想的慈善计划多么宏伟,以及成立以来在工作中该学校付

[①] 译者注:峨嵋路,原名"密勒路",是二十世纪初上海填浜筑路的一条小马路,以英国商人名字命名,一九四三年改为现名。

[②] 译者注:"尤来旬学校",于一八七〇年由具有中英混合血统的邦妮夫人创办,校址在虹口美租界的密勒路,主要招收在沪的欧亚混血侨童。校名先后改名为"汉璧礼蒙养学堂""汉璧礼男童/女童公学""公立暨汉璧礼西童男学/女学""公立暨汉璧礼侨童男校/女校"。抗战胜利后,于一九四六年在"公立暨汉璧礼侨童男校/女校"的基础上,留美博士赵传家建立了市西中学。今址在愚园路404号。

[③] 译者注:麦根路 Markham Road(1862—1943)所在地现在属于静安区淮安路、康定东路、石门二路(北段)、西苏州路之间;麦根路,今天无法准确找出其位置。

公立暨汉壁礼男童学校

出了多大的努力。完全由红砖与灰砖垒砌而成的这幢建筑,是虹口租界区最令人瞩目的一所高楼。建筑的正面俯瞰文监师路(Boone Road),其楼层高度使其成为租界区鹤立鸡群"一览众山小"的建筑之一。建筑风格朴素而粗犷,在外部装饰上没有浪费一分钱,而是在每一个细节上认真做文章,确保这些幼龄儿童居住者在固定的建筑内尽可能得到最大的空间和舒适度。从已经竣工的建筑来看,此建筑可以供几代人使用,终将成为创建人与捐款人高尚与慷慨的不朽见证。不包括高耸的阁楼,此大厦有四层,山形墙高出路面七十三英尺。房子的正面长度为九十二英尺,院落进深为五十五英尺,整个平面图是一个完整的平行四边形,由此可以大致推测出院墙内的住宿面积。当然,在后面的一幢独立建筑内设有常见的附属建筑、洗衣房、厨房以及其他设施。学校的主要入口是文监师路(Boone Road)上的一个七英尺宽的门廊。门廊的两侧各有一个小入口,男孩子只能从左侧入口进入,女孩子则只能从右侧的入口进入。从主入口进入校园后便来到一个宽敞的大厅,大厅宽度为十英尺,地面铺着抛光柚木地板,主楼梯在大厅的尽头,而大厅的两侧各有一间长七英尺、宽三英尺、高十九英尺的休息室。每一间休息室都与一间教室相邻,左手一侧的是男孩子的休息室,右手一侧的是女孩子的休息室。实际上,整个建筑都是如此划分的,所有楼层位于主楼梯右手一侧的全部归女生占用,而左手一侧的全部归男生占用。因为两侧的布局设计完全对等,只需描述建筑的一侧足矣。就拿女生一侧为例,这一侧与男生一侧完全相似,大概只是比男生一侧保持得要干净吧。让我们从教室说起,然后走到阁楼。我们看到的教室是个宽敞且通风良好的房间,长四十五英尺、宽二十五英尺,位于右侧和前方的七扇长窗户为教室提供采光。每个学童都知道这样的学校有什么设备,所以我们不准备描述教室内所有的课桌、地图、黑板、无靠背长凳,而只是简略地说,我们看到的这一群小学生上课时遵守纪律、专心听讲,而且他们看上去很快乐。然后我们将参观同一层的教室,因为这一层的另一侧同样还有前面所描述的那种教室。这个教室长十九英尺、宽十七英尺,因为资金缺乏,在后面建造大餐厅的设想至今迟迟无法落实。一、二、三层被划分为宿舍、管理人员和教师住处、卫生间、浴室及其他设施,每一部分都大同小异。宿舍收拾得很好,干净、清爽、舒适,按照设计每个宿舍容纳十四张床。每个宿舍外都有一个洗漱间,里面放着五只锡制脸盆、毛巾架、梳妆台,每一件东西都收拾得干干净净、有条不紊。教师的住所位于前方,面对走廊,与宿舍毗邻,以便密切照看这些孩子,而孩子们在晚上的一举一动教师们也能真切地听到。每个教师的房间都配有独立的卫生间和浴室,而每个这样的房间面积与底层休息室的面积相同。砖瓦与屋梁间怪异的阁楼已经成了蝙蝠和各种箱子的天地,我们穿越不太多的尘土与蜘蛛网爬上来,终于得到慷慨的回报:在上海最高楼的楼顶饱览壮丽的景色:将黄浦江很大的一部分,也是航运最繁忙的一段,尽收眼底,而周围的村野则像一幅地图展现在观者面前,在晴朗的天气,甚至可以看到远山。在阁楼上有一个自给热水箱,由此将热水输送到楼房各处。建筑的设施与无处不在的那种结实而舒适的感觉相吻合,建筑的屋顶是用托马斯·汉璧礼爵士[①]送来的法国专利砖瓦垒砌而成。按设计规格,本学校可以为八十四位学生提供住宿,即便是住满了学生,住宿的学生也能得到大量的空间。大楼右手一侧的厨房、储存室以及洗衣服完全由女生管理,其卫生状况可谓楷模,无法超越。在本人书写此文时,本楼的这一侧由珐乐女士管理,我们认为她极受这些孩子的喜欢,而那些男生对于孙莹老师和丹顿老师的赞美也无以复加。跟外围栏(顺便说一下,因为缺乏资金,所谓的围栏只是一些完全不起作用的竹子栅栏)内的其他所有设施一样,操场也毫无例外地被划分为两部分:男生使用左侧场地,女生使用右侧场地。这里有个铃铛,用以召令学生们执行各种任务。整体而言,我们应该庆祝建筑师克里(Cory)先生所取得的成就。正如参观者在正面大门上铭文中了解的那样,本学校的历史从今年才刚刚开始,尽管如此,在上海,托马斯·汉璧礼爵士以及为这一高尚的慈善机构得以完工做出无私奉献的女士们和先生们的慷慨付出已经在此前就为上海人熟知,这些仁善为怀的慈善家的英名将永垂青史。

[①] 译者注:托马斯·汉璧礼爵士(Sir Thomas Hanbury, 1832—1907年),英国籍商人、慈善家、园林设计师,汉璧礼一八五三年来华,在上海经商致富,一八六五年当选为公共租界工部局董事,他对公共事业十分关注,其中尤以教育为重。汉氏多次捐助各类私立与公立学校,并促使工部局积极改革公共教育。汉璧礼所创立的"汉璧礼蒙养学堂"(后改为"汉璧礼西童公学""汉璧礼侨童学校"),后来成为今日的市西中学。汉璧礼也是中国第一条铁路——吴淞铁路的执行董事,中国第一封电报(从上海到香港)亦从他的办公室发出。汉氏遗产根据其遗嘱,由工部局建立了"汉璧礼基金会",主要用于发展上海文教事业。

圣芳济学校

第一部分　建筑

　　这所由耶稣教神父们管理的学校于一八七四年创建,位于法租界圣约瑟夫教堂(St. Joseph Church)现址所处的圈占地内。学校起初仅有四名学生——分别来自四个国家:英国、美国、法国、德国。从那时起,学校日益发展壮大,到了目前的规模。圣芳济学校于一八八四年迁至虹口罗马天主教教堂斜对面南浔路上的新校区。这一所壮美宽敞的建筑是由一位耶稣教信徒建筑师设计并亲自监督建造而成。工程耗时近两年,费用达到四万美元左右,由教会负担。该建筑奠基于一八八二年。这是一座四层高的砖结构楼房,具有法国建筑的简朴风格,建筑长一百九十英尺、宽六十英尺。每一层都有十三个宽大的窗户,可以提供充足的光线和通风,尤其是后者——因为楼房处于开阔地带,无论是从哪个方向吹来的风,都能吹到楼上。学校有一个供学生使用的面积很大的操场,操场的一侧有一排遮阴树。操场的长度为一百九十一英尺,宽度为一百九十英尺,周围是十五英尺左右高的高大砖墙。沿着操场的一端有个以镀锌金属板作屋顶的宽大棚子，遇到无法使用操场的坏天气，男孩子们便可以在这里玩耍。在楼房的后面还有一个面积较小的操场和棚子，可以供学校收养的男生使用。第一层是会客室、供慈善学校男孩使用的三间教室、一间儿童教室、一间供中国学生使用的教室、一个寄宿生餐厅、一个走读生午饭间；二层有四间为不同级别学生提供的教室，每个教室可以容纳五十名学生，另有一间普通自习室和一间绘画室；三层是教师的住处和学校医务室，医务室为生病的住校生提供了四个房间。另外，这一层还有一个图书馆，藏有一千五百册古今文学以及其他书籍，学生可以借阅；第四层是住宿生的宿舍、慈善男生使用的宿舍、音乐室、储放衣服和靴子的储物间。宿舍宽敞、通风，从宿舍的一侧可以俯瞰租界区的美景，从另一侧则可以鸟瞰开阔的野外。这些宿舍能够容纳更多的学生。在这里还可以看到那只盛放在一个保护性玻璃罩子内、装饰于建筑正面的那个大钟的内部装置，该大钟日日夜夜向虹口租界区奔波劳累、事务缠身的居民庄严报时。这个大钟是当时的上海道台大人赠送的。包括安装费，此钟花费了大约八百美元。该大钟购自法国萨尔特省马耶讷①；制造商的名字是古尔丹（Gourdin）。该建筑当然也建有一般的附属设置：厨房、附属建筑物以及其他；随时可以使用冷水或热水的五个浴室，以满足住宿者在这一方面的需要。

第二部分　学校构成

在去年的学年中（一八九三年九月一日至一八九四年七月一日）中该校有七名"基督教会"成员和五名天主教"圣玛丽亚会"成员。因为后者尤其有资格从教于商业学校，而且在英国、法国、美国、澳大利亚以及南美洲都很成功，所以本校计划邀请更多的天主教"圣玛丽亚会"成员，用以教授所有的班级。这一措施将会使圣芳济学校跻身于一流学校的

---

① 译者注：马耶讷省（法文：Mayenne）是法国卢瓦尔河地区大区所辖的省份。

行列。

圣方济学院中国部师生

在同一时期，具有各种信仰和国籍的二百一十名学生在本校就读，比前一年增加了三十名学生。大部分学生是上海本地人，有几位学生则是来自沿海地区或是长江流域。所有的学生分为以下班级：

第四级别，即最高级别	十位学生
第三级别	二十位学生
第二级别，分为两部分	三十一位学生
第一级别，分为两部分	三十二位学生
幼儿班	二十八位学生
中国学生特殊班	三十八位学生
第二分部，初级一班	二十二位学生
第二分部，初级二班	二十九位学生

在这二百一十位学生中，有六十人为住宿生。

第三部分 学习课程

学校课程设置按照学生的不断进步与中国的特殊需要而逐渐完善，尽可能遵循英国"文法学校"所采用的教学大纲。所有学生的必修课包括——英语：阅读、书写、语法、作文及其他；历史及地理；数学及记账、代数、几何以及测量学；博物学、化学、物理、力学；法语：翻译、作文、会话；音乐基础知识、歌唱、体操。另外有用拉丁语、汉语（普通话）教授的额外课程、绘画课、钢琴课。每年有三次考试，分别在圣诞节、复活节、七月初。每年的七八月份为暑假。不过，家长可以与学习董事商议将孩子在暑假期间留在学校。各个级别的学生都有假期作业。在学年内，无论时间长短，任何学生不得离校探亲访友。但是，如果学生父母或者监护人有意的话，圣诞节到一月二号（包括二号）以及复活节到下个星期五（包括星期五）期间孩子可以回家。如果家里有人来接孩子的话，住校生可以每月回去一次，即每月的第一个星期四或星期六，与家长或监护人团聚一天。一年中的每个星期四都是假日；但是，倘若某个很特别的假日正好在星期二、星期三或者星期五，该星期四照常上课。学校上课时间为上午八点至下午四点，上午十一点四十五到下午一点为午饭休息时间。

第四部分 入学条件

被本校录取及留在本校的学生必须品行优良。本校接受任何教派的成员入学，只要他们愿意按照礼节出席学校所有普通的典礼仪式，从而维护学校的秩序。本校至今从未迫使任何一位学生放弃自己的宗教信仰，而且将来也不会这样做。以下为收费标准，不包括文具费用和其他杂费：

第一分部住宿生	每月二十五美元
第二分部住宿生	每月十二美元
第一分部半住宿生	每月十五美元
第二分部半住宿生	每月七美元
第一分部走读生	每月六美元
第二分部走读生	每月两美元

  然而，学校董事总是乐意根据学生的家庭经济状况做出特殊的安排。实际上，自从学校开办以来在本校就读的九百三十位学生当中，超过半数的学生是以减费生的身份入学的；超过三百名学生是以"慈善生"的身份被录取，而这些"慈善生"中甚至有三分之一的学生得到了免费的食宿。

上海图书馆

建立于一八四九年的这所图书馆现在坐落于南京路。该图书馆原本是私人资助的会员制图书馆，其事务由"会员委员会"管理。近年来，该委员会将此图书馆作为阅览室向公众开放，他们可以每天上午九点到中午十二点、下午四点到七点使用该图书馆。在此，我们有必要将图书馆中的书籍分门别类罗列成七大类。截至此文写作时间，本图书馆内有以下藏书：

第一类：宗教、哲学、科学以及艺术类书籍	九百四十五册
第二类：诗歌及戏剧类书籍	三百一十五册
第三类：历史及传记类书籍	一千六百四十册
第四类：地理、航行及旅行类书籍	一千二百六十五册
第五类：小说类书籍	三千五百册
第六类：杂类书籍	八百一十册
第七类：参考类书籍	一百二十册
总计	八千五百九十五册

图书馆收到新书后，便将新书单子打印出来，然后送达所有会员。该图书馆每月从伦敦的代理商那里收到新书，每年收到的书籍数量在三百至四百册之间。这些书籍由"会员委员会"精心挑选，而且图书馆保存着一本"建议簿"，供会员将其建议订阅的书籍写在上面。"建议簿"送交至"会员委员会"，由其决定建议订阅的书籍中哪些应该购买。不过，一般而言，只要费用在该图书馆的收入范围内，委员会会满足会员们的愿望。以下是该图书馆定期收到的期刊：

Contemporary Review（《当代评论》）	Asiatic Quarterly Review（《亚细亚季刊》）
Fortnightly Do.（《双周刊文献》）	All the Year Round（《一年四季》）
Edinburgh Do.（《爱丁堡文献》）	Belgravia（《贝尔格维亚》）
Quarterly Do.（《季刊文献》）	Chamber's Journal（《商会杂志》）
British Quarterly Do.（《英国季刊文献》）	Cornhill Magazine（《科恩希尔杂志》）
Westminster Do.（《威斯敏斯特文献》）	Longman's Magazine（《朗文杂志》，其前身为《弗雷泽杂志》）
North American Do.（《北美文献》）	London Society（《伦敦社会》）
Review of Reviews（《评论之评论》）	Harpers'（《哈珀斯杂志》）
Outing（《远足》）	Nature（《自然杂志》）
Revue des deux Mondes（《两个世界评论》）	Scribner's Managine（《斯克里布纳杂志》）
Nineteenth Century（《十九世纪》）	Temple Bar（《坦普尔栅门》）
Century Magazine（《世纪杂志》，其前身为《斯克里布纳杂志》）	Atheneum（《雅典娜杂志》）
Blackwood's Magazine（《布莱克伍德杂志》）	Macmillan's Do.（《麦克米伦文献》）
Proceedings of Royal Geographical Society（《伦敦英国皇家地理学会学报》）	

本图书馆最近公布的图书目录分为两部分：作者和主题，极大地便利了查找任何一本图书。那些涉及各类不同话题的图书总是可以在"作者"部分查到。新的目录整理得确实很好，尽管在介绍部分有这样的声明："图书的整理归类工作皆由业余人士完成，其中存在很多瑕疵，还望会员们宽

以待之"。然而，我们不会认为这是这些"业余人士"发自内心的表达。因为，毫无疑问，正如英国剧作家乔治·科尔曼（George Colman the Younger）所言，"谦虚的人本身就是傻瓜"，但是，另外一位作家则说"自我贬低不是谦虚"。

图书馆阅览室

该图书馆的会员费一年收取十二两白银，半年收取七两白银，三个月收取四两白银。每年的会员/订户人数在一百三十到一百四十之间。大约在四年前，鉴于该图书馆向公众开放为免费阅览室，上海租界工部局从财政预算中拿出五百九十两白银作为给图书馆的拨款。但是，据我们所知，因为此后图书馆的利用率并没有"会员委员会"所预想的那么高，工部局觉得"免费阅读室"没理由得到这么多的拨款，于是拨款被削减到现在的每年一百两白银。图书馆搬迁到南京路现址后，上海租界工部局给图书馆的拨款增加到每年六百两白银，于是，上海图书馆"会员委员会"为"免费阅览室"补充了各大期刊以及所有配有插图的英美报刊，并向上海的主要捕房免费提供书籍。据我们所知，"会员委员会"成员总体上都认为图书馆应该保持自立，一旦失去了独立，图书馆便失去了存在的必要性；但是，他们敞开大门将图书馆开放为公共免费阅览室，完全有理由得到一些补偿。我们只是不理解为什么上海大众没有在更大程度上更好地利用这个免费阅览室。

上海租界工部局可以通过另外一个途径妥善向上海图书馆给予宝贵的资助，而我们认为，这样的帮助既能让"会员委员会"成员接受，同时也不会伤害他们借以保持生机、值得称道的独立精神。作为我们这个报告的主题，这样的图书馆拥有大量所有人都可以阅读的最新参考资料非常重要，大家一定会欣然同意我们这一观点。但该图书馆中的参考书籍都很陈旧。同样，图书馆中的外语词典的数量也很少。由此可见，上海租界工部局可以通过在这些方面慷慨划拨专款的方式，赐予上海图书馆以及广大民众极大的恩惠。通过这样的拨款扶助，工部局实际上是在助益大众教育。很多棘手的问题也会随之迎刃而解。凭着上海图书馆"会员委员会"的极度谨小慎微、精打细算，图书馆才得以惨淡经营下来，但是，图书馆的经济状况使其无法购买我们上面提到的各种书籍。

在最近几年，"上海俱乐部"已经开始允许其成员将馆藏图书带出俱乐部。很自然，这一做法的结果就是"上海俱乐部"抢走了上海图书馆的一些会员，对上海图书馆产生了不利影响。上海图书馆要想盈利，就必须得到至少一百七十五到二百会员，这才是图书馆真正需要的东西。这样一来，图书馆才会具备良好的财务状况。八年前，英国副领事艾伦先生曾经提出建议，认为该图书馆应该变为公共图书馆，接受上海租界工部局的领导。然而，此提议似乎并未得到工部局同意，因为此后工部局似乎并未采取任何措施赋予图书馆官方的性质。当然，即便是上海租界工部局接管图书馆，那也是事先要得到图书馆"会员委员会"的请求。

上海博物馆

上海博物馆位于"博物馆路"①，与"英国邮政局"相距不远。这一珍贵的具有教育价值的博物馆是"英国皇家亚洲文会北中国支会"的一个附属机构，其管理人是馆长，助理是一名动物标本剥制师。每年向此博物馆划拨的五百两白银专项资金纳入上海租界工部局的财政预算。在最近的几年内，该博物馆规模剧增，而且如果顺其发展的话，这种发展的势头还会持续下去，但是，因为场地缺乏，博物馆的发展遭到束缚。该博物馆收藏着大量有趣的动物标本。在哺乳动物标本展览区陈列着一具从宁波地区采集到的非常漂亮的雌性金钱豹。这是一种行动诡秘、面目阴险的野兽，其磨牙能够将任何不幸成为它猎捕对象的中国人嚼得尸骨无存。就在同一区域，我们认出了一个已故的"旧相识"——这是一只十七个月大的小老虎，曾经为"车利尼马戏班"博得过很多掌声、赢得过很多荣誉。一只从朝鲜采集到的黑熊，可以作为熊属很好的标本。陈列橱内还有一只白胡子野猪的

---

① 译者注：今虎丘路。

《字林西报》提供的上海博物馆照片

标本，此野猪重达二百斤，是从太湖周边的山内捕获的，看上去非常有趣；另外，还有一只小野猪的标本。当然，展品中也少不了那"烦躁不堪的箭猪"。另外，还有一些剥制很好的中国野猫。在梅花鹿标本中，有一个美丽的标本是从北京的御花园采集到的，这种梅花鹿叫"麋鹿"。另外一个则是被称为"黑麋鹿"的标本，这也是一只幼兽，其毛发为深褐色，光滑细腻。此外还有头上无角的水鹿标本，其中一个像是患有白化病，毛皮白到极致。蒙古兔的标本精致漂亮，在每一方面都优于中国兔子。中国沙獾及其三个幼崽也是很好的标本。看上去笨拙而驯顺的海豹是海豹科非常有趣的标本。卵生的鳄鱼长着粗糙的污泥一般令人恶心的躯体，使人心生厌恶。博物馆内陈列的猴子标本，红脸，尾巴粗短，应该骑到蜥蜴的背上。

"他可以稳稳当当地含笑坐在上面，
就像沃尔顿骑在鳄鱼身上。"

馆内还陈列着两具硕大的鲸鱼腭骨，在吴淞口被发现的时候鲸鱼漂浮在水面，已经死去。每一具腭骨近九英尺长，最宽处近两英尺。

博物馆内收藏的鸟类标本确实精彩纷呈，单单是鸟类展也会让参观者不虚此行、收获不菲。我们数到的标本有六百多件，代表着大约三百种不同的鸟类。其中有三四十个是澳大利亚以及其他地方的鸟。据我们了解，这些鸟类完全代表了清朝帝国疆域内外国人可以自由出入地带的鸟类。博物馆的动物标本剥制师告诉我们，中国境内栖息繁衍着八百多种不同种类的鸟。就色彩而言，很多标本的颜色绚丽夺目，有几个标本的羽毛"像是无数的眼睛熠熠生辉"。

就大小而言，博物馆中庞大的澳洲鸸鹋首屈一指，实际上，它确实是名副其实的"小鱼群中的海神"。这只巨鸟五点五英尺高，要我们说，肯定当初曾像巨人一般在自己的天地内昂首阔步傲视万物（此鸟来自'新荷兰'）"。在这个博物馆中陈列着五十只猛禽，或者叫掠食性鸟类，其中一些是漂亮的老鹰标本，如果说狮子是百兽之王，那么老鹰则是百鸟之王。

西班牙帝雕尽管在个头上绝对比不上有些同类，但是其表情自有高贵之处。毫无疑问，帝雕之所以被称为帝雕是因为其超常的智力因素。

该博物馆也收藏有秃鹫族中的两类标本。这些鸟儿的表情与其众所周知的贪婪习性相辅相成十分吻合。正如拉丁谚语所说，"表情是灵魂的显示"。大家都知道秃鹫拥有多么超凡敏锐的嗅觉。托马斯·摩尔（Thomas Moore）在诗歌《拉娜·罗克》（Lalla Rookh）中认为秃鹰的嗅觉使得它们能够嗅到猎物即将死亡的气味。诗人这样如是说：

凭借死神般敏锐的嗅觉，
在依旧温暖鲜活的气息中
秃鹫闻到了猎物就在眼前。

展品中有一只剥制很好的雕鸮标本，只见此鸟两翼张开，两只爪子抓着一只兔子。这种雕鸮的另外一个标本表情高贵而庄严——"天堂的肃穆尽显在脸上"——，我们相信造物主肯定是意图让这种夜间劫掠者在中国的飞禽部落内担任类似于"上海租界会审公廨"正会审官的职务，或者"外国陪审员"的职务。很多野鸡的标本也非常漂亮，金色的羽毛五彩缤纷、熠熠生辉。角雉的羽毛也很漂亮。但是这种原产于爪哇岛的"天堂的超级鸟类"，在这里却是喧宾夺主。这种鸟的身上有一个扇形的羽毛结构，跟蓝色的天鹅绒极为相似,所以也很容易混淆——在脖子后方非常显眼地凸起来,并一直延伸到尾巴,在身体两侧延伸出去一截,在鸟的部族中,这样的附件实属奇异。这种鸟儿头顶的羽毛多处微微泛着金属一般的绿色光芒,仿佛鸟儿的头上点缀着众多的翡翠。这些翡翠般的斑点如此明亮,给人流光溢彩的感觉。这种奇妙的鸟儿身上还有一种怪异的附属物,那是一个覆盖着鸟儿胸部的绿色羽毛结构,羽毛的尾端向两侧伸出。总而言之,这确实是个非凡的标本,为大自然在众多创造中所具有的多样性提供了又一个例证。另外,这里还有很多种鸟儿的标本:鹈鹕、麻鸦、满洲鹤、一只名副其实的黑天鹅、印度鹤、鱼鹰、红隼、信天翁、鸬鹚以及其他很多非常值得欣赏的鸟儿。那一只印度鹤,双腿细细的长长的,与身体极不成比例,就像"矮子踩着高跷"。博物馆中也陈列着一个天然畸形物的标本——一只长着四条腿的鸡。说来也真奇怪,在所有这些众多的中国鸟类标本中只有十五只能够发出悦耳鸣声的鸣禽。这也许是因为,在几个世纪的时间内,那令人神经饱受折磨的中国音乐对禽鸟部落造成了不利的影响,那些受其影响最惨的鸟儿,原本或许可以发出甜美诱人的歌声,最终却变得只能发出不和谐的刺耳啼叫声。在昆虫陈列区收藏着多达一百八十个蝴蝶,色彩艳丽,变化无穷。另外有一百五十只各色飞蛾;大量的甲壳虫以及蜻蜓,等等等等,不一而足。

在爬行动物展览区展示着十二条巨蛇,包括三条眼镜蛇和二十三条小蛇的标本。另外还有蝎子以及其他爬行动物的标本。

矿物标本数量很大,其中很多是从外国采集到的,其中就包括维苏威火山的火山岩和火山灰烬。

博物馆内有大量各种各样的珊瑚——水螅体令人惊叹的那些产物。另外还可以看到一些非常漂亮的硅质海绵标本。这里展示的还有甲鱼以及其他鱼类、贝类动物以及其他很多动物。希望研究马蜂窝结构的那些人会在博物馆内看到一只硕大的蜜蜂窝,这是从福州距离地面二十英尺高的一堵墙的墙角飞檐处采集到的标本。大家也不该错过机会去看看"太平叛乱"的著名领导人"天王(天上的亲王)"先前使用过的宝座。

以上我们提到了这个非常出色、非常有价值的博物馆的所有突出的特点。我们希望能够增加一个动物收藏区用以提高博物馆的价值，无论其大小，这无疑会得到中国人的普遍支持的。

江苏药水厂[1]

这些由外国企业创建的厂房位于苏州河北岸，距离"上船坞"不远，在苏州河的正对面就是上海英商怡和洋行（Jardine Matheson & Co.）的缫丝厂。这些厂房占据了相当大的面积。工厂投入了大量的资金，用于硫酸制造和白银提纯，硫酸主要是用于白银提纯的。汽水生产厂也需要大量的硫酸，为此工厂每天夜以继日地生产八千至九千磅硫酸。工厂的生产日夜不息，引用英国诗人威廉·柯珀[2]的话"工厂害怕暂停下来，只有在运动中工厂才算活着"。只有在中国人过农历年的时候，工人们和机器才会稍微休息，工人们休息八九天。全国各地的银行将白银以"银元宝"的形式送来提

---

[1] 译者注：十九世纪后半期，上海是江苏省松江府下的一个县。"药水"就是"化学水"的缩略语。江苏药水厂是中国出现的第一家生产工业用化学水的工厂，1860 年由英商立德洋行创办，1875 年《申报》创办人美查兄弟参股，改组合成为"Kiangsu Acid, Chemical & Soaps Works"，中文名"江苏药水厂"，生产工业用酸碱，熔炼贵金属，兼制肥皂。

[2] 译者注：威廉·柯珀 William Cowper（1731—1800 年）英国诗人。那个时代最受欢迎的诗人之一，作品通过描绘日常生活和英国乡村场景，改变了十八世纪自然诗的方向。在许多方面，他是浪漫主义诗歌的先行者之一。

纯，工厂每天可以精炼提纯五万银锭。硫酸生产中使用的硫磺石或者叫黄铁矿的矿石来自英国，每月运输量为一百吨。肥皂制造也在这个工厂的一栋独立建筑内进行。工厂每周可以生产五六吨肥皂，产品销往欧洲和中国市场，这种商品很畅销。市场对于精细肥皂的需求日益增长，制造厂有意将精细肥皂作为工厂的一种特产。制造肥皂使用的机器是最先进的设备，可以大批量生产最高质量的肥皂。硫酸、白银提纯以及肥皂车间总共雇佣了大约二百个中国工人，工厂目前由来自英国的精明强干的曼恩先生负责管理，在我们看来，他似乎天生就有着令人惊异的无穷精力。

江苏药水厂

接下来我们尽其所能地将设在江苏省的这些硫酸制造、白银提纯以及肥皂制造的各个生产流程做尽量详尽的介绍——亲爱的读者，可别忘了，我们不是在实验室长大的，我们更适合从蒸馏水中提取灰烬而不是金子。让我们从硫酸制造说起。

硫磺石，即黄铁矿矿石，在硫磺矿石车间被粉碎，将其粉碎为适合熔炉使用的大小，在熔炉中硫磺矿石被熔化并从中提炼出硫磺。工厂有八座用于提炼硫磺的双炉膛熔炉，每两个小时添加一次硫磺矿石，每天可以焚烧大约四吨黄铁矿矿石。从熔炉冒出的烟气向上穿过烟道，进入一个铁质的圆柱体内，在这里与硝酸汇合、混合，然后进入一系列的用铅制造的铅室，在这里它们逐渐浓缩为硫酸。硫酸车间共有八个铅室，这种铅每平方英尺重达十磅。其中较大的六个铅室每个宽度为二十五英尺，高度为十七英尺，长度为一百二十英尺；另外两个尺寸较小。硫磺烟气从熔炉里冒出后，便依次通过每一个铅室，并在铅室内与硝酸、水蒸气、氧气等结合，从而形成硫酸，这些硫酸像沉重的雨点一般落在五六英寸深的铅室的底部。经过七个铅室后，硫磺烟气最后在压缩器中被压缩，而后便作为废料被排出去。被排放出去的东西中已经提炼不出任何硫磺了。当烟气向上穿过一个高出一个的八个铅室的时候，产生的液体在引力的作用下朝着相反的方向运动，然后从一号铅室被导入到一个管道，送往浓缩器中。液体有一部分浓缩在铅室内，最终浓缩到铂金器皿中。当硫酸离开铅室的时候，酸性还太弱，尚未达到可以使用的强度，所以必须进行进一步的浓缩。为此，必须先将这些弱酸输送到铅锅内。四口二十英尺长、七英尺宽、一英尺深的铅锅，依次相连，每一口铅锅都比前面一口略低一些，于是，在浓缩的过程中硫酸能够依次通过所有的铅锅。最低处的铅锅旁边有一个熔炉，熔炉的烟道经过所有的铅锅下方。熔炉内一直保持着旺盛的火力。就这样，硫酸逐渐被浓缩，直到进入最终进行浓缩的铂金器皿。有两口放在砖砌体的铂金器皿：其中一口器皿六英尺长、二英尺宽、五英寸深，另外一口器皿直径为二英尺、深二英尺。在第一个铂金容器中，从铅锅中流过来的硫酸被浓缩。在这些铅锅中，由于硫酸对铅所产生的反应，只能产生一定程度的浓缩。于是，硫酸便从第一个铂金器皿进入第二个铂金器皿进行最终的浓缩。过剩的水被分离开，由一根管子吸走，只剩下酸度符合要求的硫酸。接着只需将硫酸从第二个铂金器皿输送到罐子中，以备使用或销售。但是，因为硫酸还很热，所以要用一根铂金制作的长长的虹吸管将其吸走。这根虹吸管外面包着一根空心的管子，管子内不断有冷水流动，所以从硫酸离开铂金器皿开始便受到冷却，可以安全地灌入罐子内。仅仅这两个铂金器皿的价值便接近五千英镑；第一个铂金器皿价值一千七百英镑，第二个铂金器皿价值三千英镑。在铅室的附近有两个蓄水池，每个容量为两千加仑（折合约九点一立方米），用以消防。一旦中国工人将盛放硫酸的罐子打破或者将硫酸洒到了衣服上，他可以立刻跳入蓄水池，防止硫酸的腐蚀作用。为了同样的目的，在铂金容器的附近也放着另外一个容量为两万加仑（约九十一立方米）的大蓄水池。在建筑的顶部有一个八千加仑的高压蓄水池，为工厂提供普通用水。在熔炉内被焚烧后的矿石内大约包含着百分之二的铜，为了提炼铜，这些矿石被磨碎后处理加工。

接下来我们介绍白银提纯。这是一个很有趣的加工流程，而且正如我们前面所述，这个工厂生产的硫酸主要用于白银的提纯。首先，将鞋子形状的"银锭"连同硫酸放入容器内，下面用炉火保持高温。硫酸将银锭熔解，将其转化为硫酸银。因为金子与硫酸不产生反应，银锭中所包含的金子全部掉入器皿底部。这样提炼出来的金子足以弥补提炼的成本，而且还会有一点盈利。接着，将溶液中的银子连同铜板一起放入一个器皿内。因为硫酸与铜之间的吸引力更大，于是硫酸吸附于铜板上，然后将其转化为硫酸铜；与此同时，白银被硫酸放弃，沉淀到容器底部。现在，器皿中有金属白银、硫酸铜溶液，还有银锭中原先可能存在的任何其他贱金属。然后，被去掉杂质的白银被提取出来，重新被铸造成银锭。下一步就是将白银提纯过程中投入溶液的铜板提取出来。为此，将废旧铁投入溶液中，铜便沉淀到容器底部，留下的铁与硫酸产生化学反应，形成硫酸铁溶液，也叫绿矾。然后将铜从器皿中提取出来，放到成型机下压成铜块，随后将铜块传送到熔炉内重新熔铸为铜板，以备下次提纯白银时重新使用。出于市场的需求，一部分硫酸铜在大型水槽中的金属线上结晶后出售给电报行业。现在需要处理的就剩下了溶液中的硫酸铁。这些硫酸铁被输送到建筑中的另一部分，然后被放入大型的铅锅内进行结晶，结晶形成后便沉淀到铅锅底部，成为所谓的绿矾。绿矾出售给中国人，他们用这种东西将布匹染成蓝色或者绿色。每周可以生产出二三百担（约一万两千七百公斤）绿矾，销路很好。

工厂某些区域的烟气严重刺激了呼吸器官，我们便使劲咳嗽，企图把烟气排出去。经理却说，最好让这些弥漫于整个厂区的烟气刺激刺激我们的喉咙；他向我们保证，他的员工虽然一直呼吸这些烟气，但是找不到比这些中国人更健康的人群。这些工人的精神面貌似乎印证了他的说法，尽管如此，我们也不愿意以这样的条件得到健康。

接下来介绍一下肥皂生产，其中使用的成分有棕榈油、动物油脂、花生油以及其他植物油。这些植物油以及动物油首先在提纯车间通过过热蒸汽得到提纯，提纯后的油和油脂被泵入直径十五英尺（约四点六米）、深十五英尺的大型铁锅炉，同时加入碱金属，一同被煮成肥皂。此流程结束后，流体状的肥皂用一根管子吸走，流入大型的铁盒子内，过四五天后便冷却、固化。然后将其取出切成大块，再放到切条机上将大块切成条，这样就形成了我们所说的棕榈油香皂。然后这些香皂被堆放到用蒸汽管加热的干燥房，变干后被放到巨大的花岗岩石头滚子中间碾碎，同时加入香水，再次被加工为条形。然后被放到压榨机下加工为适当大小的块状，以备压模。这些块状肥皂由冲压机加工成任何要求的肥皂块。经过最后一道加香生产线之后，肥皂在另外一个房间再次烘干。这里可以看到各种各样的肥皂——石碳酸皂、杏仁肥皂以及其他香皂。石碳酸皂跟英国生产的香皂不同，几乎没有任何气味，因为其中的成分是纯粹的透明石碳酸。此工厂也生产石碳酸含量分别在百分之十、百分之五以及百分之二的肥皂。我们检查过的样品似乎质量都很好、很纯。我们相信，当该厂的产品被更广泛的民众了解后，其市场需求会很大。

另外我们补充一点：这里的工厂，以及苏州河对岸几乎正对着硫酸车间的火柴厂，都是由英商美查兄弟（Messrs. Major Brothers）引入中国的，他们凭借其精力和魄力，赢得了每一个当之无愧的成就。

火柴厂

我们在介绍江苏药水厂的文章中已经提到过,这一家火柴厂也是由英商美查兄弟(Messrs. Major Brothers)开办的。[①] 该厂在苏州河南岸,几乎就在药水厂的正对面。厂区呈四边形,院子中央是个水池子,以备消防应急。院子中的三面建筑分配给火柴厂各个不同的部门,剩下的一面建筑为办公室、买办们的住处,以及其他用途。火柴厂雇佣三百名左右中国工人,其中大约有二百人为妇女、年轻女子以及儿童。另外,还有大量的中国家庭受雇在家中制作火柴盒;在新闸村以及新闸路一带到处可以看到挂在门前晾晒的火柴盒。这些人每制作一千个火柴盒可以拿到一百七十文钱,由工厂提供原材料,他们只需要将盒子糊好就行。该厂每周生产大约五百六十箱火柴,近七十万盒,在中国各地的销售都很火爆。厂价(批发价)为每盒二点五文钱。上海商店零售价为每盒三点五文钱,听说有时候还卖到五

[①] 注:这些工厂与火柴厂共同组建了一个"有限责任公司",总资本为三十万两白银,分为六千股份。

文钱的高价。

蒸汽驱动的圆形锯子将用于制作火柴棍的木料锯成木块；其深度为两个火柴棍的长度，面积大约为六英寸见方。这些木头块用蒸汽驱动的刀子沿着垂直方向迅速劈成合乎要求的形状和粗细的细棍子，然后被打成捆放置于干燥室晾干。干燥后，把这些细木棍一端的一定长度浸泡到一种混合物中，这种东西使得细木棍具有了可燃性。然后这些细木棍被女工放入有槽的架子上，槽与槽之间的间距超过五分之一英寸，足以容纳一根细木棍。现在就可以蘸可燃混合物了，但是在此流程前，这些架子要经过整平机——它们被放到一个"幸运轮"一样的旋转装置上，接着隔壁房间的男工将其取下，将细木棍的尖端蘸入摩擦时发出火焰的混合物。接下来又是一个干燥流程。如果不巧遇到潮湿天气，架子便放入温度高达约一百华氏度的干燥室。接着，这些可以分成两个火柴棍的细木棍由中国人用刀子将其一劈为二。于是火柴到了最后的完成阶段，可以装盒、打包、装箱了。车间的各个房子之间都用防火墙相隔——鉴于各处都放着大量的可燃物，这样的防范措施很有必要。

装盒与打包的环节由女工完成。女性用灵巧的手指麻利操作，观之颇为有趣。通过长期的操作，这些妇女和女孩子一次性拿起的火柴棍差不多刚好装满一盒。然后，这些装满的盒子每十个为一组打成小包；这些小包接下来被放入镀锌的箱子内密封住，避免火柴受到潮湿空气的影响。有个年轻女孩打包的速度快如闪电，让我们大为吃惊。我们敢肯定，如果她从事魔术业的话，肯定是个出色的女魔术师。她每天打包能挣十美分，装火柴盒及打包的工钱都是按工作量付的。

在这几个女工车间内，老人与年轻人、中国美女与丑女混杂着相处一室。在这里，你既可以看到韶华早逝的干瘪枯萎又丑又老的婆娘们，也可以看到柔和光滑的脸颊上带着玫瑰色青春气息的含苞待放的少女——所有人都在为了一个共同目标辛苦劳作，而且所有人都"孵卵的鸽子一样一动不动"，连一句悄悄话也听不到。

"亚当的子女必须劳作；夏娃的子女必须受苦。"尼罗斯这样写道。这就是人类的命运,谁也无法逃避。

尽管有人会认为火柴这样的小玩意无足轻重,而几年前,一位英国财政大臣在其预算报告中将火柴描述为:"科学赐予人类的最值得赞美的福利之一,尽管其本身听上去微不足道"。

上海至汉口之长江游

当年马可·波罗来到中国看到"长江"时，心中形成、之后又在其美妙的游记中向世人转述的印象在很多方面至今依然属实。马可·波罗将长江称为世界上最大的河流，在某种意义上讲，他说的没错，因为当时"新大陆"及其大江大河尚不为人所知。马可·波罗在书中说长江"在有些地段河面达到十英里宽，有些地段达到八英里，一些地段则达到六英里，从长江的源头到入海口，航期需要一百多天"。据说长江的长度大约有三千英里，据我们推测，即便你可以用四天的时间乘坐轮船航行六百英里到达汉口，再乘坐轮船用两三天的时间行进三百二十英里到达宜昌，在其余的航程中，乘坐中国人的船只，就算用不了上百天，那也是几周的旅程。有些作家说马可·波罗对长江宽度的描述言过其实，我们认为并非如此。自从这位伟大的旅行家游览长江后，长江的河道已经发生了变化；两岸不断变化，现在狭窄的河面也许曾经极为宽展，反之亦然。马可·波罗提到长江河面的最宽处有十英里；在长江的入海处，大陆两岸的距离仍然有十英里，但是在这里，长江的中央有面积很大的崇明岛以及面积较小的"灌木岛"。长江中上游带来的泥沙大量淤积于此,使得这些岛屿的面积迅速扩张,在马可·波罗那个年代即便这些岛屿已经存在,其面积可能比现在要小得多。无法确定在马可·波罗那个年代(公元一二七四年)长江口到底有多宽,因为提到其宽度的时候,他并没有明确指出是在哪个特定河段。至于长江上的贸易船只,马可·波罗这样描述:"我敢向你保证,这条河流流域面积如此之大,途经的地区和城市如此之多,以至于在长江水域上反复穿梭往复的船只以及财富与商品,比基督教世界所有大江大海上的船只、财富、商品总量还要多。这条河流似乎更像大洋,而非江河。"如果我们没有忘记两个事实的话,马可·波罗这些陈述也就不显得那么言过其实了:第一,在马可·波罗撰写游记的那个年代,中国比现在富强得多;第二,与现在的船队相比,西方国家当时的船队规模要小得多。威廉博士①在《中国总论》(Middle kingdom)一书中说道:有人说中国的航运量比其他所有国家加起来的都要大,对于那些曾经目睹过中国江河上川流不息的船只的人而言,这种说法并无夸大之嫌。尽管如此,此言也非完全属实。估计马可·波罗在长江口岸看到的船只数以千计,甚至数以万计,我们现在能看到的船只数以百计、数以千计。他说自己在一个城市看到过一万五千只船只(根据 Yule 上校的笔记,马可·波罗所说的地方是"大运河"与长江的北部交汇处);"长江上为'大汗'征税的官员对马可·波罗说,不包括从长江上游顺流而下的船只,仅仅是逆江而上的船只本年内就有二十万艘!"在中国辉煌的鼎盛时代,大运河的河口云集一万五千只船舶并不是不可能的;即便是今天,对任何曾经在这一条大江上航行、穿越过河面上密密麻麻大小船队的人而言,每年二十万船只的航行总量也不会显得有什么夸大之处。自从根据《南京条约》开放通商口岸以来,外国轮船定期航行在长江航线,目前四家公司的十二到十四艘汽轮几乎每天不断地往返于上海与汉口。在五月,茶季的开

---

① 译者注:威廉博士即卫三畏(Samuel Wells Williams,1812—1884 年),是最早来华的美国新教传教士之一,也是美国早期汉学研究的先驱者,是美国第一位汉学教授,在华四十三年。一八五六年后长期担任美国驻华使团秘书和翻译。曾九次代理美国驻华公使。他一生致力于研究和介绍中国传统文化,代表作《中国总论》和《汉英韵府》奠定了他作为美国汉学第一人的学术地位。

端，大约有二十艘海轮逆江而上去汉口装载新上市的茶叶。长江下游的航运量很大，尽管有些通商口岸的发展没有预期的那么好。截止我们的写稿时间，本年内在汉口报关、清关的轮船数量达到六百九十二艘，吨位达到六十七万一千一百二十；帆船数量为一千三百二十三艘，吨位达到七十三万三千三百三十五。

　　根据与另外一家航运公司签订的协议，英国在华最大企业怡和洋行(Messrs. Jardine, Matheson & Co.)退出长江流域十二年了。在一八七九年的夏天，怡和洋行恢复了在长江流域进行贸易的权利，协议另一方根据协议从中国南方海岸线撤出。"公和号（s. s. Kung-wo）"是航行在新航线上的第一艘轮船，值得一提的是，该轮船是第一艘完全在上海制造的航船；只有轮船的钢板部分是在英国国内轧压的。此轮船是由"Messrs. Boyd & Co., Shanghai（上海祥生船厂）"制造。此公司还制造了该航线上的第二艘轮船"Fuh-wo（福和号）"；对于它的处女航我们曾经有过描写，而在它前往汉口的第十六次航行中，我们有幸成为它的乘客，对长江下游以及两岸很多有趣的地方放眼饱览。时任"Fuh-wo（福和号）"货轮船长的是波普先生，他长期在长江上航行，而且再也找不到第二个像他那样与人和善且温文尔雅的绅士。我们三月二十三日早上五点左右出发。当乘坐的轮船起锚时，我们被船、码头上的吆喝声，连同大副喊出的"出发"命令声吵醒。因为没有什么吸引我们这么早起来，我们决定过了吴淞口再起来。轮船行进极为平稳，我们以为自己是睡在陆地上。在吴淞口，我们的航船遇到了一队中国平底帆船，船夫们的号子声把我们再次惊醒。船夫们欢快的号子声高亢悠长，而有些刺耳的尖叫声确实很难听；尽管如此，说到底也不是十分令人讨厌。平底帆船一艘接一艘从我们的轮船旁边通过，因为随着一艘船上的号子声渐渐消失，另一拨号子声却越来越嘹亮，他们似乎是冲着我们船舱的窗户大声吆喝；随着船只相继通过，号子声再次渐渐远去，随后又听到了更为响亮的号子声，而所有的船员们唱出、喊出的调子都是相同的欢快的船号子。这些平底帆船与我们的轮船擦肩而过，有些险些被我们的轮船撞翻，死里逃生。航行在长江航道正中央的这种平底帆船队伍实在庞大。船夫的号子声像梦魇一般过去,接着我们的甜梦再次被一种阴森可怖的呻吟声打破;我们再也无法忍受,因为测深员的喊声让任何人都无法入睡,至少在第一次听到时:"N-o-o-o g-r-o-u-n-d!(测不到河床!)""Qua-tah, sev-in!(七点二五英寻"①);于是,轮船行驶到两小时半的时候,我们起床来到甲板上,满怀惊奇与敬意地看着眼前壮丽的长江,而在滚滚逝水中,"公和号"则劈波斩浪急速逆流而上。当我们刚上甲板,轮船就来到了"Lao Point",我们想起在"公和号"的处女航之前我们就来过这一河段。"那个'角'在哪儿呢?""在左斜首方向,你居然看不到树丛中央的那一棵死树!""嗯,那里的树确实不少,但是我们就是看不到那一棵死树,而且我们不理解你们为什么要把此地称为'角'"。令我们感到安慰的是,在一本古老的袖珍航行小册子上我们看到解释,说当船往上游行驶的时候这一点很难识别出来。宽阔的江面流淌着浑浊的土褐色江水,两岸簇拥着细细的一抹绿色。长江两岸的面貌似乎与爱尔兰人的景物描写很吻合:"先生们,在右手一侧你们看到的是——一无所有;在左手一侧你们连个鬼影都看不到!"在左舷一侧,长江的右岸,我们看到的是陆地;在右舷一侧是"Bush Island(灌木岛)"。再往上航行,河面变宽,因为我们已经过了"灌木岛",而长江北岸河畔狭长的绿带也渐行渐远。没错,北面就是陆地,难道这就是长江河面的最宽处?不,那不过是"崇明岛",该岛屿的北面还有一条大河——长江的北侧入口。往前看去,长江给人总的印象就是烟波浩渺的一片茫茫水域,无边无际一直延伸到地平线,我们似乎在乘坐轮船爬山。江面上的平底小帆船以及更小的船只密密麻麻星罗棋布,从远处看去,就像一个个小黑点。长江航道上最大的巨轮"Wuhu(芜湖号)"吐出的滚滚浓烟在长江上空遮天蔽日;借助其巨大的黑色烟囱能够将其辨认出来,尽管其他部分什么都看不到;有时候,这艘巨轮看上去几乎只剩下了烟囱和其中冒出的浓烟,因为船身跟浑浊的江水是同一个颜色。当"芜湖号"通过狼山渡口的时候,我们看到了它的船舷,当我们的轮船与其前后并行时,我们又

---

① 译者注:一英寻约等于一点八三米。

只能看到那巨大的排烟筒以及拖得长长的滚滚浓烟。我们超过了一艘满载货物、吃水很深的小型汽轮,而迎面一艘轮船则沿江而下,朝着上海的方向航行。于是在江面上有四艘轮船可以彼此相望,另外,四处布满了数百只中国式平底帆船以及比这种帆船还要小的其他中国船只。后者主要是渔船,捕鱼人撒网捕鱼,渔网布满了江面,密密麻麻,所有能塞得下渔网的空间都被占用了;水面似乎是密密麻麻点缀着无数的小黑点,原来是绑在渔网上的竹桩子,渔网正是借助这些桩子得以浮在水面;数以百计的渔船游来游去,有的在撒网,有的在收网,渔网此起彼伏。轮船径直从这一片渔网丛中通过,一般而言,轮船经过的时候这些渔网会沉到船的下面,但不会受到破坏;但是,我们也目睹过一次,这些竹桩被挂在船头上,渔网被缠到船头,轮船必须停下来将其甩开,因为在湍急的水流中逆水行驶的轮船如果船头缠上了大竹桩的话,其航速会受到影响。

  过了崇明岛的尽头,我们几乎看不到长江北岸的陆地,于是我们回头去看船后一直延伸到大海的"北支流"(长四十二英里)以及我们的轮船前面走过的航道。当时在船前船后看到的壮阔的江面给我们留下的印象无法用语言来描述,必须亲眼看见才能体会到;远处的地平线四分之三都是以水为界,马可·波罗说"长江更像是大洋,而不是河流",此言确实甚为贴切。尽管河面极为展宽,这一河段的航行却很艰难,因为适合通行的航道宽度大约只有四分之一英里。"孔子航道"相对而言更靠近长江南岸(右岸);在"Lao Point(老角)"与"Plover Point(千鸟角)"之间的长江南岸上有很多地标,可以从名字看出,这些地标没有什么特别的意义,对于训练有素的领航人而言,几乎起不到区别标志的作用。所谓的"开杈树"比周围的树木略微高出一些,跟周围树木唯一的区别就是此树有两个开杈的树枝;"独臂树"有一根树枝像胳膊伸出来;"绿灌木"是一棵树冠枝繁叶茂的树木,从远处看去,俨然就像头发蓬乱的日本学生;"七只杆"则竖立在一座中国庙宇内。从南岸的"千鸟角"到北岸的"北树"之间的航道比长江下游的其他任何河段都难航行。从"亚克托安浮标"到"人马怪浮标"之间的航道宽度仅有两个船身的长度,两岸的地势都很陡峭。当我们乘坐的轮船来到航道依然很窄的"人马怪浮标"时，轮船侧向沿河航行，于是便来到"狼山"，这就是当地人所说的"狼山渡口"①。行经"亚克托安浮标"的时候，我们在长江的北岸的远处看到了"狼山宝塔山"，而在南岸的远处则可以看到三座小山，我们认为那是"缪尔海德山"。当轮船靠近狼山的时候，我们发现在建有宝塔的那座山的旁边，还有另外一座小山。这两座小山在地图上都有标注，"宝塔山"海拔高度为三百七十六英尺，而另一座比"宝塔山"要高出几英尺。因为在这一河段没有什么更引人的景物，我们便仔细观察这些小山，企图看清它们到底是怎样的形状结构。乍一看，这些小山像是两座山连在一起，只是在半山处有个河谷将其隔开；其中一座小山看上去像个完美的半球体，而另一座小山则呈现为圆锥体；然后，两座山渐渐分开，直到我们可以一览无余地看到两者之间的河谷通道，而长江水则围绕着两座山的山脚旋转流淌；当轮船行驶到小山近处的时候，我们发现这里原来有三座小山，海拔三百七十六英尺的那一座小山与比它高出几英尺的那一座小山之间相隔很远；这些小山根本不是什么岛屿，而是陆地上的三座小山，尽管这些山离长江岸边很近。在狼山上，山顶的宝塔在一丛树木中高耸而出，而在此山陡峭的一侧，一带树木一直延伸到山脚下；山的这一侧点缀着一些建筑——极有可能是寺庙，靠近长江的山的正面光秃秃的没有树木，只有一些白色建筑物；我们看到的另外一侧是岩石峭壁。三座小山中最大的一座几乎是无毛之地，山顶是一片四方低矮白色建筑。这一座宝塔看上去破败不堪。过了狼山渡口，航道偏近于长江北岸；此处有一个人称"北树"的地标，另外还有一座灯塔。从上海去汉口的轮船总是早上很早就出发，为的就是赶在白天通过这些危险的航道；在返回上海的途中，轮船则在"北树"停泊过夜，须要计算好航速，以便在白天正好能够到达"北树"，因为轮船无法在晚上通过狼山渡口以及狼山渡口下游其他危险的航道。而这一次轮船经过"北树"时，我们则舒舒服服地坐在大厅的餐桌前吃午饭。

轮船紧靠长江北岸继续逆水而上，我们第一次看清了中国人的农业活

---

① 译者注：即江苏南通狼山。

动,在此之前,河岸太远,除了树木以及稀稀落落偶尔出现的茅草屋顶之外,什么都看不到。长江北岸的耕地向内地深处延伸,有的地方延伸到四分之一英里的远处,另外一些地方则近些,路的尽头是茂密的竹林以及树林,让我们无法窥视到更远处。农民们的小房子散落分布,有些房子聚在一起,形成一些小村落;这些房子主要用竹条和泥巴建成,尽管有些房屋也有砖墙和瓦顶,但是几乎所有的房子都用芦苇和稻草铺顶。有些地方,身穿蓝色棉布衣服的中国人站在河岸上,抽出片刻时间盯着江面上通行的轮船,以此缓解一下田间劳作的单调乏味;在绿色的田野上,处处可以看到蓝色的小斑点——那是劳动者在俯身挥动着锄头,或者其他类似的中国农具。我们的航船靠着此岸前进了数英里,沿途的风景毫无变化。这一段的江岸高出江面大约十五英尺,十分峻峭,近乎垂直,因为河岸的胶泥不断在浩浩荡荡的江水的冲刷中流失。沿途我们不时经过一些小河的河口,只见那里塞满了小船,从裸露的桅杆判断,小河内拥挤着数百只船只,密密麻麻,一直排到小河的深处;这些船只搁浅了,等着潮水将其带回到内地。沿这一段的长江北岸还可以看到很多坟冢,有些坟墓位于即将塌陷的河岸上,离河道只有几英尺的距离,当夏季洪水到来的时候,这些中国人的墓穴将被水淹没。在下午四点,我们行经南岸的江阴镇,在岸上的稍远处有一座宝塔;沼泽地和小河一直延伸到镇里,而沼泽地和小河的每一侧都耸立着低矮的小山,这些小山上有用土垒砌的堡垒。傍晚时分,天气很冷,因为没有什么有趣的景物可看,我们待在大厅内。

  现在我们也许该介绍一下船上的测深员、掌舵人、船员以及那些中国乘客。船上有六位马尼拉人,他们的级别是低级舵手军官,他们的职责就是轮流投掷测深器以及掌舵。船头的左舷与右舷处各有一个链条围着的站台,测深员就是站在两侧的站台上按照领航员的命令将测深绳索投入江内。马尼拉测深员进入链条围栏内,然后让一个中国海员把测深绳索给他拉进去。这些舵手的相貌都差不多,嗓音却天差地别,他们的声音并不难听,而是有一点"浪漫"气氛:你听吧,这一位大声喊着报出测到的水深,而另一位则发出怪异可怖的喊叫声,有意要将每一个人都从梦中惊醒,让人毛骨悚然。然而，这些测深员没有一个能比得上密西西比河上那些用歌声报水深的测深员："没有声音，没有地面，长长的北美油松探不到底。"只听马尼拉测深员一声长啸，"N-o-o-o g-r-o-u-n-d（没有测到河底）"，他把第一个单词中元音"o"拉得好长好长，而把第二个单词中的 g"g-r"咬牙切齿地吐出来，听起来极为阴森可怖。如果他测到了七点二五英寻的水深，他便喊道："And a qua-tah，sev-in！"说第一个单词的时候发出怪异的嗡嗡声，然后匆匆滑向"sev"，而把最后一个音节尽量拉长，长度赶得上他手中的测深索。"And a half sis（six）（六点五英寻）""Deep sis（六英寻深）""By the mark five""Deep four（四英寻深）"，半数以上报数的喊声都带着某种明显的怪异的调子，但是这些调子又很难用文字来描述。我们进入的水域没有太浅的地方，他不必喊出"By the Mark Twain."在上层轻甲板的操舵室内的船舵前有两位马尼拉人，当领航员喊出要走的航向时，船舵前的其中一个就会重复领航员的喊声，每次喊完都要带一个"sah（sir）长官"。领航员喊，"Nor'-east and by east（东北偏东）"，舵手则应道，"Nor'-east and by east，sah！（东北偏东，长官！）""稳速前进！""稳速前进，长官！"除了马尼拉的掌舵人，其他船员全部是中国人，他们工作很卖力，尽管在这种轮船上没多少事情可干。中国乘客非常享受这样的江上旅行，一个宽大的客舱内满满当当摆放着双层卧铺，每一排三张卧铺床，这个客舱内有大约一百五十个中国乘客；还有其他小面积的客舱，每个里面只放着六张卧铺床。这艘轮船搭载了大约二百个中国乘客，尽管其中有些乘客买的是从上海直达汉口的通票，但是绝大多数中国乘客都是中途上下船的，几十号人在一个码头上船，到了另一个码头就下船，所以该轮船一个来回的航程大概能够运送一千名左右的旅客。中国乘客的船票费低得不能再低，我们不敢相信世界上哪有这么便宜的船票。从上海到汉口的航程近六百英里，中国乘客只需要买一张五美元的船票，每一英里的票费还不到一美分！整个航程需要四天时间，在此期间，米饭供应充足，他可以放开肚皮吃。如果这样的食宿，这样的旅费还不够便宜，我们便无话可说了。不仅如此，对于中国乘客可以带到船上的行李也没有任何限制，而且不收任何行李费；而多数串码头的乘客们都决心要做点小生意,所以每个人身上一般都带着很多行李。

半夜时分我们到达长江上的第一个通商口岸镇江,与半岛东方轮船公司①笨重庞大的"奥里萨"号并肩停泊。在镇江码头,我们的轮船从清早到上午九点卸货,在上午九点时分,离开镇江继续航行。我们在去汉口的上行途中在镇江做了短暂逗留,而在返回上海的途中在此地又待了几个小时,这两次加起来,足以让我们向读者传达一下这个港口美丽的环境给我们留下的印象。那天早上我们的船只与庞大的"奥里萨"号并肩停泊,而且我们的轮船停靠在靠近长江北岸的一侧,所以没有看到镇江码头。当我们起锚开航后,视野一下子豁然开朗;但是,在我们的返程中,在一个晴朗的下午,当轮船进入港口的时候,才得到了一个目睹美景的绝佳机会,因此就凭借记忆把我们从上游接近镇江时看到景色做个描述。风景中最迷人的景物就是一座高耸的人称"金岛"的圆锥形岩山,但是这个所谓的岛屿已经不是岛屿了——这个圆锥形岩山与河岸只隔着一片时常被水淹没的低洼地。岩石山上建有一座小小的四面通透的圆形亭子;在岩石山一侧靠近山顶的裂缝处,矗立着一座七层高的佛塔,此宝塔现在已经失去了往昔的所有雕饰,看上去一派破败相,遭受风雨剥蚀的石头上长满了青苔。在岩石山的周围、西侧以及靠近河滩一侧的地方,有几个寺庙建筑,有的被油漆成白色,其他的则被油漆成红色。这个造型奇妙、缝隙中处处长着树木的岩石山,以及那个破败的宝塔,与西面延绵不断光秃秃的小山形成鲜明的对照;在这些小山与长江南岸之间则是一片宽展的冲积平原;据说原先的河道就在冲积平原的另一侧靠近这些小山底部的地方。在这一列山脉的尽头是一座寸草不生的石头山,其陡峭的悬崖巨壁一直延伸到河岸。然而,从河畔的悬崖开始,一直到山脊的上方和侧面,延伸着一道古老的砖墙——这是古代镇江城城墙的一部分。面向港口一侧的山坡上可以看到一些建造得很结实的白色大厦;其中最突出的就是领事馆的大楼;外国租界的一排漂亮的白色别墅,沿着长江河滩延伸过去,一直绕到港口尽头的

---

① 又名"大英轮船公司",1850年进入上海,总部在伦敦,是世界上最古老的轮船公司之一。

另一座小山的底部。这一座小山上建有城墙以及堡垒,更远处的另外一座小山上也筑有粉刷的城墙。越过这些外国租界向内望去,可以看到镇江古城,确切地说,是镇江古城的残迹,依偎在四面耸立的众多小山脚下,而曲曲折折的城墙则蜿蜒越过崎岖不平的侧脊、陡峭的坡道,与山脊并列而行。镇江城背后的小山上建有一座堡垒,红色的三角旗在城墙上随风猎猎飘扬;如果我们从这些鲜艳的旗帜——中国人的战斗标志,来判断,我们应该说这足以引起西方国家的恐惧;但是,尽管镇江地势险要,适合建造防御堡垒,看上去现存的堡垒却没有一个能够抵挡入侵的外国军队。外滩对面的港口内停泊着几艘笨拙庞大的货船,旁边的江轮正从这些货船上卸货,随处可以看到大量的中国船只,尤其是在"大运河"的河口,更是挤满了中国式平底帆船。对面的河滩上是长长的一排外国风格的小屋,现在已经是残垣断壁、十分破败;我们被告知,这些是外国人初到镇江时建筑的租界,而现在的租界则在镇江城的一侧,也就是长江的右岸;在长江左岸的外国租界旧建筑附近,是一大片中国人的房屋和茅草屋,整个这一带呈现出一片残破、荒芜的惨相。尽管如此,在长江的这一侧还是可以看到航船的迹象,因为江上停泊着大量的"papico"船,这种船比大型的商用平底帆船要小得多,但是对于江河及沿海贸易而言已经足矣。在下游的远处,我们瞥见了一座面积很大、人称"银岛"的半球体岛屿,该岛屿就像一只庞大的蜂窝露出水面。"银岛"被一片葱茏的绿色覆盖着,树丛中掩映的白色寺庙时隐时现,在落日的余晖中熠熠生辉。对于诸如"银岛""金岛""小孤岛"以及长江沿岸的其他地方①,马可·波罗这样说道:"这条河上的很多地方都有小山或岩石丘陵,上面建有供奉神像的寺庙及其他大厦。"然后,在描述任何地方的同时,马可·波罗会用古朴的风格补充说道:"这些人崇拜神像,他们臣服于'大汗',使用纸币。"

镇江位于长江的右岸,距离长江口大约一百五十英里,而"大运河"的

---

① 译者注:从马可·波罗时代起,西方人就将镇江的金山称为"金岛"(Golden Island),而将焦山称为银岛(Silver Island),通过马可·波罗等一些西方著名旅行家对镇江金山和焦山的描述,镇江的金山和焦山早已名扬海外了。赛珍珠在《我的几个世界》也对其进行过详细描述。

南端在镇江外国租界的东侧与长江汇合。镇江港口于一八四二年被英军占领。一八五三年到一八五七年期间，镇江被太平叛乱军占领，遭到叛军彻底的破坏；即便是现在，镇江城萧索的景象依然很明显，尽管外国租界区与外国贸易给镇江带来了生机，中国人居住区再也无法恢复到被毁之前的面貌。对于镇江城所做的至今最好的，且有趣的描述，出自《额尔金勋爵出使中国和日本记事（1857、1858、1859年）》的作者历史学家俄理范的笔下。俄理范先生探察了被毁的镇江城，看望了建有庙宇的岛岩，对于这些，他做了十分有趣的详细描述，以下我们会引用几句。对于第一眼看到的"银岛"他是如此描述的："我们立刻快速绕过一道悬崖峭壁，'银岛'豁然入目，岛上古朴的寺庙掩映在秋日的繁茂枝叶丛中；白色的庙墙闪闪发光，衣着不洁的僧人沐浴在中午的阳光下。远处，一条浩渺的河流从鼓胀的一列小山脚下迂回流淌，而这些小山的悬崖立如刀削，在河流的边缘拔地而起，峰顶的镇江城城墙高高低低、蜿蜒崎岖，而山坡上则到处覆盖着这个原先人口阜盛之城的废墟瓦砾；远处，一座人称'金岛'的岩石山仿佛从河的中央突兀崛起，岛上高大的宝塔直上云霄。此景之意趣、壮丽，非同凡响，只叫人久久凝望。"对于"银岛"之游，他留下了这样的文字："该岛屿无异于长江水中央冒出的一座古墓，其高度不足两百英尺，岛上郁郁葱葱植被茂密，在这个季节，岛上的叶子一片火红。岛屿的最高处还有一座宝塔形的小建筑，但是这个建筑内看不到任何有趣的东西，只有英国水手留下的有点缺乏想象力的题字——多数落款时间都是一八四二年八月。"俄理范先生是这样描述"金岛"的："当我们靠近'金岛'的时候，让我们惊讶的是，它已经不是什么岛屿了。此处在航行地图上标注为水深四英寻的航道，此时却成了长势喜人的白菜地。我们在这个新近形成的半岛登陆，然后步行到对面的岩石山。沿着从山体岩石凿出的石阶登临到宝塔的底部，宝塔已经失去了原先让其借以声名显赫的那些装饰，但是依然挺立着，虽满目疮痍，仍然让人想到其风光不再的辉煌历史以及周遭的美景。原先美景如画的寺院和宝塔建筑群，现在已经沦为废墟，其狼藉之态，令人不忍目睹"。几年前，约翰·戴维斯爵士对远处看到的'金岛'做了如下描述："这个著名的'金山'，也叫'金岛'，上面建有宝塔，岛上的寺庙及其他建筑的屋顶装饰华美，宛若长江上的蓬莱仙岛。这个美若画卷的地方享誉整个中国大地。"

告别镇江美景如画的岛屿岩石山以及山上闪闪发亮的白色建筑后，我们继续前行，发现长江右岸有一片肥沃的冲积平原一直延伸到远处渐渐远去、云雾缭绕的小山脚下。在长江的北岸，我们经过了那一条一直通往北京的"大运河"的河口；大运河内有大量的中国平底帆船，还有外国船厂建造的一只轮船——那是一艘小型的明轮式收税巡逻艇，归管控大运河入口货运站的清朝官员拥有；此官员大概相当于当年马可·波罗在此地采访过的那个元朝税收官——就是为"大汗"收税的那个官员，他告诉马可·波罗这个从威尼斯远道而来的旅行者，每年在大运河逆水而上的船有二十万艘之多。大运河河口的清朝官员的衙门建筑相对而言比较显眼，因为附近的其他建筑都很小。位于大运河附近的镇叫"瓜州"，沿河上溯几英里处就是扬州城，这座城在镇江众多小山的山顶便可以眺望到。轮船行驶几英里后，我们发现前面出现了一大队小船，方形的白色船帆在中午耀眼的阳光下熠熠生辉；再往前行，我们发现河岸上平底帆船桅杆林立，那是停靠盐船的安庆盐船站。此处也是外国长江航船的客运站，中国乘客在此上下轮船，但是这些轮船从来不在这些站点装卸货物，因为它们不是通商口岸。接近安庆时，我们看到一只小型的敞篷船从一群平底帆船中挤出来，顺着江水向我们行驶过来；一个老汉在船尾使劲划着双桨；湍急的江水对他很有利，小船急速而下。小船上的另外一个老汉手里举着一根长长的竹竿，杆子上飘扬着蓝色底子上画有圣安德鲁十字架的怡和洋行的旗子。① 老汉狂乱地挥舞着旗子，看样子似乎是想拦住我们的轮船，告诉我们前面有鱼雷或盐船上装有气枪。甲板上的指挥官不知道这个拿着旗子使劲挥舞的老头到底出了什么问题，因为他所处的位置离船舶通常停靠载客的地方还有一大截距离。我们的轮船放慢速度，想知道这个老头到底想干什么。

---

① 译者注：圣安德鲁(St. Andrew)是苏格兰的守护神，同时也是希腊、俄罗斯和罗马尼亚的守护神，天主教首任教皇圣伯多禄的兄弟和耶稣最初的使徒之一。

小船在轮船的右舷侧经过，轮船劈开的波浪将小船猛烈掀起，划船的老头与举旗的老头全都仰面朝天倒在小船底部，拿旗子的差点把手中的旗子扔掉，而划桨的差点把双桨丢掉。当小船被冲到岸边、我们的轮船停下的时候，手拿旗子的那一位老汉一恢复过来，便开始用中国话向轮船上的中国买办喊话，舱面船员向买办吆喝，让他问问这个老头冒着生命危险拦住我们的轮船，弄出这么大的动静，想做什么？老头说他乘船下来，只是为了告诉我们，前面的站点上有一些旅客在等轮船。当我们的轮船继续前进的时候，舱面船员拿起一个笤帚把朝着那个老头挥舞，意思是老头应该挨竹板，而那个老头看上去很失望，肯定认为自己好心没好报。在途经安庆平底帆船站的时候，我们看到沿着江岸停泊着六到八列帆船，长长的船列，让人数不清到底有多少船只，粗略估计，最少有三百多只。有几只帆船被拖到了当地造船商的修船厂前面，很多人正在忙活着修理这些船。我们在这些平底帆船旁边停了几分钟，在此同时，几只船停泊在我们旁边，开始载客。在长江上运营的所有船运公司在安庆以及其他类似的客运站点都有中国的小运输行做代理，旅客们在这些代理点订票；在这些运输事务所的前面有四根长竹竿搭建的瞭望台，瞭望台相当高，一架梯子一直通到杆子顶部的一个平台，瞭望员在此瞭望从镇江上来的船只以及从上游下来的船只。除了这些运输事务所的小房子外，沿着江岸还有一长排低矮的房子，但是因为被如林的桅杆遮挡着，所以几乎看不见。我们前面描述过的那只特意从上游下去通知我们的小船，是我们发现的第一个有地方特色的船只，与我们在长江下游，确切地说是黄浦江上，所见到过的其他船只都不同。我们在其他地方见过的船桨只有摇橹，但是在安庆这里，他们使用的是另外一种船桨；在大一点的船上有三四个人划桨，但是在小船上只有一个人划桨，有时候是个男子，更多的时候划船人是个女子；划船人站在船尾，面向船的前方，将身前的一对船桨前后推动；这种船桨是把一片又长又窄的平板固定到一根杆子上，然后在杆子的一端安上一根把柄，这样的一双船桨在划船人的前面交叉着。离开安庆以及安庆的那些盐船，我们又上行了数小时，途中穿过了无数的小船队，唯一值得一说的就是，这些船的船帆很白，看上去很新，而下游多数船只的船帆又脏又黑、破烂不堪，有些船上只有一团破布挂在竹架子上，几乎起不到什么招风的作用。在长江右岸有一大片绿色的草地，当地农民正在堆芦苇，遍地都是穿着蓝色棉布衣服的农民，简直就像稻草人一般。还有大群吃草的水牛，在田间俯身劳作的中国农民与那些小水牛几乎分辨不出来，只不过一个是蓝色的，而另一个是黑色的。沿着江岸，每隔不远就有粘网——这种网在这里无人不知，但是外来者会觉得这是最奇怪的捕鱼工具。这种大网挂在一个用竹竿做的水平支架上，然后用一个杠杆将其放入水中或升起。当鱼儿进入大网的时候，便用长竹竿末端的一张小鱼网将其舀出；尽管我们看见了数百个这样的渔网，但当当地人时不时地将网提起来时，我们却没有见到哪一个网成功捕到一条鱼，或者哪一位渔民有机会去使用那个舀鱼儿的小鱼网；他们终日辛劳却一无所获。我们看到几只船正在装载芦苇，而其他满载芦苇的船只则像是漂浮在水面的大堆大堆的芦苇。透过薄雾，在右手一侧依稀可以看到一列小山；渐渐地，这些小山的轮廓清晰起来；一列接着一列，总共有三列小山；从远处看，其中一座小山上有个类似于我们在伯纳姆或邓斯纳恩看到的石堆纪念碑那样的尖峰，但是借助野外望远镜仔细一看，原来是一座宏伟的宝塔。左手一侧的一列山脉距离长江右岸还有几英里，但是，隔在我们与这些山峦之间的不是绿色的平原，而是波涛起伏的树林和灌木丛。对面的山脉在前面老远处似乎环抱着长江；长江的拐弯处，在左手一侧的山脉中有一座高耸崎岖的小山，人称"独木山"，长江水绕着山脚湍急而过。此山的名字源于山顶的一株大树，而这棵大树旁边还矗立着一座方形塔楼。从"独木山"开始，一片淤泥滩，或冲积平原，延伸数英里，平原上四处是成群的水牛；小男孩们有的在绿色的平原上嬉戏玩耍，有的则骑在水牛背上，而这些水牛悠闲地走在草地上；地上有一头水牛就有一个穿着蓝色棉布衣服的小男孩；体格庞大的水牛溜来溜去，对骑在背上的小孩毫不在意，根本没注意到这些小男孩的存在，只是这些孩子时不时地会用棍子抽打它们。一队满载芦苇的船只顺江而下，船夫躺在芦苇垛子上，芦苇垛子几乎擦到了桅杆的顶部；这些芦苇擦在长木板上，伸到船的两侧外；这些船根本不能使用船桨，而桅杆埋在芦苇中，所以也不能张帆；但是根本就不需要船帆，因为高大的芦苇垛子把这么宽大的面积向着江风，所以这些船一路顺风，急速而下。

下一个有趣的景物是距离安庆三十八英里处的"泥堡"。这个堡垒位于长江左岸的低洼地上；这是一个很大的广场，四面是用砖和泥垒砌的围墙，外面的目光越过围墙，只能看到一个用作瞭望台的四条腿台架，还有几面在旗杆上迎风飘扬的三角旗。堡垒的对面，在长江的右岸，横贯着几条小山脉，与河道呈直角分布，山上是陡峭的石灰岩峭壁；在每一列山脉靠近长江的小山的山顶与山脚处形成的马蹄形山谷中，也建有堡垒。这些堡垒看上去没有一座结实的，但是所处的位置很好，上面架几门大炮便可以将长江把守住。在山上、堡垒与堡垒之间，有铺设得很好的道路，这些道路通往小山的四面八方，也许这是为英勇的中国士兵考虑，在撤退的时候为其提供便利，因为对于中国的军事工程师而言，最关心的就是修建好从每一个堡垒撤出的"后路"，而不是首先想到建造炮台。在"泥堡"上游的开阔河段，我们的"公和"号轮船畅行无阻，在这里我们看到了无数的野鸭子漂浮在河面上；时不时地这些野鸭子成群飞起，飞到上游的远处，然后再次落到湍急的江水上；"公和"号劈开浑浊的褐色江水前进，前面的航道几乎铺满了黑色的野鸭子，这些鸟一直漂游到距离船头几英尺的地方，然后飞到上游，接着落到水面，再次飞起。倘若船上有哪位热心于运动，而且带着很好的打野鸭子的猎枪的话，他们肯定能够捕猎到数百只野鸭子，但是问题在于，这些鸭子被射下来之后如何从水中捞出来。这里有个故事，上次航程中，当轮船行经这一河段的时候，一位旅客企图射杀这些野鸭子，他拿着左轮手枪朝着前面不远处江面上的野鸭子开枪；枪声响起，鸟儿齐飞，江面上只剩下"一个"小黑点，这一位运动爱好者兴奋地大声吆喝，他至少射死了一只野鸭子；但是，当那个小黑点越来越近、来到轮船近前的时候，却发现原来是一根腐烂的植物，确切地说说就是一根大白菜叶。在"泥堡"的斜对面，有一条航道或者叫"捷径"，可以直接通到南京；这一航道水很深，但是对于大型轮船而言，航道有些过于狭窄；这一航道曾经有过江轮航行，但是河道上中国平底帆船太多，还有几艘沉水了，于是中国当局禁止轮船使用这一条航道，结果此航道便完全成了平底帆船的天下。

在我们航程的第二天下午四点时分，我们在长江左岸看到一个陡峭的"岬角"，岬角顶上建有一座高大的宝塔。这个岬角正对着南京城，而宝塔所处的位置非常适合修建一座灯塔；实际上，如果将现在这座满目疮痍的破败庙宇改为灯塔的话，那么它在将来所发挥在作用比之前就会大得多。当轮船靠近，船身与宝塔几乎贴近的时候，我们发现这座宝塔位于长长的一列山脉的正尽头；这些山都不高，且山势高低不平，很不规则。"宝塔山"的西南方有五六座小山，山顶上全部建有堡垒——这些建有防御工事的小山顶部都很平坦，当然是为了修建防御工事对原先的山顶进行了土地平整；至于这些堡垒，我们只能看到建在山顶面朝长江的白色的防御墙；这些防御工事是否坚固，从远处看很难做出判断；但是有一点很明显，那就是，这些堡垒所处的位置十分有利。各个山坡上青烟袅袅，让人如临幻境；那是当地人在山脚下、山坡上焚烧木炭冒出的青烟。在这些小山与长江之间平台的地面上，有很多圆锥形的建筑物在阳光下闪闪发光，乍一看像是正在野营的中国士兵的宿营地；我们这种第一眼印象马上被粉碎了，因为我们发现那些东西原来只是一堆一堆的芦苇。南京对面左岸的景物介绍到此为止。当我们靠近这座古城时，在长江右岸的长江与"泥堡"处通向南京城的"捷径"之间，是延绵不断、开阔而平坦的平原；平原上处处是啃草的水牛或摞芦苇的中国农民；在我们还没有达到"捷径"与长江汇合处的河口时，就在拐角处，我们发现草地上的动物有了新变化，我们的导航员指着一头驴，说这动物是"背上扛着十字架的水牛"，而附近的一群黑色猪他称之为"从唐尼布鲁克集市①来的警察"。接着，我们第一次目睹了南京城的城墙。这座历史悠久、声誉远播的古城，这座壮丽辉煌的"南部首都"，现已是残垣断壁、满目疮痍、一片荒凉，昔日的辉煌已经随风而逝，一去不返。南京城城墙高大，用青石砖垒砌而成，经过数世纪的风雨侵蚀，这些青石砖已

---

① 译者注：唐尼布鲁克集市在爱尔兰都柏林附近，每年举行一次，以酒色殴斗著名。

经变成黑色；城墙从山坡处凸起，然后延伸到远处的山峦地带，在一座小山的斜坡处时隐时现，接着便没入山谷；这一条城墙周长二十三英里，环抱着峰峦云的数座大山；尽管我们现在看不到，但我们知道，在这些大山的底部，矗立着劫后残留的南京城——这座城也许曾经是世界上最大的城市。在长江与城墙之间的前景处，残留着当初也许甚为繁华兴盛的郊区；现在这里只剩下一座单拱桥，桥的中央有一座小塔楼，桥面上满是草皮，石头上长满了青苔；这里有几座砖垒的小房子，其中一座房子墙壁粉刷成白色，一扇门油漆成黄色，两扇窗户油漆成黑色，但是看不到一个人的影子；在这些小房子的旁边是一些用竹子和芦苇搭建的破败不堪的小棚屋。在靠近长江河岸的地方停泊着两艘中国炮舰，似乎是福建水师的海军炮舰。我们从这些炮舰近前通过；甲板上看到的几门炮是小口径大炮，在第一艘炮舰上有两三个苦力模样的中国人俯身靠在船舷边；在另一艘炮舰上三位中国战士正在第二斜桅处玩杂技。再稍稍往上游走，距长江很近的地方，有一座砖泥垒砌的堡垒，占地面积很大，建有一堵高约二十英尺的防御墙，墙上布满了射击口；经常可以看见的那种血红色三角旗在堡垒内的旗杆上飘扬着。有一个瞭望台，搭建在四根杆子上，由两个平台组成，瞭望台的顶子装饰精美，这就是我们在轮船上所能看到的防御墙另一侧的所有东西。在堡垒的西面墙内建有一座小型的塔楼，在堡垒的外面有一个面积很大的开阔场地，四周是一堵低矮的院墙，院子的大门通向靠近长江的院子。大门本身是外国风格的铁门，但是除了两扇门之外，大门采用了中国人常用的朱红色门柱，雕刻油画的门顶以及转角处的飞檐。再往上游走，长江岸边有四五个小房子，这是乘坐江轮的当地旅客的购票处，一艘满载着乘客的船只已经停靠在我们的轮船旁边，人们从主甲板的巨大仓口处爬上轮船，激动得手忙脚乱，因为他们身上带的行李实在是太多了。一小段码头伸入长江河面，与对面的堡垒几乎正对，在码头尽头的石头上横放着一门锈迹斑斑的老旧野战炮，现在只能按废铁论价了。轮船等候了几分钟，直到所有的乘客都上了船，然后轮船继续上行。南京古城的城墙在长江右岸延伸数英里，然后渐渐远去，直到最后消失在远处的山峦中。在城墙内，我们看到了制高点——一个靠近城墙的小山脊,在城内广阔的地域内可以看到很多高地,有些高地顶部建有防御工事以及瞭望塔。有那么短暂的片刻,在一座小山的山脚处,在建筑密集的一个角落,我们瞥见了屋顶,这显示出了南京城城府之所在。

在我们的返程中,在南京河段没有什么特别值得一提的事件。有二十个左右的中国乘客在南京上了船,一条大船的一半空间都被他们占去,这条船的另外一半空间以及其他两艘大船则放满了他们的行李,这样一来,这二十个乘客随身带的盒子和大包小包就放了两船半,也就是说每个乘客拿着半打左右的行李——每人每英里的运费还不到一个美分。有些行李掉进了江水中,为了打捞行李,这些乘客大呼小叫、手忙脚乱,弄出了好大的动静。

在南京上游八九英里处,我们的航船"公和号"行经一条通向南京古城的小河的河口,河面上布满了船只;继续朝上游行驶二三英里,我们便路经一个小小的岛屿,岛上建有一座白墙寺庙;正是在此处,我们第一次目睹了行驶在长江上的竹木筏;这一次的机会非常有利,尽管我们此后在更上游的河段也看到过几十个竹木筏,但是,在此第一次看到了某些划竹木筏的动作,之后在其他任何地方再也没看见过。这些筏子把很多树木或者杆子固定在一起,主要是从汉口上游的洞庭湖划下来的,有些一直被划到上海,其他的则在镇江被拆开,木材被出售,通过运河或者河流运输到各地,这些原木材料有些用于建造房屋,有些则用于建造中国平底帆船。原木材料的长度在二十到三十英尺,大量的被固定在一起,筏子的吃水深度可以达到六到八英尺,而筏子的宽度则从十英尺到二十英尺不等;每一部分的长度就是原木的长度,但是,往往是四五部分连接在一起,形成一个很长的筏子;在一些情况下,这些筏子的体积非常庞大,也许是十几根竹木竿连在一起。在这些筏子的上面建有筏子工使用的棚屋,较大一些的筏子看上去就像漂浮在长江水面的村子,尽管筏子的顶部距离水面大约只有两英尺。在我们第一次看到的筏子上,有两排小棚屋,总共有六个左右,可以容纳大量的筏子工以及他们的家人。在我们观察这个筏子的时候,发生了另一个事故，这件事说明了在浅水处驾驶这种筏子的独特方式。只见筏子工用一根竹子纤维拧成的拖绳把一条小船从筏子上放到水里，当小船到了下游略微偏向河面右侧、距离筏子大约二百英尺的时候，筏子工使劲敲鼓或者手鼓，听到这一信号，船上的人将一个巨大的木结构扔进江中，这个长约十英尺、宽约四英尺的东西被称为"公鸭"。他们将这个"公鸭"沉到水底，然后筏子上的所有工人被喊起来开始操作绞盘，将拖绳收回，将筏子拉到"公鸭"沉下去的地方，用这种方法他们得以将筏子从前滩处拖出来，避免被搁浅的困境。这种绞盘操作起来很费劲，要绕着一个竖着的杆子操作。

长江沿岸接下来的另一个有趣的地方便是"韦德岛"。这是长长的一片河滨泥滩，该岛屿的名称取自于英国驻北京清廷全权公使威妥玛（Thomas Wade）①的名字。一八五八年詹姆斯·卜鲁斯·额尔金勋爵（Lord Elgin）到长江沿岸考察，威妥玛作为其中文秘书随同前行。据我们推测，事后，该岛屿便有了现在的名字，因为我们发现长江沿岸的其他岛屿也是以詹姆斯·卜鲁斯·额尔金勋爵其他随从的名字命名的：九江下游的"Oliphan Island（俄理范岛）"是以劳伦斯·俄理范（Laurence Oliphant，1829—1888 年）的名字命名，而劳伦斯则作为一八五八年英国使节团成员记录了詹姆斯·卜鲁斯·额尔金勋爵使团出使中国的历史。黄昏将近时分，在芜湖下游十五英里处，我们途经"柱子"——这是两根矗立于长江两岸近处水上的圆锥形巨石。有人将这两根微型的"擎天柱"称为"长江的大门"，而布莱基斯顿船长却称，"那我们不妨在车道的半途中建个大门"。"柱子"距离太平天国叛乱的爆发地"太平城"不远，"太平城"整个地区以太平军叛乱期间发生的英勇事迹而闻名。第二天的十点半，我们到达芜湖，轮船船头朝着北岸停泊在长江中间。长江南岸的芜湖什么都看不到，月光下，一座大宝塔的轮廓依稀可见，而借着沿岸的几盏灯火，芜湖城的位置隐约可辨。芜湖的宝塔被太平叛乱军焚毁，但是有人告诉我们，此塔已

---

① 译者注：威妥玛（Thomas Francis Wade，1818—1895 年），英国外交官、著名汉学家，曾在中国生活四十余年，发明用罗马字母标注汉语发音系统——威妥玛注音，此方法在欧美广为使用，现逐渐被汉语拼音取代。

经被修复。在返程中,我们也是在晚上途经芜湖,所以无缘目睹这个城市的风貌。芜湖距离吴淞口四百六十英里,我们在海关的报告中了解到,每年自十二月中旬到次年四月底(长江的冬季低水位期),芜湖通商口岸有明显的潮汛。轮船在芜湖稍停片刻,下船的中国旅客带着大包小包,坐上了一条大船,然后又有同样多的中国旅客带着同样多的行李上了我们的轮船;轮船旁边接客帆船上的船夫与乘客的吆喝声和叫喊声十分怕人,尤其是当夜晚时,他们看不清自己在做什么;于是,已经上了接客帆船上的乘客保持高度警觉,唯恐还待在轮船上的某个同伴把箱子扔到自己头上。此处的船桨与下游任何船桨都不同:划桨人坐在一个外国风格的十字座上,划动两只又长又重的船桨;尽管这些船庞大、笨重、满载乘客和行李,划桨人的双桨幅度很大,而且强劲有力,这些接客船载着闹哄哄的乘客很快就消失在前往城内的河道上,而与此同时,我们的轮船再次启程。到第三天的早上,轮船已经通过了"海恩斯角""两英寻小河""围墙村""大同"客运站,然后来到"菲茨罗伊岛屿"。这个岛屿的对面,在长江的左岸,我们目睹了一个非同寻常的景物。在河道斜侧方的陆地上有一条筑堤,比周围的田地高出很多,筑堤高处是两排棺材,密密麻麻一个挨着一个;有些棺材早就裸露在风雨中,上面的茅草屋顶已经破烂不堪,而其他的看上去似乎刚刚盖上新稻草。在这里,见到露出地面的棺材并不是什么稀罕事,几乎在每一块田间都能随处看到棺材,但是我们以前还从来没有看到过这么多的棺材裸露在河岸上。在长江右岸一片宽阔的低洼草地上,无数的水牛正在啃草,我们饶有兴趣地观看其中一头水牛:这条水牛沿着长江岸边狂奔,偶尔停下来一动不动,狂乱地盯着我们的轮船;也许是轮船的红色烟筒让他感到好奇、羡慕,尽管它也不太清楚该如何接近这个东西。轮船的汽笛响起,这只水牛开始在平原上四处狂奔,在水牛群中造成了相当大的混乱;然后这只水牛停下来环顾四周,直到又听到汽笛一声长鸣,这才甩起尾巴朝着平原另一头的小山奔去。在"菲茨罗伊岛屿"与左岸之间的航道内,有几只船被"拖着"逆水而上;一根长长的竹子纤维拧成的绳子扔给岸上的苦力和男孩子们,由这些人逆水逆风将船往上游拉。再往上游走,长江右岸景色很美：一条河面宽展的小河从垂直方向汇入长江，在小河的上游可以看到大量的中国式平底帆船和小船，在小河可以直接通达的不太远的山脚下，坐落着一座村落，而在远方另一座小山脚下，可以看到一排白色的房屋，这些房屋在这风景如画的原野中呈现为一个亮点。过了庙宇和灯塔杆子矗立在江心的"Tai-tze-che（太子矶）"，我们来到"母鸡矶（拦江矶）"，这是长江上很难通行的河段，在此河道猛拐，北岸呈四分圆曲折延伸，而南岸则渐变为一个尖角；在右岸的四分之三的河床内布满了水下的岩石，一八七三年三月二日"江龙号"轮船便是在这样的一个岩石上触礁沉没的。① 隔着很远的距离（可能跟《圣经》中"浪子"的父亲第一次看到儿子"浪子"时所在的位置一样远），我们的导航员便发现一只筏子撞到了"江龙号"轮船的残骸上，因为"江龙号"的残骸一直没有清理，部分残骸还留在暗礁的附近。这一艘筏子倒是很显眼，可以提醒领航员注意此处凶险的暗礁，而这一块暗礁上也应该始终放置一艘筏子或者更为适合的东西，因为在长江的北岸只有一座灯塔。搁浅的筏子上有半打的棚屋，在筏子上没有看到一个人，但是那些筏子工显然还在筏子上，因为有些筏子工已经把洗出的蓝色棉布衣挂出来晾晒；于是，在他们焦虑等待潮水的时候，他们忘乎所以，或者说做出了与其他同胞格格不入的事情，竟然动手洗了自己的衣服。据说"江龙号"当时的吃水深度为十英尺，而轮船出事的时候是以全速撞到了水下九英尺深处的暗礁。从这个暗礁到南岸，即此处长江四分之三宽的河面上，有一系列的低矮岩石。当年对"江龙号"轮船实施抢救的失事现场清理人将船上大部分的货物都打捞出来。事后有个中国人告诉他们，在一八七三年前的二十三年间，这些暗礁上曾经漂浮着一只舢板，有一个老人在舢板上挂着一盏光线很弱的灯，当然是一只纸糊的灯笼。这些防范

---

① 译者注："太子矶"位于安徽省池州市贵池区乌沙镇，又称"罗刹矶"。拦江矶是太子矶的"孪生兄弟"。"太子矶"水道位于长江下游，全长约二十六公里，该水域长期以来几乎年年有机动轮船在此翻覆沉江，船毁人亡。一九九六年至一九九九年进行了首期"拦江矶"外礁的炸礁工程，取得了一定的整治效果，二〇〇七年三月至二〇〇八年二月又进行了"太子矶"中段礁石的炸除工程。二〇〇九年二月三日十四时，"拦江矶"炸礁工程首爆成功，标志着长江中下游最大"拦路虎"将被清除，工程于二〇一二年十月竣工，于二〇一四年通过了交通部的验收。

措施是为了那些驾驶平底帆船的船夫，而舢板的主人得到的报酬就是从每一个过往的盐船上得到一把盐。但是，渐渐地，这些平底帆船船夫对于这个"灯塔"守护老人所提供的服务不再领情，起初只是表现出不愿意给盐的怠慢情绪，后来干脆直接拒绝给老人那一把食盐。于是，老人放弃了施善助人的灯塔，起锚解缆，驾着舢板一去不返，此暗礁再也没有任何信号向领航员显示危情。尽管外国船只在"江龙号"轮船出事前已经在长江河道上进行了多年贸易，但是这些暗礁一直没有被发现，直到"江龙号"发现了这些暗礁，并丧身于此，彻底报废。以上的故事是"光我号"轮船的船员讲述的，他本人参与了"江龙号"的打捞行动；但是，即便让"江龙号"沉没的暗礁在出事前不为人所知，但此处延展半条河床的那条横石大家肯定都所了解，因为我们发现在一八五八年，即"江龙号"触礁事件的十五年前，劳伦斯·奥利凡特先生在记录詹姆斯·卜鲁斯·额尔金勋爵使团出使中国的历史一书中提到过这个岩石。至于"母鸡矶"以及"四十八丈，即一百八十码通道"，劳伦斯·俄理范先生做出如下描述："长江在此处大半条河道被冒出来的踏脚石一般的岩石所阻断"。我们的此次航行时值四月，此处所有的岩石都在水下；在一八五八年的九月（在这个月长江的水位应该很高）劳伦斯·俄理范先生居然能看到"像踏脚石一般的岩石"，除非从那一年开始这些岩石下沉得更深了。俄理范先生接着说："这个岩石被称为'拦河母鸡'"；而这个名字源于一位健谈的导航员给我们绘声绘色讲述的一个传说："从前，此处风景如画如诗，遍地铺着巨大的岩石。有一天一个和尚做了一个梦，他梦到积善行德的空中精灵与居住在岩石中的精灵发生了争执。其中权力最大的精灵是一只母鸡身形的岩石；争吵结果是，为了发泄他们的怒火，这些岩石精灵决定阻断长江的通道。为了执行这一恶毒的计划，母鸡岩石身先士卒，后面跟着其他所有的岩石，就在这时，和尚突然醒来，他明白了这是怎么回事，于是，在神志完全清醒的情况下，和尚像公鸡一样开始啼叫。啼叫声让领头的母鸡石头着迷不已，以至于她走到河道的中间就停下了，于是和尚赶紧向观音求救；人们团结起来，当母鸡石头依然沉迷于和尚持久不断的啼叫声时，将它的头砍去，这就有效地阻止了母鸡石头及其他石头精灵的进程，所以这些石头至今一直待在那里！"在"母鸡矶"上游的河段，江面的宽度近半英里，此处的两岸比下游任何河段的河岸都更高、更陡峭，而下游的河面则较为宽阔。在长江的右岸我们看到有很多占地面积很大的砖厂和石灰窑，然后我们便到了"菲茨罗伊岛屿"。

接着我们便接近了安徽省的首府安庆市。一位中国海员前来向主甲板上的副手汇报，说"Passaga hab got too muchee bokasa; wanchee two picee flag!（乘客拿的行李太多，需要两面旗子！）"，经翻译才知道他的意思是：从省会来的旅客携带的大包小包太多，所以需要两只船，必须升起两面"怡和洋行"①的旗子作为信号，让客运站的人派出两艘船来。安庆城坐落在长江左岸，我们还未靠近此城，便遇到了大量木筏上的村子，木筏被用竹子纤维拧成的绳子拉到岸上后固定在桩子上。这里有个海滩一样的宽阔细沙河岸，岸上有很多孩子在玩耍。我们在船上能够看到安庆城内壮丽的宝塔，此宝塔修缮得很好，即便不是中国当时最美的宝塔，也是长江下游可以看到的许多宝塔中最美的一座。此宝塔为八角形，有八层高，墙面粉刷成白色，每一层的露台和飞檐全都是黄棕色。在一大群建筑中，该佛塔雄踞中央，傲视旁物。而这个建筑群则呈梯田式在长江岸边拔地而起，有些墙面粉刷成白色，其他的刷成红色，所有的屋顶都有精美的屋瓦；这里都是寺庙及其他与寺庙有关的建筑。宝塔圆锥形的屋顶最高处是六颗巨大的球，球的体积依次减小，每两颗球之间都有一个圆环形的铁架子。最低处的一颗球看上去直径很大，上面的其他球体依次减小，直到顶端的球体看上去只有加农炮的圆形炮弹大小。铁棒或固定拉索从最高处球体上方的顶端金属棒子上延伸下来，以优美的线条拉伸到塔顶的各个角落；这些拉索上挂着很多小小的铃铛，而这座美丽建筑的众多华美屋檐的每一个突出的屋角（飞檐）处，都悬挂着体积较大一点的铃铛；所以，当我们的轮船行经宝塔、在近前停靠的时候，一阵微风吹得这数百只铃铛来回摇摆，发出叮当叮

---

① 译者注：怡和洋行在一八三二年七月一日成立，由两名苏格兰裔英国人在中国广州创办。怡和洋行对香港早年的发展有举足轻重的作用，有"未有香港，先有怡和"之称。也是首家在上海开设的欧洲公司和首家在日本成立的外国公司。

当悦耳的声响。① 安庆城被太平天国叛乱军占据三年,城内发生过一些激烈的鏖战。后来,该城被现任直隶总督李鸿章收复,而李鸿章在太平天国叛乱中声名鹊起。安庆是李鸿章的桑梓,在我们写此文的时候,他的母亲还在城内居住。大清帝国的军队企图在安庆城城墙上打开豁口,以此拿下该城,但是屡遭挫折;于是李鸿章便利用了位于城外的这座宝塔:他令清军从宝塔上向城内太平军开炮。由于该神圣的高楼给清军所带来的便利,此宝塔得到彻底的修复,而且依旧保修得很好。也许这座宝塔首先是用于纪念李鸿章的战功。安庆城的城墙呈圆形迂回曲折,朝着长江的方向延伸,接着在宝塔的背后绕过,然后沿着长江河岸向上游伸展到很远处,但是两者之间的空间距离相当大,其宽度足以容得下城墙外郊区的两排房子。长长的沙滩附近有很多大船,上面载着芦苇,沙滩上一垛一垛有很多芦苇;数以百计的中国人——男人、女人以及孩子,跑来跑去,其中大多数正忙活着卸载大船上的芦苇或者堆摞芦苇垛子。河岸上小房屋的外墙以及一些防洪墙上留有从前洪水留下的痕迹,最高处的痕迹比目前长江的水位要高出三十英尺左右。一小排外国现代风格的小屋格外引人瞩目——白色的墙面、洁净整齐的外观,其中一个小屋的游廊以及绿色的百叶窗,其风格几乎算得上是时尚。这些都是向当地人出售船票的轮船公司的事务所,因为安庆只是一个客运站,并不是向外国贸易开放的通商口岸。这些客运口岸是按照烟台条约的规定开放的,尽管此条约尚未获得批准。"两面旗"给我们的当地乘客以及他们大堆的行李招呼来两艘大船。在此,这些船只以及船只的驱动方式又出现了地方特色:划船人站在船的一侧,手里划动着用一根皮带固定于船只另一侧桨架上的一只长长的船桨。当轮船全速前进时,我们发现,从安庆宝塔开始的长江上游一英里左右的地域景色如一:

---

① 译者注:即振风塔,坐落于安徽省安庆市迎江寺内,原名万佛塔,又名迎江寺塔,后取名"振风","有以振文风"之意。振风塔是长江沿岸古塔之一。该塔除具有佛塔的功能外,还具有导航引渡的功能。振风塔是长江流域规模最大、最高的七级浮屠,享有"万里长江第一塔"和"过了安庆不说塔"之美誉。振风塔的造型和结构基本上是集中国历代佛塔建筑艺术之大成,具有很高的历史、艺术和科学价值。

数以百计的船只被拖到河滩上、大摞大摞的芦苇、地上到处散落着一捆一捆的芦苇、河岸上一排白色的小房子，以及后面高大而灰暗的安庆城城墙，而在城墙内，除了偶尔可以看到某一座庙宇华美的屋顶以及空中高飞的几只风筝——这是安庆城内的孩子们或者老人在自娱自乐，其他什么都看不到。然后，根据我们的粗略估计，在距离宝塔大约一英里处的拐角，安庆城城墙开始远离长江，向腹地延伸，依着渐远渐高的地形蜿蜒于城内的一些小山周围，直到消失得无踪无影。远处一座高大的山脉峭壁嶙峋，但是雾霭缭绕，只能隐约看到轮廓。安庆是一座军事重镇。当我们快速离开安庆城的时候，最后一次注视此城，安庆右侧城墙外的一个大方块建筑群的外观引起我们的注意：这些建筑建造于稍微高于四周地面的高地上，周围是一堵很结实的砖墙，其外国风格毋庸置疑；一个小烟筒冒出滚滚的浓烟；这个建筑看上去像个小型兵工厂。安庆城此角落附近另一所十分显眼的建筑是矗立在制高点上的一座装饰极为华贵的中式房子，周围建有高大的圆形砖墙。这可能是某一位清朝官员的住宅。此地风景优美，居高临下，视野开阔，既可以俯视安庆上下游的河段，又可以远眺延伸到远山的大片原野，此等良宅，是安庆城内的其他任何人都不可能找到的。

离开安庆城不久后，我们遭遇了一场小小的沙暴，但是不值一提。在上午五点左右，我们途经长江右岸的铜陵；因为铜陵城城内景观被城墙遮挡着，城墙内的建筑我们只能看到一座八层楼高的满目疮痍、凋敝不堪的宝塔以及一些庙宇建筑。然后，长江两岸出现了大片的平地，平原上成群的水牛在啃草，穿着蓝色棉布衣服的小男孩骑在水牛背上。除了大片的草地外，另外还有一块一块的庄稼地，大多数长着幼苗，很有可能是麦苗，时不时地还会出现一块黄色油菜地，绿色田野给人带来的千篇一律的单调感觉从而得以缓解。"在绚丽的万道霞光中"太阳西沉，一轮满月将柔和的光辉洒向壮阔的长江河面，一道银光从右岸一直延伸到我们轮船的船首左舷，而船身、桅杆以及烟筒的阴影则投向长江的另一侧。当我们途经鄱阳湖附近长江南岸的一列山脉时，我们目睹了一幅美景。满月将自己"宽大的脸庞"依偎在众多小山的顶峰，明亮的火焰，仿佛一堵火墙，曲曲折折沿着山坡向上窜动、蔓延,直到整个山坡似乎着了火;山上的这些火光是中国人烧制木炭时产生的。

在月光下,鄱阳湖的入口以及上游几英里处的"孤儿岩"都带着怪异的色彩,但是在返程中,我们看到的景物要清晰得多。鄱阳湖位于江西省,在长江南侧,湖面极为开阔,该湖泊容纳了江西省境内众多河流的来水,然后将其汇入长江。连接鄱阳湖与长江的是一条长度为三英里、宽度为一英里的相对狭窄的水道,鄱阳湖的湖水在"湖口"城所在地注入长江。在长江的右岸鄱阳湖湖水交汇处的下游,有一列长长的沙子山,这些小山依次渐远渐高,直到向内地的鄱阳湖延伸的这些小山形成很陡峭的山脉,但是,与别的山脉不同的是,这些山上有些地方覆盖着绿色植被,而且还有岩石峡谷。在远处的鄱阳湖中,一块巨岩矗立水面,而这岩石只有在晴朗的天气才能看到。就像马可·波罗所描述的那样,这是另一块"上面建有寺庙的高地"。这一块岩石人称"大孤儿",而他的弟弟"小孤儿"是距此有点距离的一块同样的岩石——"大孤儿"在鄱阳湖上,而"小孤儿"则在长江上。湖口城四遭的景色十分迷人。最突出的特征就是从长江和鄱阳湖之间的一带水域内高耸矗立的岩石山;这座岩石山上的顶部建有防御工事墙以及某些清廷大员的府邸。岩石山的背后是湖口城,而湖口城的后面则是我们前面提到的那一列山脉。

在湖口城河道的对面,是高达五千英尺左右的"庐山",也称"骡山"。矗立于长江河道中央的"小孤儿岩"美妙绝伦,高出长江水位三百英尺。沿江而下,可以看到三四个小规模的建筑群,前后依次渐高,而每一座建筑群都矗立于岩石山狭窄的缝隙处。而岩石山的其他各个侧面则是光秃、陡峭、表面破裂的灰色岩石。

在航程的第四天早上,我们到达了通商口岸九江,当地人的老城以及外国租界区都位于长江的右岸,距离上海四百四十五英里。接近这座港口的时候,我们在长江右岸看到了各种有趣的景观——外国公墓,上面建有宝塔的一座小山,九江城城墙外的两三座小型的圆形堡垒;而九江城城墙本身则沿着长江河岸近处的山脊侧面蜿蜒而上,朝着外国租界区的方向延伸过去,然后又朝着腹地迂回而去,渐渐远离长江。九江城内最显眼的建筑就是一座十分高大的宝塔,不过现在已经破败失修。从我们的轮船上看去,外国租界是一排漂亮的平房和一些设计简练的二层房子,这些房子掩映在美丽的葱茏绿树中;沿着整个"外滩"都栽种着一排排的树木。长江水位一年中常有的大起大落,因此有必要修筑一道高大且坚固的防洪墙。从海关的报告中我们了解到,一八七八年一月十一日长江的水位比防洪墙低三十七英尺,而在当年八月份的几天内,长江的水位比防洪墙竟然高出一英尺! 几艘庞大的船只停泊在防洪墙的对面,以便其他轮船装卸货物。这个港口的国内国外贸易都很兴隆,而九江之所以闻名,主要是因为这座港口是著名的景德镇瓷器的转运站。在外国租界西侧的尽头有一条小河,河内有很多当地人的船只,而在租界的另一侧的一个冲积平原的角落,坐落着一个中国人的居住区,这里聚集着造船业。长江岸上有很多船只底儿朝天,有的是为了修船放置成这样的,而其他的则是永远底儿朝天——只要这些长木板能够支撑住——用作房子。河岸上这个角落的棚屋摇摇欲坠,残败失修,看上去十分凄凉。过了九江城后,那一列峭拔的山脉历历入目,在这些山脉与长江之间有一片辽阔的冲积平原,平原上到处都是水牛、马匹和中国人。这些山脉的最高峰海拔大约在四千英尺,在这些山脉中,居住在九江的外国人可以享受捕猎野猪这一项运动。

下一个有特别趣味的是距离九江二十五英里处的"Wusueh(武穴)"客运站,此地在当地食盐贸易中的地位很重要,那些高大的食盐仓库与该城其余部分的矮小的破旧房屋建筑形成巨大的反差。"武穴"在长江左岸,此处的河面宽度仅有四分之一英里,但是江水极深,在靠近右岸的山脚处,测出过三十英寻的水深。从这一处我们看到了长江下游最壮观的景色。在"武穴"的对面,长江右岸的第一组山峦是小小的半球体,这些山峦簇拥在一起,相互之间有深深的峡谷;在这些小山后面我们看到另一列更高的山脉,第二列山脉后面,在晴朗无云的天空中,挺立着更高的陡峭山峰。有一座面积很大的山气势磅礴,其陡峭的山坡上沟壑纵横,这些沟壑一直延伸到长江最狭窄处的江水边,而在其中一个峡谷的底部有一座小村庄;再往上游走,这座山的一个山肩呈斜坡状缓缓降低,直到此山肩的底部成为一个圆形山谷的一侧,而两三座山则在山谷的另一侧突兀而起,在这两三座山背后则挺立着更高的山峰。长江右岸还有一个地势极为不同寻常的小山,此山看上去就是一个与长江河道平行延伸的长长的山脊,延伸到长江岸边的山坡上有大约二十道深深的沟壑。这一簇簇一列列山脉在长江右岸延伸九英里,一直延伸到"半壁山"。这些小山最值得一提的特色就是——至少那些临近长江的山上,每一寸土地都被开垦,勤劳节约的中国农民尽可能地将小山从山顶到山脚开垦为梯田,以至于所有的山坡上都布满了一块一块的小小的梯田。长江南岸的山脉如此延绵壮丽、变化多姿,而北侧,即左岸的风景也同样十分壮观。"武穴"上游一二英里的范围内,长江沿岸近处是一片平坦的低洼地,而在腹地的远处可以看到一列高耸陡峭的山脉,延绵起伏,直到在更前方与长江靠近。渐渐地,我们来到一个河段,此处两岸的山脉距离河道都很近,而长江左岸的那些山脉的外观则极为独特。这些山脉的前景是几座红色的沙山,其山坡就像金字塔的正面,在这些山脉的后面则是一列陡峭崎岖的岩石山峦,处处是悬崖绝壁,山坡上遍地都是巨大的蓝色巨岩。在湖北省的这些山脉中,采矿工程师一直在勘探煤矿,但至今一直未果。这些山脉中蕴藏着大量的石灰石,长江沿岸有很多石灰窑,这些石灰窑是用巨大的竹筐子建成的。"半壁山"形貌与众不同,其正面是一个绝壁,而长江在此处猛然急拐弯,此山首先看到的一侧被从上到下开垦为梯田。绕过"半壁山"之后,长江绕圈而行,直到仿佛进入了一个半圆形的江湾,而右岸则呈现出一个沙滩。在这个新月形江湾的高处,是一片美丽的黄绿色交织的田地,而山谷的远处是一座半球体的小山,小山从山顶到山脚都是梯田,其精细程度堪与中国人制作的蛋糕相媲美。再往前行,过了长江上的这个河湾,在长江的一侧可以看到布满梯田的山峦,而另一侧则延绵着岩石山,这种美妙而壮观的美景在接下来的几英里河段持续展现着新的魅力和有趣的风貌,直到最后,左侧的岩石山脉向远处退去,而一条宽阔的平原地带出现在岩石山与长江之间。

当我们靠近蕲州城的时候,第一个引起我们注意的是长江中距离蕲州城城墙拐角大约一百五十码处长江左岸的"废墟堡垒"。很明显，这座堡垒与蕲州城之间曾经（很可能就在不久前还是）以陆地相连，尽管现在绕它而过的是强劲的滚滚激流。在我们看到的长江水位处，几乎看不到堡垒的基石；堡垒只剩下了露出水面二十英尺的一个坚固的巨大砖结构，被水流冲击的一侧为半圆形，而其他几侧都是方形的。在这个废墟的上面，清朝帝国的海关官员放置了一个红油漆的三脚架，上面放着灯塔，而在这个三脚架的三根腿之间放着一个小盒子，乍一看这个盒子小到不够做个鸽子窝，而这就是提供给灯塔守护者的唯一栖身处，如果不是亲眼看到一个中国老头从里面出来，我们几乎无法相信这样小的盒子居然能钻进一个人去。

蕲州城的城墙距离长江河岸很近。城墙在"废墟堡垒"对面的一角处爬上岩石山丘，然后沿着长江河岸向上游延伸一段距离，接着绕行过被长满青苔的砖石泥浆垒砌的该城边界线，环抱着城内的两三座小山。蕲州城看上去面积很大，右侧的远处房屋非常密集。在蕲州城城墙外的一角，一座小山的遮蔽下，有一座白色的寺庙，庙宇背后长着一棵硕大的樟脑树；在几乎所有的中国寺庙内这种树木都出现在显眼的位置，而且长势都很好。再往长江上游走，一条小河在蕲州城城墙边绕过，而小河的岸上则是一片宽阔的郊区，这里最显著的建筑就是一座清朝官员的衙门。

在蕲州城上游几英里处一个整洁、宽阔的沙滩上，我们看到了有趣的一幕：一个流动的戏剧表演班子在长江的左岸搭起了帐篷。帐篷的主结构部分是大量的固定在沙地上的巨大杆子，而杆子之间的横木支撑着平台，或者叫戏台，戏台搭在靠近长江的一侧，距离地面大约有十英尺。剧院的观众台在远处的另一侧，每一侧都用帆布包围着。在这个帐篷的四周有很多小帐篷，可能是戏班子演员们的住处，也可能是这个大的戏班子的周围簇拥着很多附属的小戏班子，正如我们国内跑江湖的杂技团总是有一些小的杂技团陪伴着。我们的轮船一接近，便有几百个中国人成群结队地跑到沙滩上观望；在那个大帐篷尽头的戏台上，我们可以看到穿着华美的长袍戏装的演员拥挤着将身子探到破烂的帆布帐篷外，想知道到底发生了什么事情。演员出现在帐篷的哪个部位，就表明搭建的戏台子就在哪一头。

有些演员身着华丽鲜艳的长袍戏装,这装扮显然是饰演皇帝、将军以及地位显赫的大员。我们的轮船一靠近,戏台下的观众竟然全部被吸引过来了,个中原因,令人难以捉摸;尽管如此,这样的事情确确实实发生了,所以,根据推测只有一种可能性:如果当时台上正在演出,而轮船上的红色烟筒更能吸引观众的话,说明这节目毫无趣味可言。除了孩子们的嬉闹声以外,从河岸上传来的唯一噪声就是管弦乐队中唯一坚守岗位的那个成员敲打铜锣发出的。

引起我们注意的另一件事是,在靠近长江南岸的地方,一只筏子被困在浅滩上。划筏子的人总是屡屡陷入这样不可避免的困境,所以在筏子上搭建个小棚屋倒是个明智的做法,因为我们当时看到的这些筏子在此地已经搁浅数月,而且还要在这里待上几个星期,直到夏季洪水到来时长江水位上涨。对于住在筏子上的人而言,如果筏子整个冬季和春季被困长江上,他们的日子不会好到哪里去;即便不是所有的筏子工,最起码他们中的一些人必须待在筏子上,否则筏子便会渐渐消失。在我们看到的这个筏子上便有守望者存在的迹象,因为在筏子上的其中一个小棚屋内,一个小小的火炉烟筒正吐着袅袅青烟。

在航程的第四天,日薄西山的落日时分,我们进入最后一百英里航程的时候,目睹了从大海到汉口长江沿岸所有河段中最美的景色。过了"废墟堡垒"以及蕲州古城后,在日落前的最后一小时,这里的景色的确迷人。从蕲州城上游几英里处开始,至"鸡头山"对面的长江的河湾处,一列小山沿着长江左岸延绵起伏、一路延伸。这一列小山按组排列,相继出现的后一组看上去俨然便是刚刚过去的那一组的复制品,唯一的差别在于,当我们快速经过这些山脉的时候,发现后一群比前一群更美。这些山脉并不高,最高的山峰也不过几百英尺而已;众小山呈马蹄形成群分布,在其中四五座小山的山脚处形成一个圆形的小山谷;靠近长江河岸的那些陡峭岩石,遭受江水的冲刷侵蚀,上面显示着长江的最高水位痕迹,其相互间的距离大概在一百码左右;在靠近长江一侧的小山背后是略微大一点的小山,而更大的山脉包围了山谷的远处。在有些地方,山坡被开辟成梯田种上了作物，而在其他各处的山坡上，遍地灌木丛生。时不时地会看到正在盛开的桃花；在众多小山的山脚下，绿树遮阴下的旮旯角落处，依偎着几座小小的用竹子和茅草搭建的棚屋，偶尔也有用砖垒砌的小房子，这表明，在每一座静寂的山谷中都栖息着喜欢安宁的农民。小山之间的平地都被开垦为农田，这些田地一直延伸到长江岸边，占据了陡峭岩石之间的所有土地。农作物柔嫩的绿叶距离地面只有几英寸，看上去就像绿色的地毯。靠近江岸的绿色庄稼地势最低；后面则是黄色绚烂的油菜地，再往后又是绿色的庄稼地，漫山遍野，遍布整个山谷，一直延伸到最远处的山丘脚下。这些小山群落形成了同样数量的小山谷，这令我们不禁叹声说道，"好遗憾啊，上海周边竟然没有这样美丽的景物"。我们在长江这一侧看到的景物很美，而我们在另一侧看到的景物则令人着迷。"鸡头山"是长江右岸陡弯处一座陡峭的岩石小山，从远处看去，其轮廓宛若一只公鸡的鸡冠。从我们的轮船上去观察，这个岩石小山的正面呈现为陡峭崎岖的一条线，一直延伸到江水中；靠近我们、远离陡峭小山正面的一侧，是一个陡峭的山坡，上面覆盖着树木和灌木丛；而岩石小山的顶峰也同样绿树掩映。在这个山坡的脚下，有一座几乎被树林遮掉的白色建筑的小庙宇。当我们靠近"鸡头"山的时候，落日滑过长江河面，长江没有表现出其真实的浑浊色，而是在太阳光的反射下发出壮丽的光芒。中外船只也为此处的景物平添了魅力，而轮船与筏子之间呈现出来的反差天差地别。清朝"轮船招商局"的轮船"Kiangyung（江永号）"是一艘美国式样的明轮江河运输船，船上通体油漆鲜艳。此船从上游下来，在我们船舷右侧与我们相遇；船的甲板上挤满了正在观看"公和号"的中国乘客；而"公和号"的甲板上则挤满了观看从我们轮船旁边绕行过去的那一艘黄色的明轮船；在每一艘船的驾驶台甲板上，副手们都挥动着白色的手绢相互表示友好的问候。"江永号"刚刚过去，在"鸡头山"的上游处，我们突然看到了筏子，或者可以称为"漂流的竹棚村"，顺着滚滚的江水漂流而行，起初是一只，接着又看到另一只，然后是第三只，随后又出现了第四只。一两分钟后，当我们通过这一座巨大岩石的时候，举目观望这座五百英尺高的悬崖峭壁。我们的注意力被吸引到了

"鸡头山"正面一个住着隐士的山洞,看到了一个拱形的入口,在洞穴的开口处我们可以看到一座用竹子和毡子修建的简陋小屋,距离山洞的底部有几英尺,一架三根木阶的梯子搭在小屋上。"这里真住着一位隐士?""是的,我见过他,他有时候从洞里出来,然后就坐在石头上扇扇子。""他怎么吃饭?""嗯,他可以绕过一个岩脊步行到对面岩石山上一座庙宇内。"当我们谈论着这一位隐士以及他栖身的山洞时,我拿起一个小型望远镜,在小山的岩石上果然看到一条及其狭窄的岩脊,要是让一个人从山洞处绕道这一条岩脊走到对面的山岩,即便能够做到,那也不太安全。"鸡头山"正面当天的最高水位看上去距离长江的水面只有十五到二十英尺,但是船员们却肯定地告诉我们两者的距离为三四十英尺;而隐居者的山洞比最高水位还要高出五十英尺。只用了片刻工夫我们的"公和号"便通过了"鸡头山",除了这个岩石小山,还有其他东西引起我们的注意,轮船的汽笛响了好几次,我们都听到了汽笛的回声,那长长的嘹亮的汽笛声回响清亮;但是轮船的汽笛声以及回声并没有把隐士吸引出来,看看到底是怎么回事;他没有听过"Oh Whistle And I'll Come To Ye, My Lad(郎吹口哨妹便来)"。我们一直面对着"公鸡头"观察,将那些漂流的村子抛在脑后,但是尽管轮船的汽笛声和回声很嘹亮,我们仍然听到了中国人乱哄哄的喊叫声,从轮船上层甲板的左舷处往下看去,只见前面看到的那四只筏子风驰电掣般从轮船旁边通过,所有的筏子挤在一起,似乎要撞到彼此,筏子工全部上了"甲板",有些人手里拿着长长的杆子和船桨,尽管杆子和船桨在这样湍急的江水中起不到任何作用;其他人则在筏子上兴奋地跑来跑去,好像"每一刻都在把下一刻当作他们的重生";这些筏子和筏子上的棚屋——四只筏子加起来俨然就像一座小镇——急速通过时与我们的轮船保持了相当距离,而在滔滔江水中这些筏子似乎要撞到"公鸡头"石山上;但是没有,即便是这些筏子想撞上去,它们也不会触到石山,因为这种怪异的江流将筏子带到了石山的近前,但还是让其安然通过,于是,这些巨大的筏子、筏子上所有极其笨重的棚屋以及附属物,统统顺着而下,到达下游开阔的河段。与接下来我们看到的景物相比,这些岩石、隐士的山洞、筏子以及汽笛的回声都算不得什么。我们刚过了"鸡头山",突然一阵微风拂面而来,扑鼻的香气令人心旷神怡,举目向东,我们看到了一处美景。自"鸡头山"岩石小山开始,一列山峦朝着长江包抄过来,到了上游近一英里的河段这一列山峦终于延伸到了长江畔。在长江右岸与这些山峦的山脚之间,有一片肥沃而美丽的平原,平原上到处是可爱的绿色庄稼,在这个绿色地毯后面耸立着陡峭的山坡,毫不夸张地说,山坡从底部到半山腰,漫山遍野一片白色,那是盛开中的桃花;这无数的桃花在落日的余晖中熠熠生辉,同时给我们送来那令人陶醉的扑鼻香气。

我们第四天的航程便以上述描写的景物结束。第二天的时候,我们发现已经到了汉口,"公和号"与一艘巨轮并排停泊在"外滩"前。我们在汉口港待了三十六个小时,但是因为笔者当时抱病在身,未能弃船上岸,所以尽管本人有意对此地尽量多做一番介绍,结果只有无奈,因为本人只在船上目睹了此城。汉口的外国租界区沿长江左岸延伸半英里左右,其"外滩"比中国其他任何港口的外滩都要好;这里的"外滩"防洪堤坝非常之高,但是很有必要,因为长江一年内的水位波动十分巨大。汉口河段的长江河面宽度接近一英里,而夏季的最高水位与冬季的最低水位之间的差距达到了六十英尺左右。我们的轮船来到汉口的时候,正值三月份,此河段的水位比上一年冬天的最低水位高出十三英尺,尽管如此,站在轮船的上层轻甲板上,你还是无法在水平方向看到防洪墙上的路面。这个由砖石垒砌而成的巨大防洪墙,基底向外倾斜,通过长长的船桥、舷梯与下面停泊在长江水面上的庞然巨轮相接,而这些船桥与舷梯随着洪水的起落而起伏。"外滩"上有一条高大绿树夹道的林荫大道,而在林荫道的后面则是耸立在花园或者"大院"内的精美建筑。汉江与长江在汉口的西侧汇合;盘踞在汉江另一侧的则是汉阳镇,在长江的南岸则雄踞着湖北省的首府武昌府。武昌府所在的位置风景如画,武昌镇及其宝塔矗立于靠近江岸的一座小山的山坡上,而武昌镇的城墙却向着远处迂回延伸、爬过高地,一直到城后的山脚下。在武昌镇的东侧的长江岸上,汉口镇的正对面,坐落着一座巨大的堡垒,据说里面排布着四百门大炮。① 背景处是一列陡峭的山峦,在其中的一个山峦上矗立着一座高大的宝塔,我们猜测,托马斯·布莱基斯顿(Thomas W. Blakiston)上尉正是站在此处目睹了山脉、平原、河流、湖泊的全貌,并将这些写入了他的游记《长江》一书中:"在汉口所在的位置,长江主要河道两岸是一片特别平坦的原野,而一列造型不规则的半隔半连的山峦则呈东西走向横穿这个平原。站在洪山宝塔上俯视,双目所及,江水与陆地几乎平分秋色,即便在长江的低水位季节。在观看者的脚下,浩荡的长江蜿蜒行进,江面宽度接近一英里;汉江从西面沿着前面提到的那列山峦的北部边界流淌过来,增加了长江水量,并成为中国的主要航道之一;西北部与北边是一片辽阔的平原,看不到树木,比河水的水位高不出多少,所以平原上零星散布的小村落无一例外地坐落在小丘上,这些小丘很可能是不太久远的年代人工修建的。一两条小河横穿平原的远处,并注入大河。移目观望,在长江的右岸,在这个首府城市的远处西北向和东南向,你可以看到水面辽阔的湖泊和泻湖。"我们在汉口停留期间,长江对岸的巨大堡垒呈现出十分喜庆的景象:密密麻麻布满射击口的长长的黄色防御墙上悬挂着大量的色彩鲜艳的旗子,看上去十分壮观。我们此前已经听说过这个堡垒所发生的怪异的事故,这令我们想到了《圣经》中关于巴勒斯坦古城耶利哥城墙崩塌的故事。据说,美国炮舰"Monocary"今年夏天访问了汉口,而湖北总督亲自去拜访此炮舰,炮舰特意鸣炮向总督大人致敬,结果对这座堡垒造成了极为严重的破坏。据说,在距离堡垒半英里多的地方发射几颗空弹所引起的空气震动造成了此堡垒的很大一部分防御墙体垮塌;也许是因为堡垒的地基已经被洪水破坏了,但是无论如何,这实在不能证明这些中国堡垒的可靠性。

某一天的上午八点左右我们离开汉口,次日上午抵达九江;离开汉口

---

① 译者注:此处作者所说应该有误,应该是"汉口堡垒",不是"武昌堡垒",因为出版过《武汉往事》《百年汉阳造》的武汉文史专家罗时汉介绍,武汉三镇中,汉阳筑城最早,武昌居次,城墙都有照片和城砖实物作证。汉口严格地说没有筑城,只是在其北部筑城,而南边有汉水、长江作天然屏障,没有形成完整的城堡格局。汉口曾有过5个堡垒:杨口垒、白阳垒、牛湖堡和两个汉口堡。

大约二十四小时后我们途经南京，又过了二十小时，我们达到镇江；轮船在镇江港待了几个小时，然后缓缓行进，只是为了能够在白天到达"北树"和"狼山渡口"；经过八天半的来回航行，我们最后到达上海。在顺江而下的返程中，强劲的水流对轮船的行进极为有利，所以下行的航速比上行的航速要快得多。据我们了解，至今为止，从汉口到吴淞口的最快航速记录是由一艘运输茶叶的轮船"格雷纳特尼（Glenartney）"在一八七九年创下的，该轮船在三十七小时内行驶了六百英里，但是这艘茶船中途不做停靠。从汉口到吴淞口的航程一般的江轮需要六十小时左右，但是有一部分时间是花在了沿途港口的停靠上；从上海到汉口的上行航程一般需要一百小时左右。在我们对上行航程进行的讲述中已经包括了对下行航程中看到的某些地方的描述，所以没有再加的内容，在结束本游记的同时，谨向旅途中给予本人友好帮助的"公和号"轮船的波帕船长及船员们表示感谢。

上海美国总领事知名西侨律师佑尼干的游舫行驶在长江三峡

北京印象

我们从通州出发,到了北京城的南门,首先映入眼帘的就是高高耸立于城墙上的美丽塔楼。城墙墙体高度约为四五十英尺高,厚度约为三十至五十英尺。城墙的外保护层是精致的大方砖,墙的顶部也同样铺着这种方砖。城墙周长足足有十六英里,而城墙实际上呈方形。北京总共有九座城门——南面三座,北面两座,东面两座。① 这些城门建造工艺都很高,两扇大门之间的空间都很开阔。其中的"前门"是最大、最好的一座。此"前门"建有三对门或出入口。过了中间的城门,正对面就是皇宫的入口,这里只有皇帝才能通行。通常情况下,中间总是大门紧闭、重门深锁。每天日落黄昏后不久,所有的城门便要关闭,除了农历春节,城门开放的时间会稍稍延长。城门一旦关闭,任凭你巧舌如簧能言会道,或者想花钱买通守门人,不到第二天早上,大门绝对不会为你开启。半夜时分,"前门"会开放片刻,

---

① 译者注:原文如此,但此处应有误。北京内城当时的九座城门为:南面的正阳门(俗称前门)崇文门和宣武门;东面的朝阳门、东直门;西面的阜成门、西直门以及北面的安定门和德胜门。

以便让凌晨四点在皇宫内参加军机处会议的清朝大员们进来。站在城墙上放眼俯瞰，北京城就像一个大花园，至少从某些方位看上去是这个样子。远处的"皇城"屋顶的每个角落都悬挂着所谓的"金椅子①"，而这些建筑的黄色屋顶在阳光下熠熠生辉。沿着城墙，每隔不远就有一个岗哨，据说里面一直驻守着保卫北京城的士兵。从瞭望哨上的兵勇数量来判断，每个岗哨内实际上只能看到一两个士兵。尽管翻越城墙进入北京城的下场是死路一条，而越墙出城则要遭到终身流放，每天晚上还是有很多人偷越城墙，当局对此似乎并不知情。北京城的造型是一个完美的正方形，所有的街道不是南北走向，便是东西走向。哈德门大街南起北京南门，北段止于"安定门"东面不远处的北城墙，长度约为四英里，是北京最长的街道。② 大多数的街道都很宽阔，如果不是路上有那么多羁绊的话，无论行人还是车辆都会畅行无阻。路上的每个中国人似乎都是自顾自地占用道路，而警察显然也不会理会，垃圾、污水、形形色色的废弃物公然扔在公共大街上。在马路和小路的两侧原本只能供行人使用的地方，却被零售生意做得很火爆的小摊位独占，让人不禁联想到我们国内的集市。有时候，遇到附近某一家举行隆重的葬礼，庞大的灵柩车会将道路连续堵塞几个星期。所有的车辆和马匹绕道远行，却没有一个人对此进行抗议。死者家属在马路的中央向死者进行祭拜，焚烧巨大的纸房子、纸马、纸车、各种塑像以及纸钱，给过往的行人造成了极大的不便。一直以来，北京的街道不是一片泥泞，便是到处尘土飞扬，尽管据说每年用于改善路况的专款达到五十万美元之巨，但是一直没有采取任何措施对街道进行有效的清理。当皇帝或者"慈禧太后"出行的时候，所经街道全部铺上红色土，看上去有点像马戏团表演的跑道，所有的车辆和行人禁止使用这些临时拼凑起来的红色大街，直到皇帝的行程结束；皇帝行程结束后，街道又变成原来又脏又乱的样子。那种笨重的没有橡胶车轮的马车足以碾坏任何大道。曾经有人试图将黄包车引入北

---

① 译者注：原文为"golden chairs"，故宫屋顶名物并无这种英译，疑为作者之误解。
② 译者注：崇文门原名文明门，俗称哈德门、海岱门，是中国北京东南方的一座城门，于一九六八年被拆除。

葬礼

京，但是马车夫们联合起来抵制这种新玩意，他们将这些不受欢迎的车辆扔进了城外的护城河内。一言以蔽之，遇到下雨天，中国的首都便是一个巨大的泥洞，遇到好天气，便是一个垃圾桶。曾经受到过驻某个通商口岸的法国领事的极度赞扬的北京下水道，在很多方面很有用。春天的时候，下水道的污水不时地流到街道上，露天横流，肆无忌惮地为周边地区滋生着疾病，而这些下水道的污水终年被用以控制街上的尘土。难怪每当遇到刮风天尘土四处飞扬的时候，那么多北京人都会眼疼、喉咙痛。下水道的清理工作一般是由一个清朝高级官员负责。此官员将工程的专款吞为己有，然后让副职去料理相关工作。履行公务的副职便前往店铺，告诉店掌柜，除非向他行贿，否则他就会将下水道的口子设在他们家的屋子内或者店铺前，这样一来，这些店铺好长时间便无法开业。到了雨季，有些街道根本无法通行，街上滚滚汹涌的雨水简直就像湍急奔流的江水。下雨天，在北京的街道上经常发生马车被雨水冲翻、乘客被淹的事故。然而，尽管北京很脏，除了夏天，北京的气候不能说是对健康不利。通常为期三天三夜的沙尘暴将西部沙漠的黄沙刮到北京城，净化了空气，驱除了所有有害的气味。中国人居住的房子都很低矮,而且一般没有第二层。作为建筑物,这些房子有很多应该改进的地方,因为每当遇到下雨天,几乎没有一家的房子不漏雨。在城里的有些地方,有些店铺的门面满是鎏金和雕刻装饰,与其所在的肮脏的街道形成非常怪异的反差。中国皇帝居住的"紫禁城"占地面积很大。原先有一条小道经由"大理石桥"可以通向"皇城",近些年这一条道被封,所以只能绕道去"西城"。"外国大使馆"大部分坐落于北京的南部的"东江米巷[①]",又称"大使馆街"。先前占地面积很大的公爵府则被法国、英国以及俄国大使馆占用。在每一座建筑中都修建了小礼拜堂,并为庞大的人员队伍提供了合适的住所。外国传教士,无论是新教徒还是罗马天主教徒,遍布于北京各个角落;天主教有四座大教堂,分别位于北京城的东、西、南、北四个地方;在北京的西部城区的教堂则是一座"大教堂"——一座占地面积很大、建造工艺很精细的教堂。北京城街上的照明很不完善。街上有大量的照明灯笼,这些灯笼外面用纸糊着,里面放着一盏点着的煤油灯,但是这些灯笼的光线实在是过于暗淡,而且这些灯笼一般只有在月光明亮的晚上才会点起来,因为可能在这个时候,负责街道照明的清朝官员才会出去巡视,这一制度根本不能令人满意。只有海关人员的家里才有气灯。

---

① 译者注:现称为东交民巷。

北京关帝庙

对此话题应该深有了解的人经常说，普通的中国老百姓没有什么宗教信仰，即便他们有什么信仰，也只有在葬礼上才会践行他们的信仰：在中国人的葬礼上，道士与和尚联袂为死者执行必要的法事，以超度祭奠亡灵。这种说法在一定程度是对的，但是对于大多数中国人而言，这些说法很难成立。对于那些研究过中国人使用的语言，并且在中国人当中生活过多年，观察过他们的仪式、风俗、行为习惯的欧洲人而言，他们肯定可以举出反证来。我们可以简单地举几个事实用以证明偶像崇拜对中国人的影响比一般人所认为的要大得多。在北京外国大使馆后门不远处通往蒙古市场的一个小巷子内刚刚修建了一座漂亮的庙宇，主要奉献给"关帝"，中国的"战神"。寺庙的主人是一位中国商人，此人生意破产，于是拿出残资修建一座供奉神仙的地方，依靠迷信的中国同胞度日为生。在这个武庙中看不到和尚和道士。一些普通的苦力保持此地的卫生，同时帮忙祭拜。除了战神关帝的塑像，大厅深处还供奉着其他几个塑像。"药王"的塑像与"财神"的塑像并肩而立，同时与"灶君"和"药圣"并列一排。在"药圣"塑像前点着一根蜡烛,这根蜡烛在一年中的某一段时间内长亮不灭,可能是因为在那一段时间内最渴望得到药圣的帮助。院子内的墙上画着《三国演义》中的故事场面,用以展现英雄关帝的赫赫战功。很快走进来一位中国男子,领着一个大约七八岁的小男孩。二人直接走到药王塑像前,从寺庙助理那里买了一把佛香,助理为他们将佛香点燃。点好后他将佛香交给小男孩,男孩伏地磕头,以头触地,连磕几次。然后,佛香被插入药神前祭坛上放着的一个花瓶内。与此同时,寺庙助理一直在敲击一只放在旁边桌子上的铃铛,用以引起药王的注意。然后,寺庙助理拿出一个容器,里面盛放着标有号码的棍子(竹签),跟中国人用于赌糕点的赌具有些相似之处。他拿着竹签筒子在佛香的火焰上略微烤一下,然后让小男孩从中间抽取一根竹签。小男孩将抽到的竹签交给助理,助理看过上面的文字,选出写着同样号码的一张纸来。原来,这孩子好像是患上了咳嗽,而奇怪的是,被选的纸上竟然有一个方子。助理告诉孩子的父亲,如果从某某药店那里买到这个方子,并虔诚地服用的话,孩子的咳嗽病就会彻底治愈。孩子的父亲付给助理十五文铜钱,然后带着处方到城里的药店去抓药。每天都是这样的情形。尤其是在一年中的某些季节,北京城内城外的某些寺庙香客盈门,很多人都是长途跋涉步行了好几天才赶来这些寺庙的。有些香客可能是为了某一位生病的朋友或亲戚前来朝拜,而很多妇女则是来寺庙恳求有关神仙赐给自己一个儿子。倘若大家见到在门外、寺庙墙上或者寺庙附近墙上挂的卷轴的话,中国人的偶像崇拜显然并不缺乏很有说服力的证据。在北京"卧佛寺"内,人们可以看到奉献给释迦牟尼的很多双大大小小的靴子。①刚出北京东北门,便有一座庙,庙里有香客献给神仙的大量的丝绸和纸做的眼睛。在"安定门"——北京北门附近的大型"喇嘛寺""雍和宫"内,巨大的泥木佛陀塑像(这尊立着的佛像大约七十英尺高)右脚的大脚趾几乎被朝拜者吻掉了,其遭遇跟罗马

---

① 译者注:北京卧佛寺即"十方普觉寺"。它位于西山北的寿牛山南麓、香山东侧,距市区三十公里。该寺始建于唐贞观年间(627—649年),原名兜率寺,又名寿安寺。

圣彼得塑像的脚趾并无二致。至于"偶像""风水"这样几乎接近于宗教信仰的迷信以及形形色色的神秘力量对中国商业阶层(商人、买办、童仆、钱币鉴定人、公司职员以及受雇于外国人的其他人)所具有根深蒂固的影响力,每一个居住在这里的外国人在其日常生活中都能举出无数的例子。事实表明,尽管普通的中国人并不具备西方人所说的那种虔诚或精神至上的思想,但是,如果认为中国人就是通常所描述的那种彻头彻尾的物质主义者和无神论者的话,那就是大错特错。中国人的祖先在遥远的过去已经为他们制定了宗教制度,尽管这种制度并不怎么完善,但是现代的中国人对此十分满意。中国人生来就不喜欢任何探究;他们不会热衷于进行精神探索以及质疑,即便他们有这种热情,也不会向他人透露,而是继续沿袭先人的习俗,继续祭拜祖先祭拜的神灵,继续向其无数代先人祭拜的诸神塑像虔诚地以头杵地、顶礼膜拜。毫无疑问的是,在一般情况下,普通的中国老百姓不会费脑筋去关心什么精神层面的东西,但是在遇到麻烦的时候,他就会像巴特勒讽刺诗《胡迪布拉斯》主人公胡迪布拉斯所说的那个古人:

清后期外国人摄北京城内一父亲携子女仨游玩合影

"等魔鬼生病的时候,
他许诺自己要做个圣徒;
等魔鬼病好的时候,
他认为自己就是圣徒。"

中国沿江西行纪

"宜昌,这是前往重庆的旅程中途经的一个弹丸之地。"这是上海一本杂志对宜昌所做的差强人意的描述;但是,那是遥远的过去,当时生活在宜昌无异于被流放。然而,"最近的动乱"让这个小小的港口引起了人们的注目,自从普通的外国人借助"最新修订的"地图发现了宜昌港口的真实位置后,情况已经发生了变化。至少,我们发现了这个港口城市。当时,我们从汉口出发,旅途很愉快,因为在途中我们受到了"德兴号"凯恩船长以及船员们的友好关照,而我们的船就停泊在英国领事馆那一幢肮脏的大楼对面。提起轮船,对于所发生的变化我们喜不自禁。此前,从汉口港到宜昌港的航运实际掌控在现在挂着"龙旗"的那个公司手中。当时的旅客和货主能够体会到带着无礼的漫不经心是什么滋味,庆幸的是,现在是一八九二年,这一切都可以避免了。宜昌的航运业务十分兴隆,悬挂着不同商行旗帜的中国平底帆船与轮船并排停泊,有些船刚刚从上游下来,其他的船只则准备着向上游航行。最近,海关大幅度增员,为了解决这些新来的人员以及其工作被"太平天国骚乱"中断、现在重返工作岗位的两位传教士的

"住所"问题，租用了一些大型的四川平底帆船。我们来到宜昌，就是为了准备沿江西上，而这些游记的目的就是将沿途看到的一些景物传达给读者。好了，首先，我们必须有一只船。起初这似乎很容易，其实绝非那么简单。由于宜昌港口的航运量以及对大型船只的需求增加，船票价格涨幅相当大，如果旅客能够在起初的二十四小时内以合理的价格买到船票的话，实属幸运。对于那些业余旅行爱好者、环球观光旅行客以及其他类似旅客而言，他们通常的做法便是利用自己的"童仆"——这些"童仆"能够掌握一定的洋泾浜英语，能够让人勉强听得懂——而"童仆"接受命令，"火速"为主人弄到一只船。有时候，轮船上的乘务员也极其客气，完全乐意"操办此事"，但是，条件是，他也能从中分一杯羹：这种冒险的事情至今我还清清楚楚地记得一件。当时有一些远道而来的旅客要"游览三峡"。时处后半年，虽然已经是九月份，水位依然很高。尽管如此，他们还是以惊人的价格弄到了一只船，并且开始出发。第一个峡谷（西陵峡）的前半部分的游览还算顺利，然后，为了等洪水水位下降，原本说好的短暂停留延长为三天，让游客十分恼火，随着一天天的拖延，他们的怒火迅速升级。第三天的时候，出租游艇的船主被叫来，游客们通过"会讲英语的"厨师告诉船主"明天早上必须出发"。船主言辞强烈、长篇大论地解释了一通，但是最终还是接受了这个结果，答应发出。早上，所有的船员都准时吃饭、登上河岸，将一个长长的绳索放出；然后，船儿从小小的河湾处被推了出来，渐渐地来到壮丽的悬崖峭壁底部嗖嗖湍流的江水中。在一个非常狭小的岩脊上，船夫们站在一个小小的凹缝处（原先像样的小路都被江水淹没了），使出浑身的劲儿拉船。出现了几次令人紧张的时刻，然后"啪"的一声，绳子从中间断开，游船旋转着卷入江流，随之便开始了一系列的旋转运动，对于体积这么庞大的船只而言，这样的动作实在是有点孩子气。游船顺江狂奔，漂流了很长一段距离，最终抵岸停泊下来。到这个时候，出租游船的船主已经吓到半死，而旅客们则怒不可遏。于是便出现了下面的一幕：船主趴在地上连连叩头，乞求"洋大人"等到洪水退下去再游览；外国游客则拳头高举，嘴中骂骂咧咧，使用了大量的咒骂语，强烈要求游船再次出发，否则"将把他揍扁"，说话的同时还友好地打了一两下，用以表示强调。唉，这种僵局又持续了三天，中间稍有变化，最终，游客们动身去了上海，留下了船员、经纪人以及形形色色的食客分享他们的盈利。

在本人写此文时的一八九二年春天，普普通通的四间客舱的游船，市场价在一百五十到一百六十五两银子之间。花大约一百一十到一百二十两银子，可以弄到一艘三客舱的游船。这笔钱包括了租用游船和雇用纤夫的费用、酒钱、激流河段雇用额外纤夫的费用以及其他所有杂费。想一想，一个月的航程总共需要三十名船员，另外一只伴行的小船需要另外六个人，这样的旅行居然能够这么便宜地搞定，然而，外国游客以前曾经以比这还低百分之二十的价格完成过这段旅行。

长江航运显然变得更加兴盛。在巨大的、人员装备很好的平底帆船的船尾飘扬着太古洋行、詹金斯洋行以及其他洋行的旗帜，这些洋行的旗帜必然会为世人所熟知；而悬挂这些洋行旗子的大型平底帆船必然会成为期盼已久的"火轮船"的先驱，除非"火轮车（火车）"能在中国抢先出现，从而可以印证有些中国人的殷勤希望。

"离激流还有多远？"这个问题总是被人们反复问起。至于这些激流，其他人已经说过，或者已经写过，我的看法跟他们的说法难免有所冲突。有人坚持说激流处有十英尺的"笔直落差"，而另一位则反对说根本没有什么落差。但事实上，长江的河道一直在变化，有些说法适用于一年中某一个季节，但并不适用于另一个季节。而在今年这个时节，有些相当大的激流，任何船只都很难通行。其中最有名的激流就是"Shin（新滩）""Yeh（泄滩）""Sha Ma（下马滩）"。在这些激流处，我们增加了五十到六十个人手，放出了双倍的绳索，整体上做好了准备，应对可能发生的短时暴风雨。对于长江上游增加的通行船只而言，这些激流成为最棘手的问题。比如说，在"Shin（新滩）"激流处等待被拖到上游的大大小小的平底帆船就不下一百艘。一般稍微一"等"就是二十四小时到三十六小时，每一只船平均需要三十名船员，这样一来，大约有三千人要在此闲坐着干等一两天，这还没有算上运输的货物被延误，以及所有船只挤在激流险滩底部时相互撞击、摩擦对船只造成的损坏的情况。有很多激流险滩要过,航期延误肯定是免不了的,只有或长或短的差别而已。需要的是做出统一的计划,而且有力地付诸实施,以便让这些平底帆船尽快航行到上游去;如果有个精力充沛的人指挥坐镇,事情就会好办得多,就能解决航程中的这个大问题。在四川省的入口,我们发现了一条"新路"。关于此路的介绍我们听说过很多,这条路的平均宽度为六英尺,上面铺着坚固的石头,比长江河面高出很多;在长江航道无法通行的情况下,这条道路便是交通要道。这是一个很大的工程。在有些地方,整个路段都是从坚硬的岩石中炸出来的;悬崖峭壁现在则成为悬在这条道路上方的顶棚;必须在峡谷处修建桥梁,修建石阶,必须克服其他很多困难,而修路的成本肯定是个巨大的数字;但是这条路现在并未完工,其价值现在为零。四川省当局已经完成了自己省内的一部分,修好的道路已经到了四川与湖北的交界处,在此处道路戛然而止。湖北的当局似乎什么都没做;所以,作为一条省际通道,这条路实际上还是失败了。

人们对我们的态度没什么差别;总的来说,中国人对我们很友好。人们兜售着老掉牙的关于"珍宝"的故事。有个人一脸严肃地对我们说,某个外国人出价三百两银子,想买下山腰上的一个山洞,但是没买下,因为洞里的珍宝太多了,尽管只有外国人才能买得起。明天我们可能要到达三峡古城奉节夔府(Kuei-fu),这是一个重要的"厘金税"关卡,对所有船只都会造成延误。有趣的是,我们倒想看看,他们是如何对待上面载有外国游客的船只的;据传言,对于货运平底帆船造成的延误一般都远远不止令人恼火而已。

在三峡古城奉节夔府西去的旅客离开长江三峡,进入较为开阔的河段。当长江急速流经这些航道的时候,其景色无疑十分壮美。而黯淡的光线总体上也有助于提升这种效果,然而,总的来说,长江三峡河段的航程太短,让人无法有效地感受到三峡的壮丽:旅客刚刚产生了一丝壮丽肃穆的感觉,正准备在某种程度上加深这种印象,突然间航道一拐,前方出现了新的较为开阔的航段,前面的印象顿时被破坏。倘若遇到顺风,船只比纤夫行进地还要快,更是如此情形。那种辉煌壮丽的感受太短暂,无法给人留下深刻的印象。

离开"风箱峡"的时候,我们看到距城内大约一英里处的一方沙滩上,在蒸汽和烟雾的半遮半掩中,有一丛毡子房,这就是我们在此地看到的最突出的特点。人们在这里蒸发卤水用以提取其中的食盐。在高水位的季节,此地完全被长江水淹没,而且因为中国人没有办法阻止这些卤水流入周围的淡水中,一年中的相当一部分时间,所有的淡水都被毁了。中国海关"厘金"收税处的官员对我们很客气,没有让我们滞留;在这一方面,他们的做法与从前有所不同。我们在此处停留了片刻,将小船和无用的人员"换掉",随后迅速起航。顺便说一下,据说此前某个时间负责管理此"厘金"收税站的官员收到了一封措辞严厉的投诉信,指责海关给货运平底帆船制造不必要的延误,也许那封信对提升海关的工作作风起到了作用。在"夔州府"与"沌阳县"之间的低水位处有一些十分凶险的激流险滩,令人感到奇怪的是,只有在高水位期,此河段才会有通常遇到的那种强劲的水流。我们开始注意到四川所特有的气候。在雾气腾腾、阴霾蔽日的日子,人们几乎看不到太阳,乌云低垂在山坡上,似乎等待着要将雨水倾泻到本已水分饱和的农田。这样一来,自然会出现一个结果:这里所有的植物,从山坡上摇曳的竹子到地毯一般覆盖田野的蔬菜,无不闪烁着绿油油的光泽。高处的山顶上白雪皑皑,但是,雪落到这些山谷和长江的时候变成了雨水。

长江这一河段很普遍的特征就是那些稻草小棚屋以及淘金者所使用的简陋工具。显然,从事这一行业的人都很贫穷,他们靠着从这些砂砾中淘取贵金属才能勉强为生。在砂砾河滩上,人们用架在选矿槽上的筐子筛选金矿石,他们用筐子洗砂砾,包含金子颗粒的细沙被放在筐子下面的筛子接住,收集到一起,然后使用水银将金子从沙子中提炼出来。在只有沙子的地方,人们使用一个木制托盘洗沙子,从黑色的细沙中筛选出来的金子留在托盘的底部,然后用上述同样的方法将金子提炼出来。淘金者告诉我们每一分黄金能够卖两百多个铜钱,每个淘金者每天能挣二三百文铜钱。在万县与重庆之间的航程通常需要十二到十五天,而这一河段没有什么引人注意的景物。耕地一直延伸到长江岸边。当江水刚刚退去,留下一小块沙地，只要沙地不湿，农民们便拿着锄头或者犁前来开垦，在上面撒上种子：小麦、豆子、萝卜，而在绝大多数地方，我们可以看到一小撮一小撮的罂粟渐渐将其他作物完全挤掉，越向西去，我们看到的罂粟越多。至于这些中国自产的毒品对于东印度公司的贸易最终会产生什么影响，至今还是个问题，不过有一点是肯定的，对四川省的本地人有着明显的影响。这种东西价格便宜，容易生产，所以社会各个阶层的人普遍使用鸦片。眼睁睁地看着吸食鸦片的人一步步堕落，逐渐屈服于鸦片不可抗拒的控制，那种景象令人极为痛心。吸鸦片的习惯是不知不觉中悄然开始的，往往是为了讨好别人，因为有人会让另一位"玩一会儿"，并且保证吸"一两口"对他不会有任何伤害的。于是"游戏表演"就这样开始了，十有八九结局很痛苦，而且发生悲剧的情况也并不少见。我们有时候也听说清朝的官员中有人渴望遏制鸦片走私。这种观点在中国没有市场，因为这里的衙门，就是最大的罪犯。本人曾经去过这样的一个衙门，入口的房间摆放着六张普普通通的中国样式的床，每张床上都有鸦片客拿着烟枪吸食鸦片，然而刚刚

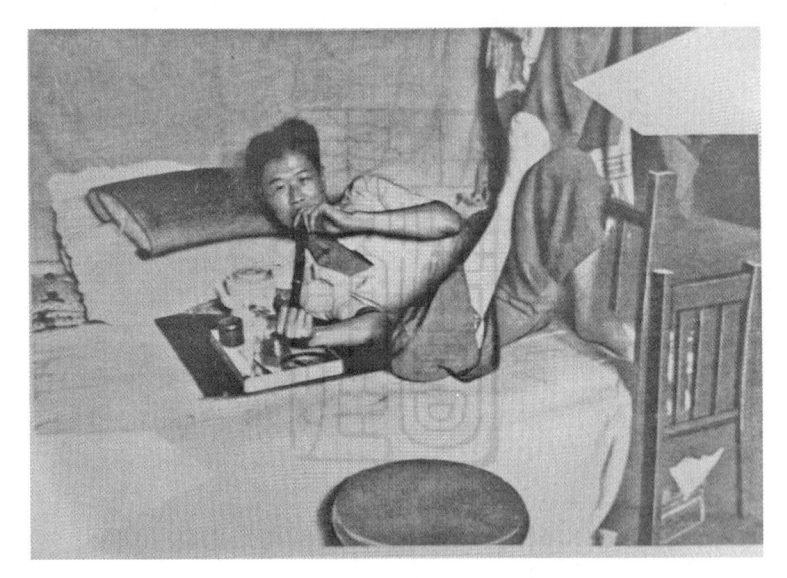

吸食鸦片者

发布的禁食鸦片的通告,正是这座衙门大张旗鼓颁发的,而"全世界"都非常清楚,发布本通告的那一位"可敬的圣人"本人就是一个瘾君子。向这里的官员行贿,最能接受的贿赂便是送一碗鸦片。本人曾经与中国的一位有志于跻身官场的青年才俊在酒店赴宴,正值酒酣耳热之际,吃惊地看到,本地的一位文坛名人突然抽身离开餐位,然后躺倒长沙发椅子上,按照习惯抽了一会儿的鸦片,随后重新入席就餐。饭店服务员向客人依次敬献烟枪,这是当地的习俗。我遇到过几个中国人,他们在上学的时候就染上了吸食鸦片的恶习,究其原因,他们说自己"堪为人师而模范之"的先生本人就是瘾君子,这足以说明为什么学生会染上这种恶习。过去,吸食鸦片是一种耻辱,现在这种羞辱不复存在,因为"十个人中就有八个吸食鸦片"。

　　一路无甚麻烦,我们来到重庆,发现朝天门外嘉陵江与长江交汇处的停船点十分吵闹。倘若我们可以观瞻到重庆的容颜,那很可能是个十分秀丽的地方,可惜的是,这座城市笼罩在似乎永不消退的雾气中,人们无法看到它壮丽的雄姿。一旦进入重庆城内,随处可见的只有看不到尽头的台阶以及令人厌恶的污泥,倘若你想步行的话,定然会溅到一身泥。就算乘坐轿子情况也好不到哪里去。下坡的时候,眼看着下面泥泞湿滑的长长的石头台阶延伸到远处,坐在轿子上的人胆战心惊地抓住危若累卵的轿子,唯恐抬轿子的人脚下一滑,将自己扔到可怕的泥水中,成为所有围观者的笑料。遇到上坡路,乘坐轿子的人使出浑身解数,唯恐自己从并不结实的轿子后面掉出去,与此同时,轿子来回摇晃,让人产生类似晕船的最初症状,使人渴望不顾地上的泥泞下轿步行。重庆无疑是一座繁华的城市。其繁荣程度有很多明证。城内的主要街道上大型的店铺鳞次栉比,店内的货物琳琅满目,各种物资供应都很充足,而人来人往的繁忙景象则表明交易量很大,生意很兴隆。住在重庆的外国人最近有所增加,但是由于他们分散于这个城市的各个部分(有的甚至被大江相隔),如果时间有限的话,他们彼此拜访走动还是不方便。该城是中国西部、南部以及北部地区的集散地;继续西进的旅客很有可能在此换乘船只,让自己适应某种有点不同的生活,甚至是不同种类船上的生活。

从重庆继续西行，江水渐行渐浅，而沿途看到的耕地越来越多，与此同时，长长的沙子或砂砾河滩成为原野风景中突出的特色。在长江两岸的山坡上可以看到面积很大的橘子园，花很少的钱便能买到很好的水果。有些地方盛产煤矿和石灰，每一种物产都表明此地很富有。这里的人们很文明，粉刷成白色的村舍，掩映于竹林丛中，令外国游客兴奋着迷，因为他们一直在搜寻每一丁点的美景，只要这些素材对于充分介绍一个奇异国度有所助益。但是，倘若他想将这种美好的印象带走的话，还是最好敬而远之，因为近观之后，他从远处看到的景象即便不会变得令人恶心，也定然会索然无味。土坯墙、泥土地面、满是尘土的家具，以及与中国人住所附近无法分割的那种文明的气味——这种气味只有在诗歌中才会成为美好的东西，因为在诗歌中它们有时候有助于"指明人的道德情操或者点缀某一个故事"。从重庆到上游的泸州，大约需要十天的航程。泸州面积相等大，是中国西部主要的电报站。在这个政府部门工作的职员们特别聪明，而且特别有礼貌，与其相识让人感到很愉悦。从此地拐弯进入一条较小的河流，人们可以开启一段舒适而愉快的旅程，前往参观四川省饱受赞誉的资本之一——著名的盐井。可以乘船到"富顺县"，然后乘坐轿子或步行去"自流井"，这条路很好走，路旁流淌的小河呈绿色，据说河水特别咸。在行程的第二天下午，我们途经一座很大的城镇（或者是一系列城镇），城镇蔓延无序，横跨小河两岸，同时向附近的山谷延伸过去。整个景象十分引人注目，也许这是我们看到的西部地区最不像中国的景物。毫不夸张地说，河流的两岸鳞次栉比布满了盐船，山坡上建筑遍布，数以千计的烟筒喷出数千柱浓烟，这些建筑之间则放着用于从井水中提取卤水的起重机。这些盐井的主人热情好客，很乐意带我们参观他们的作坊，显然，能够让游客看到"当地的名产"他们也很自豪。这些盐井无处不在，主要分布于河道的沿岸，而整座城镇必须适应这些盐井的需要；所以我们看到五花八门的建筑拥挤在一起，极其杂乱无章，这些建筑之间唯一的共同点就是架在盐井上的那一台起重机，而其他一切必须以此为中心进行排布。在这些有趣的地方当中，我们走进一家，客气的主人将我们的注意力吸引到系在园子两侧露天牛棚内膘肥体壮的水牛,这些动物毛发光滑,营养良好,比起有些作坊内用以代替水牛劳作的苦力,待遇要好得多。穿过牛棚,我们看到一个构造很笨重的起重机,其高度大约有三四十英尺,顶部有一只简陋的铁轮子,轮子上缠着一条生皮绳子,绳子的一端与一根竹管相连,竹管伸入盐井内,而绳子的另一端与一个巨大的辘轳相连,竹管出入盐井则全靠此辘轳。井口很小,直径大概有五到七英寸,如果我们相信盐井主人所说的话,井的深度为两千到三千英尺。往盐井内放竹管的时候,只需放开辘轳,辘轳飞速旋转,越来越快,直到绳子放到头。竹管灌满卤水,通过一个自我调节的装置,卤水不会溢出,然后开始上升。有些地方,人们把水牛拴在辘轳旁,用水牛慢慢转动辘轳,让绳子在辘轳上缓缓缠绕,速度之慢让人气恼。在其他地方,他们不用水牛,绞动辘轳的是四十个男子和男孩。当绳索全部被卷回时,竹管悬挂在起重机的顶部,工人们将其抓住,将竹管中的卤水倒入一个贮水池内,卤水在此贮水池停留一段时间,直到可以被输送到卤水蒸发屋,这些用于蒸发卤水的小屋子通常与卤水井相隔一定的距离。在卤水蒸发的过程中,人们利用了当地储量丰富的天然气,使得此地的加工过程比附近(向西大约一百五十英里处)嘉定府产盐区具有明显的优势,在嘉定府,当地人必须燃烧烟煤,结果灰尘和成本全都增加。人们用竹管将天然气从天然气井输送到使用的地方,竹管用稻草绑着,防止输送过程中发生泄漏;但是,很显然,这样拙劣的方法,必然要产生大量的浪费。在蒸发卤水的小屋内,可以看见平行固定着几排浅底铁锅,锅底下面是巨大的煤气喷嘴;卤水从储水槽源源不断地输送到这些铁锅内,而调节卤水水流的方法十分拙劣,造成了大量的浪费。我们看不到任何控制或增大煤气输送量的装置,所以人们会看到一排一排的煤气灯,这些煤气灯原本是用于晚上照明的,在大白天却明晃晃地亮着,尽管其亮度还比不上烛光。这些作坊主很渴望听我们讲述西方提炼食盐的方法,我们不禁希望跟前有个专业人士能够给他们指出一个更好的工艺。但是,那又有什么用呢?他们很可能仅仅是表示欣赏,但是不肯使用。

当地的钻井方法一方面突出表现出了中国人面对困难时令人称道的

坚持不懈的精神,另一方面则暴露出他们所使用的方法是多么笨拙、费力。先选好钻井的地方,然后便开始将实际上仅仅是一厢情愿的计划付诸实施。首先将一个沉重的木结构建好,一根巨大的横木沿着水平线方向固定在木结构的一侧,横木较长的部分插入木结构的内部,而较短的部分承重很大,在其下方是与钻子相接的工具。当一切就绪后,五六个工人便进入木结构的内部,并同时踩动横木较长的一端,这一端在他们的用力踩踏下便下降。当横木较长一端降到不能再降的程度时,这些工人马上溜走,横木长端飞起,承重的一端便猛烈砸击钻子。为了完成一个眼井,这样的动作需要一天又一天地重复进行,直到消耗数年的时间和大量的金钱。"自流井"当地并不缺劳力,但是这种浪费很可惜,然而,这个行业很挣钱,有些人靠此发财,他们富可敌国,以至于皇帝有时候还伸手向其中比较富有的商人或地方长官们"借"钱(文雅的中国人竟然可以将一些令人反感的东西用一些文雅的字眼粉饰过去),而与此同时,大量的贫苦百姓在盐井上劳作。据说,受雇佣的这些人当中很多是奴隶,只有他们死去才能解除其对主子效忠的义务。令我们高兴的是,在很多地方为贫穷的老人建有救济所。本人亲自参观过的一所救济所可以为"几十个"当地人,建有一点自己的空间和舒适的环境,安度晚年。当地也有为贫穷孩子建造的孤儿院,而且,据我们观察,除了这些孤儿,从中受益的还有其他人。

四川向游客呈现出很多令人愉悦的风貌,最让人满意的便是这里彬彬有礼、勤勤恳恳的百姓,这些人尽管很渴望见到"洋人",却从来不会做出放肆的行为让洋人生气。

距离现在的泸州城大约一百二十里的地方,有一座人称"旧泸州"的废墟。据泸州的当地人说,在明朝的时候,因为当地发生的一桩罪案,老泸州城的特许经营权被取消。在中国人的眼中,这样的罪案属于滔天罪行,而这种罪案的发生地完全应当受到惩罚。据说,在那个朝代的某一年,年龄不详的一个孩子将自己的奶奶打死。为了挽救泸州城的声誉,人们为孩子辩护,说孩子精神失常。为了证明这种辩词是否属实,地方法官将小孩叫到自己面前,把一顿饭放到他的面前,此官员说,"如果他拿着筷子正确的端起吃饭,说明他精神没问题,但是,如果他反过来拿筷子,手握着'圆形'的一端,那就毫无疑问证明他神智有问题。"结果,孩子正常使用筷子将米饭吃掉,而城市的厄运也因此降临,结果正如前面所提及的那样——老泸州城失去了特许经营权,而这个孩子则丢掉了自己的脑袋。然而,将这两处的地理优势对比一下,如果你认为老泸州城搬迁到新地址仅仅是因为所提到的那一桩罪案,那你就是大错特错,因为目前泸州所处的位置十分优越,此地控制着通达"卤水盐井"的水道,而且具有一年四季平底帆船可以停泊的优良港湾。还有一个类似的故事,说的是长江更上游的一个城市,所不同的是,后者发生的时间离现在很近。在一八九零年,叙州府(Sui-fu)南溪县(Lan-chi Hsien)发生了儿子杀死父亲的人命案。地方法官与当地人对此大为惊愕,马上开始筹款,最后筹集到了一大笔钱,由地方官拿着前往四川省首府,成功收买了四川总督,没有向北京的朝廷上报此命案,就这样,地方官保住了自己的乌纱帽,而那座城保住了其特权。"有钱能使鬼推磨",或者说这是人们的希望。

  叙州府位于长江与府河①交汇处。这是一个繁忙的城市,对于外国人特别友好。从此地出发,向西南去便是云南,向北去便是成都、嘉定以及西部地区著名的佛教圣地峨眉山。从叙州府朝着正西方行进,两天之后,过了通往云南的分叉路后,我们便到了"蛮子"地界——汉族人将这些山里的部落称为"蛮子",这些部落占据了川西的大片土地,在那里他们保持着受到争议的独立,对汉人的霸主地位造成不利,汉人始终在制服这些可恶的"野蛮人",但是从来都没有将其制服。

  中国汉人公开宣称自己憎恶这些喜欢居住在山寨内的被主流社会抛弃的人,因为这些人逃避中国汉人聚集的城市。汉族统治者提到这些没有开化的自然之子的时候,总是轻蔑地称之为"那些蛮子没有教养",但是至今他们也没有采取任何措施,赋予他们那种"教养",因为对于"教养"只有中国汉人才享有与生俱来的所有权。

---

① 译者注:即岷江,下文作者有说明,府河是岷江的俗称。

在泸州上游，对于长江下游景物已经熟悉的旅行者会发现很多细小的差别。每隔不远，便可以看到小小的石头柱子，柱子顶部雕刻着线条粗犷的头像，头像下面雕刻着神秘的"阿弥陀佛"符号。随着我们越来越靠近佛教在广袤无垠的中国"西部"地区所选择的乐土，这些石头柱子便成为四川一带的特色，这也可以表明佛教习俗和佛教影响在这个地方的盛行不衰。在沿江的危险地带，人们也可以看到新建的用以保护旅客的寺庙或神龛，一位守护僧人站在江岸上，手里拿着一只系在一根长杆上的小鱼网，向过往的船只收取守护费。更明智的做法是在江中建立旗标，向长江上游下来的船只指明这些危险岩石的所在。在这个季节，在"合江（Ho-jiang）"下游的一个河段处有一段很长的险滩，此处水流湍急凶险；在激流的某一处，有一只从上游漂流而下的大型原木筏子在一个岩石暗礁上搁浅，结果被撞得粉碎。对于停泊在险滩激流下游的小船而言，这可是个好日子，这些小船的主人就是靠其他人的不幸趁火打劫发横财的，而那不幸的筏子主人站在岸上，让人看他空空的口袋，同时抽泣着向人讲述他遭受的巨大损失。可怜的人啊，对他而言，这很可能意味着倾家荡产。在江岸附近，另外两艘船半个船身被水淹没，痛苦不堪的船主坐在河岸上，身子周围是从船的残骸上打捞出的残余物件。在整个长江沿岸我们看到了很多这样悲惨的事故。我们眼睁睁地看到一只大型的棉花运输船被暴风刮了个底儿朝天，桅杆指向长江河道的中央，而部分漂浮在这个小小水湾的棉花则绕着掀翻的船只来回旋转。

离开叙州府，取道"府河"（地图上称之为"岷江"），我们的航船向北穿越了一片令人愉悦的原野，途经一群一群的小船和竹筏。而竹筏特别用于雅砻江到嘉定府西北大约一百英里处的一个地级市雅州的航行。这些竹筏吃水很浅，其构造仅仅是用绿色的竹条固定在一起的一排大竹竿，在竹筏中央的位置有个几英寸高的放置货物的小平台。上行的航程中这些竹筏运输的主要是酒和棉花，而下行的航程中运输的主要是木材、药材以及诸如此类的东西。

在岷江沿岸高耸的悬崖上有一个非常显著的特色，那就是"蛮子"们在岩石上凿出的大量山洞。这些山洞大多数呈正方形，从远处看去，仿佛是通向皇家陵墓的入口。仔细观察，这些山洞都有一个主要入口，主入口内的两侧分叉出很多通道，其中有些通道很长。尽管这些砂岩质地并不坚硬，在我们看来在这些岩石上凿洞很容易，凿掘这些山洞也肯定是个大工程，这同时也证明了被称为"野人"的这些"蛮子"们作为"野人"也够聪明的。

去往嘉定府①的沿途景色确实很美。沿途的原野崎岖不平、风景如画，而嘉定城位于大渡河、塔江与岷江②的交汇处，地理位置极为有利。在嘉定城下游大约十英里的地方，有一个朝气蓬勃、兴旺富庶之地，此处也使用类似于"自流井"处的方法提炼卤水，只不过这里的规模要小得多。在这里，蒸发卤水所使用的燃料只有烟煤，造成的结果就是，四周的小山总是处于黑压压的浓烟笼罩下。尽管"川西"地区的四川人整体上都好相处，但是这个地区的人们却不太好相处，不过他们对于外国人的存在并不十分反对。

在嘉定府最下游处对面的巨大悬崖上，雕刻着一尊硕大的塑像。据说，此佛像高达三百英尺，佛像为坐佛，身上布满了荒草和灌木，在高水位的季节，距离此地最近的观察点也有近一英里远，所以几乎看不见，而中间则是据说可以被这尊佛像控制的滔滔激流。哎，这些激流不是佛像控制的结果，便是疏于控制的结果。过了嘉定府的城墙继续沿河航行，我们便看到一条宽大结实而清洁的街道，这就是嘉定府以之闻名的丝绸生产中心。店铺内可以看到头发油光发亮、服饰华贵的商人，以及陈列在柜台上的多种颜色、多种图案、多种价位的丝料。嘉定城特别值得一看，我们这样走马观花匆匆一瞥实在是不够。从嘉定府出发，我们前往著名的佛教圣地峨眉山，然后前往川—藏边界处的"入境口岸""打箭炉"③。嘉定府到峨眉山一

---

① 译者注：即今乐山。
② 原著中三条河的名字为 Tung, Ta and Fu Rivers，铜河与府河是清时当地人对大渡河与岷江的俗称，为方便当今读者译为今名。乐山为大渡河、青衣江和岷江三江汇流之处，本书作者多用当时当地俗称，然译者搜寻各种资料，未查到青衣江之俗称与"Ta"有相同或相近发音，故此处"塔江"为拟译。
③ 译者注：打箭炉是个古地名，即今四川甘孜藏族自治州的政治经济中心康定市。

带景色迷人，总算不枉一路逆江而上的艰辛与粗糙的饮食。

在晴朗的天气，站在嘉定城城墙上向西眺望，可以看到一幅动人的全景图。在前景的近处，雅砻江与沱江汇合一处，流淌着经过一片美景如画的肥沃平原，其中点缀着羽毛一般的竹子以及其他较重的植物。更远处，一簇小山有点突兀地从这个平原上拔地而起，每一座小山的轮廓都是清晰柔和的蓝色。在较近且较小的所有山峦的高处，在如浪翻滚的滔滔云海上空，轮廓分明的佛教圣地峨眉山直上云霄；其左侧令人瞩目的另外两座山峰被称为"峨眉第二峰（即'二峨'绥山）"和"峨眉第三峰（即'三峨'美女峰）"。

轿子到处都是，尽管嘉定府的苦力说话很刻薄，而且脾气很坏，在乘客最着急的时候他们会坚持要加价，但是他们中的大多数干活很有效，所以在他们的帮助下，你可以尽情愉悦地畅游峨眉山，即便是在夏季朝拜的高峰期。

取道一座新建的城门，出了城，便来到一条漂亮的马路，保养得很好，而且路上行人也很多。如果游客好奇的话，有很多东西会诱惑他在此流连忘返向往着探索一番，更别说那路边摊子上的诱人的小吃看上去那么好，让游人饥肠辘辘，充满了期望，但结果却令人十分失望。城外几英里处，我们来到浅水汩汩流淌的雅砻江河畔，雅砻江由此慢条斯理地流向下游一条较大的河流。雅砻江与沱江的江面上轿子、苦力，以及其余形形色色的同行人员，诸如衙门的衙役以及食客，全坐在用竹竿撑行或船桨划行的小船上，其老牛破车的速度能够让最有耐心的人急出白发。离嘉定城三十里处我们来到一座繁荣的小镇苏稽（Su-chi）。小镇的环境十分喜人，倘若不是在中国的手中，而是在更具想象力的其他民族的手中，此处会变得更加迷人。事实上，尽管造物神慷慨赋予了此地河流、山峦、树木、无数的昆虫与鸟类，这个城镇的人非但没有做出任何助益的事情，反倒去破坏这些美景。举目观望，满眼都是粗制滥造、肮脏不堪、残垣断壁的房屋，随处都是污秽的街道。身处看上去让人无法忍受的环境中，这些人却表现出满意的神态，即便不是享受的神态，每每看到这种场面，本人总是感到惊讶。也许这是因为"他们是本地人，从出生开始便适应了这种生活环境"，否则他们怎么可以在更强大的欧洲民族都被认为无法生存的环境中得以生存并繁衍后代呢？

宽阔的小河上有一座精美的桥，桥面由巨大的石板铺就，巨大的石板架在石头柱子上，人们可以由此通往对岸美丽的村庄和原野。

再前行大约五十华里便可以到达峨眉县。我们所走的道路穿越一片肥沃的平原，提到农村的富足与美丽时我们习惯于联想到的东西，这里都盛产。这里的人们很文明，很懂礼貌，见多了外国游客，所以对外国人甚至看也不看。路上的一处景物至今历历在心——那是一条清澈的小河，河水懒洋洋地流淌着，河畔点缀着垂柳，岸上芳草萋萋，与旧时诺福克郡（Norfolk）①河流区的仲夏景色极为相像，凡是路过之人无不瞩目观望。太阳被包裹在一团白色的云雾内，世间万物都似乎在休息，只有鱼儿时不时地跃出平静的水面，只有鱼儿在提醒我们，在这梦幻一般寂静的白昼，活跃的生活还在继续。在稻田和罂粟的地盘中，这样的景色实在罕见，故而不容易被忽视。

峨眉县城很长，建筑分布杂乱无章，其中天主教徒的人数多得异乎寻常，而实际上，这个地方的天主教徒在每个角落人数都很众多。店铺内出售的外国货物寥寥无几——最抢眼的物品就是佛香袋子、佛香、佛山的地图以及其他供朝拜者使用的物品。我们住的客栈人满为患拥挤不堪；无数的小虫子爬来爬去，晚上炎热难当，我们从来没有像当时那样欢迎清晨的到来。当低垂的稻穗上还悬挂着沉甸甸的露水时，在太阳出来前不久，在清晨的微光中，我们出发前往峨眉山！形形色色的朝拜者现在已经赶着上路，而乞丐们也大批出动，在城门外不远处的道路两边夹道乞讨，所有的人都决心"趁热打铁"。这里的乞丐确实在不同程度上缺少衣服、肥皂与医疗护理，而他们为展现其恐怖疾病、残肢断臂以及在乞丐眼中极为宝贵的附属器官而表现出的锲而不舍的顽强，使得这种手段成功的概率，绝不亚于在宗教类报纸上登载的假药广告。有的乞讨大声吵闹，有的乞讨可怜恳求，有的乞讨半含幽默，有的乞讨则极为恳切，空气中充斥弥漫着各种腔调

---

① 译者注：诺福克郡位于英格兰东北部的一个郡。地势低洼，河流和湖泊密布。

的乞讨声。这些乞丐中有些是孩子，他们尚处于我们所说的"稚嫩的年岁"，而这些小乞丐最明显的特征就是满头蓬乱的头发（是不是称之为荆豆灌木更为准确？），在两码远的地方看上去就让人感到毛骨悚然。在慈善仁慈的佛陀与悲悯为怀的观世音菩萨的门前，就有这么多受苦受难者需要得到慈悲。在这个远东地区的"古希腊奥林帕斯神山"上，神像林立，数以千计的人将毕生的心血用于朝拜这些相关的神仙，在这些人当中，肯定有某一位可以以一生的精力，用更好的方法给予这一群幼小的饥民关爱和教育。然而，如果期望这些和尚终其一生给予任何有形的慈悲，那就太不现实了。诚然，他们必须在灰蒙蒙的晨雾中起床去敲钟，并将艳俗的油漆佛像前的佛香点着；他们必须到远方的寺院去朝拜，让自己变得像路上的乞丐一样令人讨厌；他们在死者的家中消闲自在，嘴里反复吟诵毫无意义的祈祷；倘若"酬金"足够的话，他们甚至会找个时间和地方玩纸牌、抽鸦片、赌博，姑且不提他们还会做更坏的事情；可是谁曾见到过这些僧人用手去抚摸苦难者的床榻，或者谁曾听闻僧人在死者的弥留之际好言安慰，告诉他在佛陀永生的极乐世界将得到幸福？当我们看到这种情形的时候，也许我们也希望对上述神秘世界有所了解。无论如何，那一群正在成长的无事可做的孩子有这种需求，他们的闲暇时光很可能将会在附近城市的鸦片馆或者贼窝内度过。

　　前一天，峨眉山似乎就在近前，可是当我们在边缘长满漂亮的白色蜡树的稻田间绕来绕去的时候，峨眉山距离我们依然很遥远，而此处的平原不能像我们希望中的山脉那样提供"更为自由的天空"。游客们总是唠唠叨叨地反复问"峨眉山在哪儿呢？""离峨眉山还有多远？"作为回答，抬轿子的苦力只是双唇紧闭，抬起下巴，眼睛朝前看去。道路曲曲折折，即便人们可以辨别出方向，那也永远是"前方"。最终我们开始爬山，来到了一列低山的顶部。当我们到达有道路通过的山脉缺口时，突然间，看到一条山谷，山谷内长满了树枝低矮的白蜡树，这是该地区的整体特色，但是这个可爱山谷内的白蜡树长得尤其好。大部分的白蜡在此之前已经被采集，但是残留下的白蜡也能够让我们对整个树林有相当的了解，这些白蜡树确实很引人瞩目很独特，看上去像是臭桐树，其树干被砍短，树顶是一个绿色的树冠，被截断的地方冒出一些枝条，这些枝条上覆盖着厚厚的一层在清澈的阳光下闪闪发光的"白霜"。这种熠熠生辉的白色物质便是著名的白蜡，它在中国广为人知，广为人用。

从这一点开始，道路开始升高，越往高处走，看到的景物越清晰，而其后高耸的高地也就显露出来。很快，我们便将"稻田"区抛在后面，抛在脚下；视野中取而代之的是玉米，高大的玉米秆子长满了马路的两旁，挡住了我们的视线。在一处地方，我们从一座桥上跨过了一只清澈的山间小溪。那座吊桥看上去很不结实，来回摇晃，让人很不舒服，所以对面的那令人感到踏实的土地变得那么受人欢迎。在海拔接近四千英尺的地方，我们到达了"万年寺"，而行程的第一阶段就此结束。

这一座寺院，连同临近的庙宇、外部建筑以及附属建筑，占地面积很大，几乎占据了处于极佳位置的有点孤立的一座小山的整个顶峰。这里的植物群落从特性与繁茂程度而言属于亚热带植物，整个环境极具大自然的美。这些寺庙建筑本身看上去很可怜，而在埃德温·阿诺德爵士描述佛陀生平的著名史诗《亚洲之光》（"The Light of Asia"）中，这一超凡理想的化身被极度颂扬，对于那些听说过峨眉圣地的美景，并慕名而来的游客而言，倘若他们期望看到的不仅仅是这些油漆泥塑的话，定然无不心有所失。我们最好在此说明一下，而且我们在下文还要提到，在几乎没有鉴别能力的中国人的眼中，尽管峨眉山具有神圣的地位，但是峨眉山的吸引游客的地方在于其自然环境的美丽。

在最近一本关于四川省的著作中，有一部分不惜笔墨地对峨眉山进行了细致入微的介绍，其中还有一幅图片，图片上画的是一只青铜铸造的神象，这一只神圣的大象身处一座美妙的砖石建筑内，大象硕大的脑袋从一间不甚宽大的房屋内探出来，此房屋则盖住了大象庞大的躯体。我们开始满怀期望地去寻找这个四足动物，当然希望能够在这个如此有趣的"东西"身上找到作者和画家未能着重介绍的某些东西来。我们确实发现了他们没有发现的东西，或者确切地说，我们就没有发现他们所发现的东西。经

中国寺庙

过心急火燎的一番忙碌搜寻，我们终于找到了这尊大象，但是这一只神象并不像我们想象的那样站在露台处，将其高贵的头颅伸出来以便搜寻到日光，相反，在几个友好的小和尚的帮助下，借助那么多蜡烛的光线，我们看到这个神圣的青铜塑像被粗鲁地圈在一座高大结实的石头栏杆内，在黑暗的光线与高大石头栏杆的双重保护下，游客无论是站在哪一个角度也无法看到这个独特宝物的全貌。我们不得不说，心中满是失望，因为我们对这个偶像充满了浪漫的情怀。石头栏杆的四周围着很多不顾一切的朝拜者，他们将手臂伸得很长，锲而不舍地去触摸青铜大象的身体，这些狂热的朝拜者用普通的铜钱去摩擦青铜大象，为的是让铜钱擦亮（开光），据说用在大象身上擦亮过的铜钱作护身符效果很好。这一座庙宇中的很多塑像都是新近雕刻的，有的看上去还算好看，但是与沿海很多地方看到的塑像也无非是半斤八两。有一尊塑像绝对观之不雅，于是有人给塑像身上盖了一块红色的布，然而此人的善意的行为终归白费：只见站在塑像跟前的一位多事的顽童将上面的布揭开，让这一尊塑像——展出的所有塑像中唯一的不雅的塑像——暴露在众目睽睽之下，而这顽童对于自己的行为很是洋洋自得。我们被告知，在另外一座建筑内陈列着佛陀的一颗牙齿，他们鼓励我们去看看。掌管这座建筑的和尚的脸倘若长在职业外交官身上的话，那将是个无价之宝。他既能甜言蜜语循循善诱，又能声色俱厉严词斥责，同时还极度喜欢自顾自口若悬河地谈天说地。佛祖的那一颗珍贵的牙齿便摆放在靠墙的一张小桌子上，上面盖着一块脏兮兮的黄色布。对于这颗宝贵的佛牙和尚开始他的长篇大论,旨在引起我们足够的兴趣(其实他这么做根本没必要,对于能够接受的小小的震惊,我们还是有思想准备的),最终,和尚将我们想探索的物件展现出来——"这就是佛陀的牙齿,先生们!"那确实是一颗牙,这一颗硕大的牙齿经过一代又一代朝拜者的热切摩挲,已经变得光滑锃亮;就在此时,有人婉言说道,"倘若这就是佛陀的牙齿,那么佛陀肯定是一头大象",此话一出,引得大家哄堂大笑,这让善于甜言蜜语的主管和尚实在受不了,他几乎失态,差点将平时习惯性的礼貌抛在脑后。总体而言,"万年寺"的和尚们都能做到与人为善,他们尽其所能让香客及游客感到舒服。

峨眉山的顶峰被中国人美而名曰"金顶"。从"万年寺"到"金顶"既有趣又令人享受,尽管对于初次徒步攀登者而言,此一段路程有点艰辛。山径时而突兀爬升,迫使游人不得不频频歇脚,继而山路地势又陡然下降,让人担心是不是走错了道路。一路上,每隔五华里左右便有一座庙宇,倘若游客需要在途中过夜,寺庙为其准备了很好的休息场所以及相当不错的客栈。在后续的旅途中,我们发现了植物群落的变化,较低海拔处熙熙攘攘的生物很快减少。离开"万年寺"还不到二十华里,知了便已绝迹,这种昆虫的刺耳的合奏声是植被繁茂地带令人不悦的一个方面。鸟儿数量减少,蝴蝶和其他昆虫的种类也减少。"洗象寺"周围长着一大片树木——几乎称得上是一片森林;就在"洗象寺"内,游客们可以看到一个看上去脏兮兮的小水池,据说著名的神仙普贤菩萨上峨眉山的时候其乘坐的白象曾经在此池中沐浴,"洗象寺"以此得名。此一段道路至此都可以称得上不错,因为有一位虔诚的佛教徒出巨资刚刚给数英里的山路铺上了石头台阶,而此人得到了非佛教信徒的感谢。一路向上,我们抬头仰望,俯视脚下,环顾四周,在有些地段可以看到十分壮观的景色。通过路边枝叶的缝隙朝下看去,在幽深的脚下,曲曲折折的山谷内,铺展着一幅全景图。令人眩晕的深谷似乎让观者兴奋不已。然而,在我们四周与上方有一种沉寂的庄严肃穆,只可意会,不可言表。正当我们来到峰顶入口处的高地上的时候,我们眼前展现出一片壮丽的景色,没有经过专门培训的作家是无法将其付诸笔端的。夕阳西下,沉浸在波涛汹涌的云海中。晚霞似乎容纳调和了太阳强烈的光芒,而云彩自身也闪耀着金色的阳光。对于巨大的太阳而言,这些晚霞确实是极具艺术性的壮丽的遮阳伞,而被折射的阳光则射到我们头顶高高的无边无际的蓝色天空,同时也射到那些似乎离我们脚下并不远的山脉上——美名远播的西藏东部大雪山。这些雪山极为丰腴、极为耀眼,熠熠生辉的山脊轮廓由一块块光秃秃的黑暗色土地以及这些黑暗色土地之间的土地勾勒而成,如此完美的令人着迷的壮丽景色我们此后再也没有见到过。只有艺术家才能准确地描述出"金顶"的美景。那些像仓库一般的所谓的寺庙建筑不值一提,这些庙宇的唯一好处就是它们为游客们提供了下榻之处,除此之外它们便是大自然美景上的污点。这些美景就是山谷、林木、白云、向远方延伸的永久性积雪、悬崖峭壁,以及"佛光"。据本人判断,我们并没有看到"佛光"的全貌,而我们看到的是如下景象:这一座著名的峭壁正面朝向东方。我们脚下的整个山谷上空时而被云雾笼罩,而这些阳光不可穿透的一团团白色浓雾似乎十分结实,可以用作被加工的材料。倘若云雾出现在午后艳阳高照的时刻,此山的阴影便投射到云层的表面。恰好就在山的阴影与云层的接触面上,我们看到一个闪闪发亮的光圈,此光环异彩纷呈,十分相似于画像上环绕中世纪圣人头部的那种光晕(有人则不敬地称之为"汤盘")。这便是"佛光",这种光辉能够明显地提升那些神智敏感的朝拜者的想象力,以至于经常有虔诚的佛教徒纵身跳下悬崖,当然,他们自认是跳入了"佛光"。为了防止此类事故的发生,僧人们在悬崖边上拉了一条铁链子,上面密密麻麻缀满了钉子,但是"有志者事竟成",对于那些可怜的执迷不悟的牺牲者而言,纵身跳崖仍然是通往西方极乐世界的捷径。有些季节,你可以在这里看到那么多朝拜者,而且他们都是远道而来,你会遇到裹着小脚的老年妇女踩着令其足部疼痛难忍的石头台阶蹒跚地上下峨眉山;有些朝拜者的队伍似乎是由当地某一座庙宇中"身着僧衣的僧人""亲自带队"。对于住在峨眉山最远处寺庙内的那位小僧人,倘若我们避而不谈的话,那么这个美妙胜地所做的并不令人满意的简介便不够全面,而这种残缺是不可原谅的。山上的其他僧人看上去都渴望攫取他们公开声言已经抛弃的财物。在这些僧人中,撒谎、欺骗以及赤裸裸的欺诈屡见不鲜，但是这一位年仅二十六岁的小僧人令人刮目相看，与其他僧人截然不同。他独自居住，且致力于修成"佛陀"。他四处云游，知道上海、杭州、北京以及其他地方，但是在此地，为了修炼成佛，正值青春岁月的他将自己几乎幽禁起来。他与自己的众神塑像——他将这些塑像称为"无形之神的肖像"——一起住在这个小小的寺庙中，远离人世间的忧愁与苦难。为了修行他离群索居，尽管有人认为此做法十分令人钦佩，但是谁不希望他与众人站在一起，肩负起压在那么多人肩头上的茫茫人世间的重担？如果我们可以从反复出现的"火神"和"虎神"的神龛来做出判断的话，在峨眉山上，老虎和火灾是最令人畏惧的两种祸害，然而，就在去年上半年，一场大火洗劫了峨眉山的顶峰，十座庙宇被烧毁八座，神像、家具以及其他东西统统被烧掉，只有那些僧人死里逃生。人们嘲笑这尊"火神"塑像，说其太无能，连自身和其他塑像都保护不了，僧人们的回答是："我们习惯于时不时地打扫一下自己居住的房间，对吧？每隔三十三年'火神'便会拿着一把火扫帚前来清扫，将神庙中积累下来的污秽物清理干净。今年正好是第三十三个年头，所以'火神'来了"。如此一来，那些无神论者的下场就是"搬起石头砸自己的脚"，而僧人则在这场舌战中胜出。

打箭炉（今四川康定）是川西鲜为人知的商业中心，如果想前往此地，也要从嘉定府出发。在远至达州①、耗时足足四天的旅程中，我们沿着水浅、嘈杂的达州河河岸上的道路行进。沿岸的原野景色迷人、土地肥沃，低矮的山丘随处可见，恰到好处地足以让景色变化多姿、赏心悦目，而前方到底是什么景物，有人不禁猜想联翩，那是因为四川大气中的天然雾气彻底遮住了人们的视线，让人只能看到近在身边的物体。在这一地区的河段，很少看到船只，取而代之的是吃水很浅的竹木筏子，人们用竹筏将货物从下游一直运输到达州，而对于更偏远的地区而言，达州便是一个规模很大的物资集散地。中国人"添枝加叶"地讲述前往西藏的路途中旅客可能遭遇的种种危险与艰辛，加之游客因为缺乏经验自然而然产生的夸张，让人

---

① 译者注：此处为音译，原文为"Tachow"，后文的达河亦为"Ta River"的音译。

感受到因好奇激动而产生的奇怪的刺激,其中还有一丝丝的忐忑不安。讲述这些"天方夜谭"故事的不仅仅是那些"走南闯北的中国人",因为在"宗教狂热分子的王国"中寻求发现的一些"外国客人"所讲述的故事跟其他夸夸其谈的故事同样言过其实。从达州开始的第一天,我们穿越一道崎岖的关隘,在八月似火焚烧的烈日下,旅途十分困乏,但是我们后来才发现,对于接下来的那些更为雄伟的高地而言,这仅仅是个前奏。经过三十英里的跋涉——每一英里似乎都很漫长,我们来到荥经,此处的太阳似乎比任何时候都更热。这一座繁荣的城市是川藏"砖茶"贸易中心。从此地开始向西走,我们遇到延绵不断的驮着物资的马匹,与此同时,毫不夸张地讲,长长的搬运茶叶的苦力队伍也"占据"了道路,与那些驮畜仅仅隔着一定的距离,而且这些苦力经常必须跟这些驮畜争夺道路,他们比这些牲口的待遇好不了哪里去,只不过他们会说话,能够更好地照顾自己而已。人们可以看到各个年龄的苦力:父亲扛着成年人分量的货物,身后的男孩则扛着跟其岁数相应分量的货物,有时候我们还会在苦力队伍中看到为人母亲的妇女也在艰难地行进,尽管看到这种情形本人总是感到很痛苦,还有未成年的孩子,而且是女孩子,都被迫从事这样的苦役。他们得到的劳动报酬少得可怜,尽管身上的负荷很重(有些强壮的大汉身上"背着"足足四百英磅重的货物)。他们吃的是最为粗糙的食物(用玉米面或者荞麦粉做的又硬又重的大饼),收入仅仅可以维持生活,没有余资为晚年和疾病做打算。显而易见的是,这条道路的货运成本很高,倘若开通一条通往南方的快速高效的道路,与印度的运输体系,甚至与印度洋的运输体系连接在一起的话,那对于汉藏贸易将会产生巨大的影响。在受朝廷委派与驻印度英国官员协商《锡金①条约》的中国政客中,这种可能性受到了高度的关注。有一位参与制定这一条约的主要清朝大员曾经向住在打箭炉的一位外国人提到,倘若英国政府执意要将其利益范围扩张到锡金山谷,并修建铁路与"Darjeeling

---

① 译者注:锡金王国位于喜马拉雅山南麓,自古以来是南亚通向中国西藏地方的交通要道,战略地位相当重要。一九七五年,印度军队解散锡金国王的宫廷卫队,软禁了锡金国王。同年四月十日,锡金议会通过决议废黜国王,把锡金变为印度的一个邦。

（大吉岭）"①相连的话，这对于中国中原与西藏较低海拔区的贸易将造成致命的打击。这条铁路一旦建成，从陆路去"金色之城"拉萨只需几天的行程，而且，除了一个天然障碍外，一路没有其他自然障碍；而在另一侧，需要数月才能到达拉萨，而翻越连绵山脉的重重关隘时，有时候雄关漫漫，有时候道路崎岖，有时候不能完全保障安全。印度一方有大量的茶叶，而中国西藏则有毛织品、兽皮、动物油脂以及其他商品可以与印方进行交易。

就这样，我们加入了西进的队伍中，步履维艰地攀登到空气如此稀薄的海拔高度，在八月天，尽管我们已经把所有的衣服都穿在了身上，可是依然瑟瑟发抖。黄昏时分，当被迫在某些关隘上休息时，我们便围着冒烟的柴火坐在友好的苦力中间，听他们讲述"简短的编年史"用以打发黄昏的时光，之后，实在该休息了，他们便随地将稻草编织的席子展开，卧席而眠。到此旅行的游客必须自带食物以及其他的必需品，而路旁客栈的主人只提供炉火和水（那是怎样的水啊！那是从前面白雪覆盖的水库中提取的冒着泡沫的凉水），其他的食物旅客自己解决。

在泸定县我们跨过了"铜河"上著名的悬索桥。此悬索桥长约三百码，由五条平行的铁锁链构成，链条上固定着木板。桥面的两侧也拉着两根铁索链，以防过桥人掉进脚下滔滔的河水中，这样的防护措施确实很有必要。每当很多人同时过河的时候，悬索桥便会剧烈地晃动，所以旅游者需要导游的搀扶，而普通的苦力则不得不雇用一位受过专门训练的当地人将货物送过桥去。我们同行者中的一位连正常的费用也不愿付给一位愿意效劳的脚夫，这一位脚夫主动要求将其负荷扛过桥去，他却大着胆子往过走，结果，在远不到三分之一处便坐在了桥面上，背上扛的东西翻倒在地，遭到人们的奚落，直到他出了五文钱，先前被他拒绝了的一位脚夫这才将他救起。

---

① 译者注：大吉岭因出产世界三大名茶之一大吉岭红茶而驰名世界。大吉岭区的首府，位于喜马拉雅山麓的西瓦利克山脉，平均海拔为两千一百三十四米。"大吉岭"这个名称是由藏语词语 Dorje（霹雳）和 ling（地方）合并而成，翻译为"金刚之洲"。因其降雨量充足、昼夜温差大、高地多雾的气候，特别适合茶叶种植，所出产的大吉岭红茶与中国祁门红茶、锡兰乌瓦红茶并称世界三大高香红茶，具有高贵的身价，被誉为"红茶中的香槟"。

打箭炉夹在高山之间,地势十分局促,一条急湍的小河将打箭炉一分为二,河水在岩石河床陡然下冲时激起片片泡沫。听那叽里咕噜吵吵嚷嚷的说话声多么刺耳,看那极为强健者身上穿的衣服多么粗俗。这里的男人们戴着耳环,女人们长着大大的(绝对很大!)双脚。男人们头上盘着"辫子",前额上戴着硕大的银环,女人们脸上带着无畏、迷人的表情,无拘无束地徜徉在街道上。然后我们看到了陈列着的那么多出售的食物——牛肉、羊肉、奶酪、面包;所有这些都是我们匆匆穿行街道时走马观花看到的,我们记在脑中,以备将来之需!我们在"yang lama(杨拉嘛)"受到了一群藏族妇女的欢迎,她们用灵巧的双手很快就为我们准备了一桌子丰盛的食物。

打箭炉的人口流动不居——商人在一年中的特定季节前来做生意,西藏人则赶着驼队,驮着货物从另一个方向前来,有些物资一直输送到上海。每个人都彬彬有礼,有些人则成为熟人。我们与德让先生度过了一个有趣的下午,这位温文尔雅的神父掌管着"北大门"外的教堂与院落。我们看到了他的花园、家禽,还有极为感伤的一幕:沿着花园的北部边缘是一带坟墓,在这里并列安息着当地的基督徒,他们的简朴的坟墓上放着十字架——那个为很多人所珍视的基督教的象征物。这一排坟墓是个无声的证言,表明即便是在这些偏远的地区,一场变革正在不可避免地进行着。

打箭炉市海拔八千四百英尺,气候极为清爽,倘若有良好快捷的交通,此地必然是个受人青睐的避暑胜地。微风总是穿过山谷吹到打箭炉城内,正如某一位对自然现象的观察比其对英语口语的掌握更为准确的人士所言:"Ja-chien-lu(轧箭炉)就像一个茶杯,风一刮它就跟着刮,刮啊刮,不停地刮"。据我们的观察,似乎确实如此。

穿着羊毛服装的西藏人简直就像浸泡在他们那种天然饮料"tsamba(糌粑)"①的气味中。将茶叶与酥油反复搅拌,直到融为均匀的一体,这种

---

① 译者注:糌粑是藏族人民的主食,藏族人一日三餐都吃糌粑。它的做法是把青稞、豌豆炒熟、磨细成面。吃时用酥油茶或者青稞酒拌和,捏成小团食用。这里作者将其与"酥油茶"混淆。酥油茶是西藏的特色饮料。多作为主食与糌粑一起食用,有御寒、提神醒脑、生津止渴的作用。此种饮料用酥油和浓茶加工而成。先将适量酥油放入特制的桶中,佐以食盐,再注入熬煮的浓茶汁,用木柄反复捣拌,使酥油与茶汁融为一体,呈乳状即成。与藏族毗邻的一些民族,亦有饮用酥油茶的习俗。

混合体看上去怪怪的，吃起来很可口，而且，这种酥油茶与用于做一种粥（糌粑粥）的炒饭一起食用，已经成为旅途劳顿的旅客十分渴求的食物。

我们所见到友好的西藏人仅止于此，这让我们希望有一天他们不再做"隐居的民族"。

游船山行记

对于那些抽不出时间利用假期到日本去远足的外国人而言,周末乘坐游艇去游览一下人称"凤凰山"的小山,倒是个不错的选择,可以调剂一下我们在远东殖民地的单调乏味的生活。经过一段短暂而愉快的车程,在星期六中午时分到达兆丰花园(Jessfield Park)①,我们发现游艇已经停泊在与铁路平行的苏州河畔,随时待命出发。此游艇并非曲线优美的华美船只,而只是一艘平底的大船,船身长度大约为三十五英尺,船的大半部分被遮盖着,船尾是摇橹人和"老大(船长)"的位置;船头的船楼有开阔舒适的空间,游客可以坐在这里呼吸清新的空气、观览沿途的风景。

进入船舱,我们发现一间十分宽大的房间,高约八英尺,宽约十英尺,长约十五英尺,房间的一半被两张大卧铺一面一张所占据,睡铺的中间是一条过道,在过道的尽头有一扇门通往食品储藏室、厨房以及伙房,这个伙

---

① 译者注:兆丰花园位于长宁路780号,上海市大型公共园林,现称中山公园。是上海近代最著名的租界公园之一,有近百年的历史。

上海郊外西侨乘船出行

房不仅用以为我们做饭,同时也是供"童仆"和厨师睡觉的地方。船上的共用大厅的前面部分现在被一张餐桌占据,餐桌是由"童仆"摆放好的,他同时还将我们的行李解开,把所有的东西都塞入卧铺下十分宽敞的抽屉内。这个共用大厅舒适温馨,悬挂的窗帘不仅遮住了每一侧的窗户,而且一直垂挂到每一张卧铺的脚下,将卧铺遮挡得严严实实。安乐椅、枪架子以及架子上摆放的令人瞩目的一大排酒瓶子,这些都印证着我们将得到尽情享受;壁炉架下的火炉,尽管没有使用,却给共用大厅平添了一分居家般温馨舒坦的气氛;作为点睛之笔,头顶的镜子、沿着游船"墙壁"四周摆放的古玩、图画以及其他小巧玲珑的摆设,为此交谊厅锦上添花。我们在办公室忙碌了一上午的公务,现在面对眼前的午餐,我们必然要尽情饱餐一顿。就在我们为自己的肚子补充营养的同时,我们的游船解缆启程,船上总共有八名船员，而乘客只有我们两位。游船在河上行驶得很平稳，而且我们是顺着潮水和风的方向，于是我们欢快顺畅地沿着水流行进，行经波涛般涌动的庄稼地，沿途看到无数的山羊和小孩，看到与河畔接壤的绿色草地上有很多绵羊在四处啃草。奇怪的古老的景象映入我们的眼帘，让我们想起，那些英国式样的农场和茅草屋顶同样适合于东方的气候。接着，我们在途中遇到了苏州的邮船，一条又长又矮、椭圆、平底、毡子覆顶的独木舟；船的尾部坐着懒洋洋的邮递员，一边用双脚摇着船橹，一边用手操纵着桨舵。尽管每天往返于上海和苏州两地之间的蒸汽轮船很多，当地的邮件依然用这种速度较慢的独木舟运送，所以，就连蒸汽轮船也未能让人世间这古怪一隅的通信速度有丝毫的加速。在小河的岸上，一群人正在打谷子，他们手里拿着一捆谷子秆，反复在一只竹架上摔打，谷子秆摔打到斜放的横木上，谷穗纷纷落下；再往前行驶，我们看到人们改用竹子连枷打谷子。①

  这个地区的作物跟我们国内的很相似，都是我们熟悉的——小麦、大麦以及蚕豆占据了大半的庄稼地。每隔五十英尺左右便可以看到一座用竹子建造的链子泵：用小小的方形垂直的叶轮片连接而成的一条无限旋转的竹子链条绕着一根表面粗糙的竹子转动，链子泵的驱动力是一头水牛，水牛的眼上蒙着两个乌龟壳眼罩，就这样，在一个洁净的圆锥形茅草屋顶下，这头水牛不停地转圈，驱动一个直径七英尺的木齿铁轮。与此同时，我们已经上了甲板。甲板前面的冰箱坐上去很方便，船尾处的旗杆上则挂着一只救生圈。

  我们便这样悄然滑行，享受着清新且较为凉爽的空气，饶有兴趣地观赏着沿岸的树木，聆听着树木间百鸟争鸣，直到我们遇到一只扁平低矮的运送大粪的船，此船正拉着恶臭的货物从上海送往上游地区的稻田，船上散发出的令人恶心的臭气强烈地提醒我们，这里是中国。但是我们的注意

---

① 译者注：连枷，由一个长柄和一组平排的竹条或木条构成，用来拍打谷物、小麦、豆子、芝麻等，使籽粒掉下来，也称连耞。唐代，连枷经过加重改造用于军事，主要用于守城。

力很快便被更为令人愉悦的东西所吸引：一艘船从我们游船的左侧通过，船上载着鸬鹚。船舷上缘上面面相对蹲着六只黑色的神色忧郁的鸬鹚，好像肚子里填满了食物，而另外两只则蹲在船首的较低处；这些长着羽毛的仆人被主人带到了捕猎场，它们将为主人捕鱼。偶尔，在沿岸的庄稼地里，我们会看到坐在低矮小凳子上的妇女在田间劳动，她们便停下手中的活儿盯着看外国人，而现在洋人已经随处可见了。偶尔我们会听到苦力冲着我们喊"La-le-loong（强盗）"；但是，更多的时候，我们看到半裸着身子的小孩们沿着河岸奔跑，嘴里喊着他们会说的唯一一句英语："I say（我说）！"

这一天，天气晴朗，阳光明媚，空气凉爽，微风习习，树荫下的温度达到华氏七十八度，我们观赏着沿岸的野花——玫瑰花和金银花。在远处，当地人身上穿着的脏兮兮的浅蓝色衣服与景物浑然一体并为其平添了色彩。

黄昏迫近时分，我们的游船靠近"黄渡"（Wongdoo），在船的右侧我们看到了泥土堡垒，堡垒内的士兵们身着华美的红蓝色宽大衣服。透过貌似十分坚固的防御墙的缝隙，我们瞥见两尊形体硕大、面目狰狞可怖、色彩鲜艳瞩目的石雕狮子——企图以此让所有目睹此物者心生畏惧。但是，跟泥土堡垒本身一样，一切都是"表面工程"，我们没有看到任何真正的防御能力。在我们前方耸立着一座三角形桥梁的顶部，这座桥用切割、雕刻很好的巨大石块垒砌而成，桥的中央是一个半圆形的拱洞，中央拱洞的两侧各有一个形状相同但规模较小的拱洞。到了近前，我们的游船被迫将船帆收起，降低桅杆，这样方可从桥的拱洞下通过。又行进了几公里，河面上只能看到我们自己的游船，于是我们抛锚停泊下来。笔者本人前去垂钓了一个小时，最终无果而返；与此同时，我那身穿蓝色棉布短裤、卡其棉布上衣、头戴古老的棕色宽边软帽的伙伴则独自散步去了。但是，我们不想费力，出来游玩就是为了快乐、放松、娱乐，于是，我们再次出发，在有些河段，我们的游船偶尔从低垂的树木形成的"拱门"间通过；唯一美中不足、大煞风景的就是河岸上大粪坑内发酵的大粪发出的恶臭味——当地的污水处理厂从上海以及其他城市购买粪便以及粪尿，将其储存起来，然后零售给周围的农民。不过，游船很快就将这所有的一切抛在身后，到晚上八点的时候我们坐下来津津有味地享受晚餐，晚饭以波士顿豆子与猪肉为主。每一顿的开饭时间似乎都很准时，而且让人感觉仿佛是在陆地就餐，唯一的郊游迹象就是，由于"童仆"的健忘，船上没有调味瓶子；但是，他们用一只旧锡罐充当胡椒粉调味瓶，用蛋杯盛放食盐和芥末。晚饭后，我们点上雪茄，穿上厚一点的外衣，坐在前甲板处的安乐椅上，不去理睬落在身上的重重的露水，尽情地观赏银色月光照亮河面的柔美景色；除了青蛙的呱呱叫声、船尾的木浆在水里划动时发出的哗哗的涟漪声，万籁俱寂，无声无息。我们一路顺水顺风，所以在大半行程中游船都挂着帆，一路行驶，一直到晚上十点的时候到达了较小的几座小山；我们最终相信，中国的地貌并不全都是散发着恶臭的沟渠贯穿而过的平坦而无趣的平原，于是，我们向游船下清澈黑暗的小河以及头顶的皎洁明月道了晚安，换上睡衣，很快酣然入梦，直到第二天拂晓。"Up with the lark（快点早起）！"我们对着童仆喊道，让他准备好必不可少的早茶和烤面包，吃罢早饭，我们来到甲板上，发现游船停泊在一个小小的河湾内，而"天主教修道院山"的倒影则投射到这个河湾内，游船的后面停泊着另外两艘晚间到达的游船。我们匆匆进入船舱前端的盥洗室，迅速洗漱一番，急忙穿上衣服，立刻上岸，准备赶在早饭之前散散步，因为所有的迹象表明，今天的天气会灼热难耐。到六点半的时候，我们已经在攀登"天主教修道院山"，而修道院的钟声正在召唤礼拜者做晨祷；到达山顶后，我们立刻坐在"天主教修道院山"背后的岩石上，深深呼吸着清晨山上沁人心脾的空气。①

　　此教堂位于松江北部十二英里（约十九点三公里）处，上海西南二十五英里处。早在一八六七年，后来名震上海、时任松江总铎的杜若兰神父修

---

① 译者注：佘山天主教堂，又称佘山圣母大殿，坐落于佘山国家森林公园的西佘山山顶。教堂于一八七一年由法国传教士始建，一九三五年落成，罗马教廷于一九四二年敕封该教堂为宗座圣殿，使其一跃成为远东地区的天主教朝圣中心，享有"远东第一教堂"的美誉，与法国罗德圣母大殿齐名。

建了一座小小的神龛以纪念"进教之佑圣母"。① 而目前的教堂由耶稣会的马历耀辅理修士负责建筑设计、监工,于一八七〇年竣工。此教堂建于"天津大屠杀"②之后,用以感谢圣母庇护上海的"江南教会"平安度过劫难,化险为夷。

壮丽的景色尽收眼底,在一望无际的绿、黑庄稼地延展相间的平坦平原上,大约六座小山突兀而起,错落分布,而蜿蜒曲折的几条小河如明镜般在阳光下熠熠生辉。在我们四周,鸟儿欢快地吟唱着晨曲;山下耐心的水牛在驱动水泵③,而身着蓝色外衣的当地人则在庄稼地里锄地。随着阳光逐渐强烈,我们不得不动身下山,途经一座满目疮痍的古老佛塔,遥想多年前,佛塔上的铃铛定然随风叮当,让乡下人感念某个已经过世的施主。到了船上,我们食欲大开,饱吃了一顿早餐,在这一天余下的时间内,我们闲散地待在船上,极为休闲,直到黄昏时分,我们方才起锚返回,途经"泗泾"(Siking Reach)——任何一家划船俱乐部都希望在这样的河段进行每年一度的划船比赛。第二天早上醒来时,我们发现游船已经来到徐家汇天文台附近狭窄的河道内,外面正下着瓢泼大雨。弃船上岸后,我们上了黄包车,向着外国租界的方向而去。旅程结束了,我们精神焕发,可以精力充沛地投入下一周的工作中。

---

① 译者注:一八六四年,松江总铎杜若兰神父在山顶建造六角亭,供奉圣母像。山下张朴桥等地教徒开始上佘山朝圣。一八六八年三月一日,江南代牧区主教郎怀仁祝圣小堂和圣母像。这尊圣母像由中国辅理修士陆省三模仿巴黎"胜利之后圣母像"绘制而成,改称为"进教之佑圣母"。
② 译者注:天津教案是指一八七〇年(同治九年)在天津所发生的一场震惊中外的教案。
③ 译者注:水车。

图书在版编目(CIP)数据

上海及其周边掠影：十九世纪末西方人眼中的中国 / (英)麦克法兰等著；曾新译 .— 上海：上海社会科学院出版社，2021
 ISBN 978 - 7 - 5520 - 3715 - 9

Ⅰ.①上… Ⅱ.①麦…②曾… Ⅲ.①上海—地方史—史料—19 世纪 Ⅳ.①K295.1

中国版本图书馆 CIP 数据核字(2021)第 232593 号

上海及其周边掠影：十九世纪末西方人眼中的中国

著　　者：［英］麦克法兰、开乐凯等
译　　者：曾　新
责任编辑：周　萌
封面设计：梁业礼
出版发行：上海社会科学院出版社
　　　　　上海顺昌路 622 号　邮编 200025
　　　　　电话总机 021 - 63315947　销售热线 021 - 53063735
　　　　　http://www.sassp.cn　E-mail: sassp@sassp.cn
照　　排：南京前锦排版服务有限公司
印　　刷：上海颛辉印刷厂有限公司
开　　本：720 毫米×1000 毫米　1/16
印　　张：18.75
字　　数：267 千
版　　次：2021 年 12 月第 1 版　2021 年 12 月第 1 次印刷

ISBN 978 - 7 - 5520 - 3715 - 9/K・640　　　定价：88.00 元

版权所有　翻印必究